헐리고 잘리고 팔린 끝에 이제는
만신창이가 되어버린 경희궁에 바친다.

궁궐을 그리다

초판 1쇄 인쇄 2019년 4월 18일
초판 1쇄 발행 2019년 4월 25일

지은이 김두경

펴낸이 강기원
펴낸곳 도서출판 이비컴

디자인 김광택 조선화
편 집 조선화
마케팅 박선왜 원보국

주   소 (02635) 서울 동대문구 천호대로81길 23, 201호
전   화 02-2254-0658 팩스 02-2254-0634
등록번호 제6-0596호(2002.4.9)
전자우편 bookbee@naver.com
I S B N   978-89-6245-166-5 (03910)

© 김두경, 2019

이 도서의 국립중앙도서관 출판예정도서목록(CIP)은 서지정보유통지원시스템 홈페이지
(http://seoji.nl.go.kr)와 국가자료종합목록시스템(http://www.nl.go.kr/kolisnet)에서 이용
하실 수 있습니다. (CIP제어번호 : CIP2019015027)

궐문에서 전각까지!
드로잉으로 느끼는 조선 궁궐 산책

궁궐을 그리다

김두경 글·그림

이비락 樂

우선 이 책에 관심을 가져주신 여러분께 감사의 말씀을 드린다.

왜 궁궐인가?

궁궐에 관심을 갖게 된 것은 문화체육관광부에서 주최하는 '문화가 있는 날' 프로그램을 알게 되면서부터다.

'문화가 있는 날'은 국민이 일상에서 문화를 쉽게 접할 수 있도록 다양한 문화 혜택을 제공하는 행사로, 매달 마지막 수요일을 지정해서 박물관, 미술관, 영화관 등의 문화시설을 할인 또는 무료로 즐길 수 있게 한 것이다. 마침 그 대상에 궁궐도 포함되어 있어서 '이참에 궁궐을 관람해야겠다'는 생각으로 경복궁부터 서울 시내의 궁궐을 차례차례 돌아보게 되었다.

학창 시절에는 백일장이나 사생대회 등 이런저런 이유로 궁궐을 방문할 일이 종종 있었지만 그 뒤로는 궁궐에 갈 일이 거의 없었기 때문에 민속촌이라도 가야 볼 수 있는 '옛날 집', 그것도 다양한 형태의 옛날 집을 맘껏 볼 수 있다는 재미에 매달 마지막 수요일을 기다리곤 하였다.

이후 한 달에 궁궐 하나씩 관람하는 나만의 행사가 거의 매달 이어졌는데 같은 궁궐, 같은 전각이라 해도 볼 때마다 감상이 바뀌는 데다가 전각의 배경이 되는 풍경도 사시사철 바뀌는 탓에 계절에 따른 새로움을 느낄 수 있었다. 더불어 궁궐 해설사에 따라 조금씩 다른 내용을 듣는 재미가 있다는 점 또한 매번 새로움을 느끼게 되는 요인이었다. 그렇게 점점 재미에 빠져들어 결국 무료로 입장하던 궁궐 관람이 나중에는 통합입장권을 구입해서 관람하는 단계에까지 이르게 된 것이다.

궁궐은 우리 일상과는 동떨어진 공간이지만 영화나 드라마, 소설 등을 통해 어느 정도 익숙해진 역사의 현장이며, 21세기를 사는 현대인이 시간과 공간을 초월해 14~19세기를 간접 체험할 수 있는 과거의 장소다. 궁궐을 아는 것은 역사를 아는 것이고, 역사를 아는 것은 과거를 아는 것이며, 과거를 아는 것은 이를 통해 다가올 미래를 대비하고 현재를 슬기롭게 살아갈 수 있는 지혜를 찾는 또 다른 방법이 아닌가 싶다.

왜 그림인가?

그림을 그리게 된 것은 기록, 그것도 뭔가 '남다른' 기록을 남기고 싶다는 욕구에서 비롯되었다. 가끔 박물관이라도 가게 되면 전시물을 제대로 보기도 전에 사진부터 찍는 것이 일종의 습관이었다. 궁궐을 관람하면서도 우선순위는 언제나 방문 기념 인증샷이었다. 그러던 중 그동안 촬영한 사진을 정리하다가 분명 다른 날짜에 찍은 사진이건만 거의 흡사한 구도로 찍힌 사진들을, 그것도 여러 장소의 모습을 발견하고는 다소 충격을 받으면서 점차 사진에 대한 흥미를 잃었다. 겨우 휴대전화로 인증샷 찍듯 마구잡이로 찍어낸 수준의 사진에서 더 이상의 만족감을 기대하기 힘들었다는 점도 핑계 아닌 핑계가 되었다.

마침 일상의 소품과 거리의 풍경 등을 가볍게 낙서하는 것에 흥미를 느끼던 터라 '이참에 궁궐을 그려 봐야겠다'는 생각으로 궁궐의 모습을 노트에 담기 시작했다. 어차피 남보다 잘할 수 없다면 남과 다른 것을 하는 것도 괜찮아 보였는데, 이때까지만 해도 그림은 평범하고 흔한 그저 그런 취미 생활의 일부로 끝났을 수도 있는 일이었다.

그런데 거리에서 그림 그리는 것을 본 사람들이 보여준 호의적인 반응이 거듭되면서 이것이 작은 동기부여가 되었고 여러 차례 망설임 끝에 마침내 용기를 내어 조심스럽게 출간의 길까지 오게 된 것이다.

그림은 사진과 달리 한 컷에 걸리는 시간이 만만찮은 까닭에 한 번에 수십, 수백 장을 얻기가 불가능해서 중복의 우려가 없다. 게다가 세상천지에 나처럼 그리는 사람은 나밖에 없고 설사 같은 사람이 같은 대상을 그린다 한들 똑같은 느낌의 그림은 나오지 않는다. 수많은 화가가 좌절감에 빠져 붓을 꺾게 만든 카메라가 발명됐음에도 불구하고 그림이 아직 살아남은 데에는 분명 이유가 있다.

그리고 이러한 과정을 거쳐 마침내 출간이 확정되었다. 어제까지는 취미 삼아 연습으로 궁궐을 그렸다면 오늘부터는 실전이다.

그 첫 번째 작업을 위해 지금, 조선의 제1 궁궐인 경복궁 앞에 나와 있다. 남다른 각오로 광화문 광장 한복판에 서서 길 건너편의 광화문을 바라보고 있다. 이제 곧 시작될 '광화문 파수 의식'을 보기 위해 한 무리의 인파가 광화문 앞에 둥글게 모여 있는 풍경이 들어온다. 우연히 광화문 앞을 지나다 무슨 구경거리가 있나 싶어 잠시 멈춰선 행인들은 행사가 끝나면 다시 제 갈 길을 가겠지만 단체 관람을 나온 세계 각지의 관광객이나 데이트 장소로 궁궐을 선택한 연인들, 그리고 과제물 때문에 궁궐을 찾아온 학생 등 저마다의 사연과 목적으로 궁궐을 찾은 사람들은 본격적인 궁궐 관람을 위해 경복궁으로 들어설 것이다.

잠시 후 녹색 신호등이 켜지면 나도 길을 건널 것이고 횡단보도 끝에서 기다리고 있는 해태에게 가벼운 인사를 건넨 뒤 광화문으로 입장할 것이다. 홍례문 입구에서 누군가가 막아서겠지만 내 주머니에는 마패나 어명 없이도 모든 궁궐을 무사통과할 수 있는 두둑한 통합입장권이 들어있다.

마치 임금이라도 된 듯 보무도 당당하게 어도의 한가운데로 걸어서 근정문을 통과하고 근정전에 도착하면 내부를 한번 쓱 보고 적당한 위치를 찾아 드로잉 북을 꺼낼 것이다. 근정전을 수도 없이 바라보며 펜을 끄적이다 보면 누군가 나타나 도화서를 찾아왔냐고 물을지도 모르겠다. 여기까지 온 김에 용안이나 한번 뵙고 가겠다고 말하고 싶다만, 아마도 번지수가 틀렸다고 할 것이 틀림없다. 아무렴 어떠랴, 오늘의 내 목적은 궁궐인 것을.

마침내 녹색 신호등이 켜졌다. 나는 지금 궁궐을 그리러, 아니 그리워하러 입궐한다.

2018년 4월 어느 봄날에
경복궁 광화문 광장 앞에서

입궐하는 글 · 4

1장

고궁高宮,
경복궁을 건국하다

2장 고궁姻宮, 창덕궁을 사랑하다

3장 고궁_{呱宮}, 창경궁을 위로하다

11

4장

고궁孤宮,
덕수궁 아니,
경운궁을 생각하다

5장 고궁故宮, 경희궁을 추억하다

서울의 조선 궁궐 위치

북
서 4 동
남

숙정문 ●

청와대

무궁화동산 ●   칠궁

삼청동길

국립민속
박물관 ●

경복궁

황학정 ●

국립고궁
박물관 ●

안국역

경복궁역

동십자각

사직단 ●

정부서울청사 ●

대한민국
역사박물관 ●

광
화
문
광
장

인사동길

경희궁

서울역사
박물관

세종대로
4거리

고종즉위40년
칭경기념비 ●

종각역

보신각 터 ●

경찰박물관 ●

(옛)
러시아공사관 ●

청계광장 ●

고종의 길

청계천 한빛광장 ●

서대문역

경운궁

서울시청

서울
광장

을지로입구역

서울시립미술관 ●

서
울
광
장

환구단 터 ●

시청역

숭례문 ●

조선의 첫 번째 궁궐이자

조선을 상징하고 대표하는

최고의 궁궐, 高宮 경복궁

1장

고궁高宮, 경복궁을
건국하다

1392년. 고려를 무너뜨리고 조선을 세운 태조 이성계(재위 1392~1398년)는 천도를 계획한다. 지난 500여 년간 고려의 도읍이었던 개경은 고려왕조의 잔존세력이 있다는 점에서 새로운 왕조를 세우기에 적당한 곳이 아니었기 때문이다. 무학대사에게 새로운 왕조의 도읍지를 알아보도록 했는가 하면 자신도 직접 주요 지역을 둘러 본 끝에 한양을 도읍지로 정하고 종묘, 사직과 더불어 새로운 궁궐의 건축을 명했으니 그것이 바로 조선 제1의 법궁인 '경복궁景福宮 (사적 제117호)'이다.

　궁궐은 왕국의 중심이고, 법궁은 궁궐의 중심이다. '정궁正宮'으로도 불리는 법궁은 임금의 거처가 있는 곳이며 국가의 모든 정책이 결정되는 곳이다. 법궁이 바로 국가이자 임금이기도 한 것이다. 1395년에 완공된 경복궁은 1592년의 임진왜란으로 창덕궁, 창경궁과 함께 궁궐 안의 모든 전각이 소실되기 전까지 200여 년간 조선 최고의 법궁이라는 지위를 굳건히 지키며 영욕의 세월을 보냈다. 하지만 임진왜란 이후 창덕궁과 창경궁이 먼저 복원되었고 그 후 경운궁과 경희궁이 창건되었음에도 경복궁만큼은 복원은커녕 별다른 대책 없이 방치되면서 그대로 잊히는가 싶었던 것을, 1867년에 흥선대원군의 주도하에 대대적인 복원공사를 통해 재건된 뒤에 고종(재위 1863~1907년)이 경복궁으로 거처를 옮기면서 다시금 우리 역사의 전면에 화려하게 등장했다.

그러나 혼란한 시대 상황을 제대로 읽어내지 못한 탓일까? 서구열강이 한반도를 둘러싸며 소리 없는 침략전쟁을 벌이는 와중에 호시탐탐 조선을 노리던 일제의 내정간섭이 시작되면서 조선과 함께 경복궁의 운명도 위험에 처하게 되었고, 재등장 이후 30여 년간 다시 한번 법궁의 역할을 하던 경복궁은 고종이 러시아공사관으로 피신한 1896년 이후 서서히 역사의 뒤안길로 사라지게 된다.

그리고 1905년의 을사늑약에서 이어지는 1910년의 국권 피탈 이후 일제가 경복궁을 훼손하면서 모든 것이 뒤틀어졌으니 결과적으로는 차라리 재건되지 아니함만 못한 결과가 되어버린 것인데, 일제는 경복궁만 훼손한 것이 아니라 경복궁의 용도를 멋대로 변경 또는 훼철하면서 궁궐의 정신까지 훼손하였고 나아가 우리의 역사와 문화를 왜곡 및 삭제함으로써 조선 왕조와 더불어 우리의 민족정기를 훼손시킨 것이다.

1876년에 강제로 체결된 강화도조약, 아니 강화도늑약勒約 (억지로 맺는 불평등 조약)에 따라 조선의 항구가 개항된 이후 우리 땅에 들어온 일제가 한 일은 하나부터 열까지 민족정기 훼손에 목표가 있었으니 단지 조선인을 괴롭히거나 없애는 것이 목적이 아니라 우리 민족이 살아남되, 조선과 그 이전의 '역사'에 대해 잊어버리기를 원했다. 그래서 세월이 지나고 또 지나면 조선 땅에 사는 사람들이, 마치 원래부터 일본인의 후손이었던 것처럼 믿게끔 만드는 것, 그것이 일제의 침략 의도였다. 그 결과, 일제의 36년 통치로부터 해방된 지 70여 년이 더 지난 지금도 여전히 일제의 잔재가 우리의 일상 곳곳에 남아있는 것을 보면 그 만행이 얼마나 치밀했는지를 뼈저리게 느낄 수 있다.

그나마 다행스러운 것은 훼손되었던 경복궁을 되살리는 작업이 지금까지도 한창 진행 중이라는 점이다. 우선 창건 당시 경복궁의 규모를 보면, 1394년 12월경 착공에 들어가 이듬해인 1395년 9월경 완공된 초기에는 근정전을 비롯한 외전 지역이 200여 칸에, 강녕전을 포함한 내전 지역이 170여 칸, 그 외에 나머지 지역까지 포함해서 모두 750여 칸에 이르렀었다. 그 후 경회루와 교태전 등 새로운 건물을 하나둘씩 추가하면서 궁궐의 규모를 키웠으며 임진왜란으로 전각이 모두 소실된 것을 고종이 재건했을 당시의 총 규모가 건물 500여 채 7400여 칸에 이르렀으니 무려 열 배 가량 확장된 셈이다(지금의 청와대 권역이 경복궁 후원 자리였음을 생각하며 대략적인 크기를 짐작할 수 있다). 그런데 그것을 일제가 훼철하면서 불과 1/10가량만 남게 되었고, 지금도 그 복원작업이 진행되고 있다.

조선왕조 도시계획의 중심지였던 경복궁이 지금은 조선왕조 궁궐 복원사업의 중심지가 되었는데, 조선의 5대 궁궐 중에서 현재 복원 상태가 가장 많이 진척된 궁궐이다. 1차 복원 정비사업을 마친 결과 1995년의 강녕전을 시작으로 1999년에 자선당, 2001년에 흥례문, 2005년에 태원전, 그리고 2006년에 건청궁이 완공되었으며, 지난 2011년부터 2차 복원 정비사업에 들어갔는데 2045년 완공을 목표로 하는 무려 35년짜리 장기 복원사업이다. 현재 홍복전 일대의 복원사업이 한창이고, 향원정 역시 잘못 복원된 취향교의 위치를 바로잡는 공사에 들어갔다. 복원 기준의 시기를 1867년의 대대적인 준공 이후 화재로 소실되었던 800여 칸의 전각들이 완공된 1888년으로 정했는데 경복궁이 절정의 웅장함으로 정점을 찍었던 그 당시의 모습이 얼마나 재현될지 기대가 크다.

경복궁이 조선의 5대 궁궐 중 가장 먼저 복원사업에 들어간 이상 복원이 잘 돼야 한다. 이어지는 다른 궁궐들 복원 사업의 잣대가 될 것이기 때문이다. 2045년이라고 하니 지금으로써는 굉장히 멀게 느껴지는데, 복원해야 할 부분을 생각하면 오히려 짧은 것이 아닌가 싶기에 무한한 인내심으로 유한한 복원공사를 기다려야겠다. 그리고 적어도 우리 후손들한테는 최대한 온전한 모습의 궁궐을, 아니 역사를 돌려주기를 희망해 본다.

조선의 첫 번째 궁궐이자 조선을 상징하고 대표하는 최고의 궁궐인 '고궁高宮' 경복궁.

조선 시대 궁궐에는 어떤 건물들이 있었으며 또 해당 건물에서는 어떤 일들이 있었는지, 조선을 대표하는 경복궁을 통해 알아보기 위해 이제 한 번 그 속으로 들어가 보자.

01 / 민의를 마주하다, 광화문

광화문

　경복궁을 가려면 지하철 3호선 경복궁역(정부서울청사)에서 내리는 것이 가장 빠르고 편리한 방법이다. 그 외 조선 시대에 국가 정무를 나누어 맡아보던 육조가 있었던 관청 거리(지금의 세종대로)를 느껴보면서 걸어 보려면 광화문역에서 내려야 한다(◐ 세종문화회관부터 정부서울청사에 이르는 보도 바닥에는 육조의 옛터를 알리는 표시가 있으니 하나하나 확인하는 것도 재미있다. 만일 당시의 육조거리 모습을 보고 싶다면 인근 '서울역사박물관'에 입체 모형이 있으니 방문해보는 것도 좋다).

세종대로 사거리에서 교보문고 앞 모퉁이의 '고종 즉위 40년 칭경기념비'를 지나 이순신 장군 동상을 올려보며 곧장 걷다 보면 세종대왕 동상 뒤편으로 저 멀리에 입구가 세 개 있는 거대한 문이 나오는데, 이것이 바로 경복궁의 정문인 '광화문光化門'이다.

높은 성벽과 중층으로 된 지붕은 다가갈수록 그 위용을 뽐내는 것이 가히 조선 제1법궁의 정문임을 알리기에 부족함이 없을 정도다. 세 개의 입구 중에서 가운데는 임금의 문이고 서쪽은 무신, 그리고 동쪽은 문신이 지나는 문으로, 궁궐에 드나드는 순간부터 이미 군신의 구분이 확실했음을 알 수 있다. 백성들도 분명 이런저런 연유로 인해 궁궐에 들어갈 일이 있었을 터, 어느 문으로 드나들었을지 궁금해지는데 지금은 시민들이 경복궁에 출입하는 과정에서 동선이 엉키는 것을 방지하기 위해 서쪽은 '나오는 문', 동쪽은 '들어가는 문'으로 이용하게끔 구분해 놓았다. 세 개의 문 천장에는 서쪽, 그러니까 왼쪽부터 거북, 봉황, 기린의 순서로 그림이 그려져 있으니 광화문 출입 시에는 앞만 보지 말고 위도 한번은 쳐다볼 일이다.

서울 시내 한복판에서 웅장한 자태를 뽐내고 있는 광화문이지만 조선왕조 500년의 세월을 견뎌내며 지금의 자리로 돌아오기까지는 나름대로 우여곡절이 있었다.

임진왜란 때 불에 탄 것을 시작으로 일제강점기 때는 경복궁 안의 홍례문 자리에 조선총독부 청사가 들어서면서 해체될 위기에 처했다가 겨우 살아남았으나 그 대가로 동쪽 문인 '건춘문'의 위쪽으로(지금의 국립민속박물관 자리) 쫓겨나게 되었고, 해방 후 한국전쟁 당시에는 폭격을 맞아 문루가 파손되어 성벽만 남기도 했다. 지금의 자리로 복원하는 과정도 순탄치 않았으니, 전통양식대로 목재를 사용해야 하는 부분에 놀라운 창의력(?)을 발휘한답시고 엉뚱하게도 철근과 콘크리트를 사용하는 바람에 '복원'의 의미를 잃은 것이다(◐ 1975년에 복원한 경복궁의 서쪽 문인 '영추문' 역시 철근 콘크리트로 만든 것이 지금도 여전한 상태이고, 2019년 1월에는 복원 중인 흥복전에 시멘트를 사용한 것이 적발돼 논란이 있었다). 게다가 일제강점기에 식민지배의 상징으로 남산에 세운 조선 신궁을 향해 광화문의 중심축을 틀어 놓았던 것을 1968년에 복원하면서(◐ 당시는 해방된 뒤였음에도 불구하고!) 여전히 틀어진 상태 그대로 다시 세우는 도저히, 도무지, 도대체 이해할 수 없는 복원행사를 진행한 바도 있다.

이런 우여곡절을 겪고는 2006년부터 철거에 들어가 4년여에 걸친 복원공사를 실시한 끝에 예전 모습을 찾았고 2010년 8월 15일 일반에 공개되었다(◐ 1968년에 복원된 철근 콘크리트 잔해는 서울역사박물관 입구에 전시되어 있다).

지금의 경복궁은 광화문을 빼고는 얘기할 수 없듯이, 지금의 광화문 역시 바로 앞에 있는 '광화문 광장'을 빼놓고는 얘기할 수가 없다. 예전에는 광화문 자체가 역사의 증인이었다면 지금은 광화문 광장이 역사의 증인이 되어가는 추세이다. 급변하는 사회현상에 맞춰 수많은 단체의 행사와 더불어 국민들 저마다의 주장과 의견, 그리고 느낌을 표출하며 때로는 흥겨운 행사를, 때로는 열정적인 응원을, 때로는 분노에 찬 집회 및 시위를 펼쳐나가고 있다. 이제는 어찌 보면 그 주체인 광화문보다도 더 큰 '종로의 상징성'을 갖게 된바, 먼 훗날 우리 후손들이 지금 시대를 자랑스럽게 얘기할 수 있는 역사의 현장이 되도록 건전하고 건설적인 민의의 광장으로 발전시켜 나가는 장소가 되기를 바라는 마음이다.

그런데 한 가지 의아한 점은 '광화문'의 건립 시점이다.

현재 알려진 바에 의하면, 경복궁 창건 당시에는 지금의 광화문 자리에 출입문이 하나만 있는 궐문을 세우고는 '사정문四正門' 또는 남쪽 문을 지칭하는 '오문' 등으로 부르다가, 세종 7년인 1425년에 경복궁을 수리하면서 비로소 지금의 광화문을 세우고 집현전 학사들이 '임금의 큰 덕이 온 세상을 밝게 비춘다'라는 뜻의 '광화光化'라는 이름을 지어 올렸다는 것이 거의 정설처럼 알려져 있는데, 정작 『조선왕조실록』에는 다음과 같은 내용이 있다.

뒤에 궁성을 쌓고 동문은 건춘문建春門이라 하고,

서문은 영추문迎秋門이라 하며, 남문은 광화문光化門이라 했는데,

『태조실록 8권, 태조 4년(1395년) 9월 29일』

실록에는 이미 1395년(태조 4년)에 '광화문'이란 명칭이 나왔다. 그로

부터 30년 뒤인 1425년(세종 7년)에 처음으로 광화문이란 이름이 지어졌다는 정설의 근거는 무엇일까.

> 광화문 근처에는 '역사박물관'이 두 개 있는데, 세종대로 오른쪽 길가에 있는 것은 '대한민국 역사박물관'이고, 세종대로 사거리에서 왼쪽으로 서대문 방향의 경희궁 옆에 있는 것은 '서울역사박물관'이니 유의하시기 바란다.

02 감찰을 감찰하다, 해태

해태

광화문을 요모조모 살펴봤다면 이제 본격적으로 경복궁을 둘러보기 위해 입장해야 할 터, 그 전에 잠깐 살펴볼 것이 있다. 어쩌면 광화문을 살펴보기도 전에 이미 봤을 가능성이 큰데 마치 경복궁의 수문장이라도 되는 것처럼 광화문의 좌우를 지키고 있는 거대한 두 마리의 돌조각상, 바로 '해태獬豸'가 그것이다.

'해치'라고도 불리는 해태는 부정한 존재를 만나면 머리에 있는 뿔로 들이받아 물리친다는 상상의 동물로, 비록 광화문 앞의 해태는 뿔이 없지만 이는 제작상의 실수 혹은 고의적인 누락으로 보일 뿐, 이 동물이 해태라는 것에는 어떠한 이견도 없다. 다만 해태의 명칭과 관련해서, 해태는 순우리말이고 해치는 한자로 '獬豸'라고 쓴다는 주장이 있는가하면, 반대로 해치가 순우리말이고 해태는 한자로 '獬廌', 또는 '海駝'라고 쓴다는 주장도 있는데 아무래도 상상의 동물이다 보니 저마다 자기가 내세우고 싶은 주장, 아니 상상을 마음껏 펼쳐놓은 것은 아닐까 싶다.

지금은 광화문 바로 앞에 있는 해태의 위치가 너무나도 당연해 보일 정도로 익숙해졌지만 원래 위치는 지금 있는 곳에서 80미터 이상 앞으로 나와 있어야 한다. 정부서울청사 건물 바로 앞에 있는 짧디짧은 횡단보도 건너편의 교통섬 바닥에 '옛 해치상이 있던 자리'라는 표지석이 있는데 지금 해태가 있는 위치와는 상당한 거리가 있었음을 알 수 있다.

그렇다면 예전에는 왜 궐문으로부터 멀리 떨어져 있었을까 하는 의구심이 들 수 있는데, 해태는 사실 '하마비下馬碑'와 같은 역할도 했었다. 하마비는 '임금을 제외한 모든 사람이 말에서 내려야 한다'는 표식으로, 임금을 만나러 혹은 궁궐에 용무가 있는 사람이 말이나 가마 등을 타고 오다가도 하마비가 있는 곳에서는 누구도 예외 없이 탈 것에서 내려서 궁궐까지 직접 걸어가야 했던 것이다.

참고로 일반적인 형태의 하마비는 경운궁에서 볼 수 있는데, 이에 대한 것은 경운궁 글에서 다루도록 하겠다(● 최근에 세종문화회관 앞의 6차로를 줄여서 광화문 광장의 면적을 확장한다는 계획이 발표된 바 있는데, 해태가 제자리를 찾아갈 수 있을지 기대해 볼 일이다).

　다시 한번 해태를 요리조리 살펴보면, 거대한 몸집에 지나치게 큰 눈을 부릅뜨고 으르렁거리듯 날카로운 이빨을 드러낸 채 정면을 응시하고 있는데, 두 마리 중에서 광화문 서쪽에 위치한 해태는 정부서울청사를 바라보는 듯하다. 마치 국정 업무를 제대로 수행하고 있는지 감시라도 하는 듯한데 행여나 겁먹는(?) 공무원이 실제 있을는지 모르겠다.

　원래 해태는 시비곡직是非曲直(옳은 것과 그른 것, 굽은 것과 곧게 편 것)을 판정하는 역할을 했기에 육조거리의 '사헌부' 자리 앞에 있었다. 사헌부는 정사를 논의하고 백성들의 생활 전반에 걸친 습관을 바로잡으며 관리의 잘못되거나 그릇된 행위를 조사해서 잘잘못을 따지는 일을 맡아보던 관청이다. 사헌부 관원들은 다른 문무백관처럼 관복의 흉배에 호랑이나 학의 그림 대신 해태를 수놓고, 해태가 장식된 '치관'을 쓰고 다녔는데, 이는 감찰관의 임무에 대한 사명감을 한시라도 잊지 않도록 하려는 조치였던 것이다. 이런 점에서 국회의원들이 무궁화 배지를 달 듯 국가 공무원들에게는 해태문양의 배지를 착용하게 하는 것이 공직자로서의 사명감과 책임감을 고취하는 괜찮은 방법은 아닐까 하는 생각도 든다. 그러고 보니 한때 서울시의 상징으로 해태를 캐릭터로 한 '해치'를 제작해서 한창 홍보했었다. 그러나 언제부터인가 알 수 없는 이유로 그 흔적이 사라진 듯해 의아심과 함께 아쉬움을 남긴다.

그리고 광화문의 정면 상단 부분을 보면 해태와 비슷한 생김새의 서수가 좌우에 각각 한 마리씩 있는데, 그 명칭이나 정체에 대해서는 공식적으로 알려진 바가 없다. 지붕에 서수와 잡상이 장식된 경우는 있어도 누각 위에 서수가 있는 것은 드문 일이라 이런저런 궁금증만 커진다.

03 / 금천을 보호하다, 영제교

영제교

광화문을 지나 경복궁의 대문인 흥례문을 통과해서 세 갈래로 구분된 '삼도'를 따라가다 보면 저 앞의 근정문에 이르기 전에 화려하게 장식된 돌다리가 하나 나온다. 이것이 바로 경복궁의 금천을 건널 수 있는 '영제교永濟橋'다.

궁궐 안에서 흘러나오는 개천을 보통 '어구御溝'라 일컫는데, 궁궐 정문을 지나 처음 나타나는 개천을 특별히 '금천禁川'이라 칭한다. 다시 말하면, 모든 궁궐은 정문을 지나서 궁궐 안으로 들어가는 길목에 반드시 금천을 지나야 하는데, 금천은 '부정하고 상서롭지 못한 것을 금지한다'라는 의미로, 궁궐 밖의 나쁜 기운이 궁궐 안으로 들어오지 못하게 차단하는 상징성을 갖고 있다. 이런 이유로 금천 위에 설치한 다리는 난간에 장식한 돌짐승이나 홍예문(윗부분을 무지개 모양으로 반쯤 둥글게 만든 문) 사이에 새겨져 있는 도깨비 등을 통해 그 기능을 한층 강화하고 있다.

홍례문에서 시작되는 삼도는 영제교 위를 지나 근정문으로 이어진다. 그중 가운데 길은 임금의 길인 어도이고, 왼쪽과 오른쪽은 각각 무신과 문신이 지나는 길이다(◑ 어도를 함부로 지나가면 곤장을 자그마치 80대나 맞았다는데 궁둥이는 물론이고 목숨이 온전치 않았을 것이다).

일제가 홍례문을 철거하고 그 자리에 조선총독부 청사를 지을 때 함께 철거된 영제교는 경복궁 안을 이리저리 떠돌아 다녀야 했는데, 복원 과정을 통해 비로소 원래의 자리를 되찾게 되었다. 지금은 물길이 막힌 상태라서 영제교 밑을 흐르는 금천의 흔적을 볼 수 없다는 것이 아쉽기만 하다. 다시 물길을 살릴 방법을 찾는 것도 복원의 일환이 아닐까 싶다. 금천교 밑으로 실제 물이 흐르고 있는 궁궐은 단 한 군데밖에 없는데, 가만히 귀 기울이면 어디선가 물 흐르는 소리가 들릴지도 모르겠다. 졸... 졸... 졸...(◑ 소리가 약한 것을 보니 꽤 멀리 떨어진 곳으로, 동쪽의 창덕궁 너머에서 들리는 듯한데 나중에 확인해보도록 하자).

천록

다른 궁궐의 금천교에도 돌짐승이 조각되어 있지만 그중 경복궁에 만 있는 것이 있다. 영제교 양옆으로 각각 두 마리씩 모두 네 마리나 조 각되어 있는 돌짐승이 그것으로, '천록天祿'이다(◉ 天禄으로 표기된 곳도 있는데 복을 가졌다는 의미가 있으므로 '福'을 뜻하는 '祿'이 올바른 한자로 보인다).

천록은 해태와 더불어 상서로운 짐승을 대표하는 상상의 동물이다. 용의 경우처럼 다양한 동물의 신체 일부를 조합해서 탄생하였는데, 용의 머리에, 말의 몸통, 그리고 기린의 다리를 지녔으며 무엇보다 특 이한 것은 네발 달린 짐승인데도 온몸이 털 대신 비늘로 덮여 있다는 것이다(◉ 어차피 상상의 동물인데 무엇인들 가능하지 않으랴).

네 마리의 천록은 얼핏 보면 똑같아 보여도 조금씩 차이가 있고, 그

중 유독 차별성을 보이는 녀석이 있으니 바로 앞의 그림과 같이 혀를 쏙 내밀고 있는 녀석이다.

"내가 네 놈을 잡아먹어 주겠다."며 입맛을 다시는 것인지, "건너 올 테면 건너 와 봐!" 하며 약 올리는 것인지 모르겠으나 정문을 통과해 궁궐 안으로 진입하려는 사악한 기운을 금천에서부터 막아서고 있는 장난기 넘치고 여유만만한 모습은 언제 봐도 살며시 미소 짓게 만든다.

그런데 조각상들은 멀리서 볼 때는 마냥 귀여워 보이지만 다리 옆으로 돌아서 가까이 다가가서 보면 의외로 큰 덩치에 일단 한번 놀라고, 마치 살아있는 듯한 조각의 세밀함에 한번 더 놀란다. 가까이서 보면 상당히 묘한 느낌이 드는데, 상상의 동물이란 것을 알면서도 그 비현실적인 느낌이 워낙 강렬하고 섬세하게 표현돼 있어 오히려 현실적으로 느껴지기에 보면 볼수록 놀랍다(◐ 생동감을 확인하고자 등이라도 한번 살짝 어루만지고 싶은데, 행여라도 '꿈틀'하고 움직일까 봐 차마 못 만지겠다).

04 정치를 노력하다, 근정전

근정전

영제교를 지나 곧장 걷다 보면 다시 한번 홍례문과 같은 출입문이
또 나오는데 이것이 근정전의 정문인 '근정문勤政門'이다.

근정문은 '근정전의 정문'인 동시에 '경복궁의 전문'이기도 하다. 이
로써 경복궁의 정문인 '광화문'과 대문인 '홍례문', 그리고 전문인 '근
정문'까지 궁궐의 정문에서 법전에 이르기까지 반드시 통과해야 하는
'삼문三門'이 완성되는 셈이다.

삼문은 궁궐 안과 밖의 경계가 되는 '정문正門', 궁궐 안에 있는 건물의 경계가 되는 '대문大門', 궁궐 안의 으뜸 건물인 법전의 경계가 되는 '전문殿門'으로 나뉜다(◐ 전문은 대문 다음의 순서라 하여 '중문中門'이라고도 한다). 이는 조선 시대 궁궐 영건(집이나 건물을 짓는 것)에 있어서 원칙이라 할 수 있는 '삼문삼조'의 형식을 따른 것으로 중국에서는 '오문삼조'를 원칙으로 한다.

> '삼조三朝'는 임금의 명을 받아 조정의 관리들이 업무를 보는 '외조外朝', 임금이 정사를 돌보고 신하들과 국사를 논하는 '치조治朝', 임금과 왕실 가족의 생활 및 휴식 공간이 되는 '내조內朝' 또는 '연조燕朝'의 영역을 말한다.

근정문 좌우로는 각각 하나씩 별도의 문이 있는데, 광화문과 마찬가지로 서쪽은 무신의 문으로 '월화문'이라 일컫고, 동쪽은 문신의 문으로 '일화문'이라 일컫는다. 근정문을 통과하면 화려한 난간을 두른 중층 지붕의 건물이 나타나는데, 이것이 바로 경복궁의 법전인 '근정전勤政殿 (국보 제233호)'이다.

'정전正殿'이라고도 불리는 법전은 임금의 즉위식이나 세자 책봉식 등 국가의 큰 행사를 치르는 장소로, 궁궐의 권위를 나타내는 상징적인 건물이기도 하며 조선 제1궁궐인 경복궁에서도 가장 중요한 전각이기에 그 위용은 실로 어마어마한데, 2층으로 된 넓은 월대에 세워진 난간과 그 난간을 장식하는 수많은 동물 조각상은 여기가 '조선 최고 궁궐의 최고 전각'임을 자신감 넘치게 심지어 다소 과장스러울 정도로 과시하고 있다.

월대 중앙의 근정전을 중심으로 동서남북 각각 한 쌍씩 청룡東, 백호西, 주작南, 현무北 등 '사신'이 경계하고 있고, '십이지신' 중에서 개와 돼지를 제외한 열 마리의 조각상이 월대 1, 2층을 오르내리며 사방을 빈틈없이 경계하고 있는 것도 모자라 난간 모서리마다 해태로 보이는 서수 가족이 지키고 있다(◉ 서수 한 쌍과 함께 '아기 서수'도 있는데, 마치 젖이라도 달라는 것처럼 부모 품에 꼭 안겨 매달린 것이 어찌나 귀여운지 살짝 떼어내 몰래 데려와서 키우고 싶을 정도이다).

게다가 지붕에는 삼장법사를 비롯한 손오공, 저팔계, 사오정 등 『서유기』에 나오는 요괴들의 형상을 한 잡상이 하늘로부터의 침입을 막아서고 있는 형국에, 근정전 내부의 천장에는 황룡 두 마리가 금방이라도 지붕을 뚫고 날아오를 듯한 기세이니, 그 상징성만큼은 가히 난공불락이라 할 만하다.

근정전은 외관상 2층 건물 같지만 실상은 까마득한 높이의 1층 건물인데, 천장의 쌍룡을 온전히 보려면 정면보다는 좌우 측면의 출입구에서 감상하기를 권하는바, 쌍룡의 발가락이 몇 개나 되는지도 세어보기 바란다.

법전의 모양은 궁궐별로 대동소이하지만, 월대 위에 세워진 난간만큼은 경복궁만의 독보적인 장식으로 꼼꼼히 살펴볼 가치가 있는데(◉

고종 때 설치한 것으로 추정한다), 그냥 난간만 있는 것도 아니고 계단과 연결된 열두 부분과 여덟 군데의 난간 모서리마다 서수가 있으니 빠짐

백호

없이 둘러보며 사신과 십이지신을 찾아 그 이름을 하나하나 맞춰보
는 것도 흥미롭다.

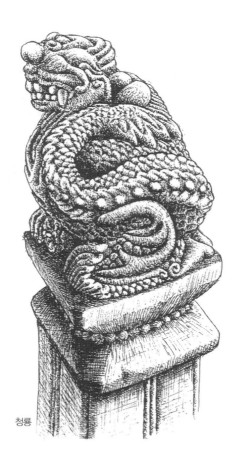

청룡

05 / 선정을 생각하다, 사정전

사정전

　근정전을 한 바퀴 빙 둘러본 뒤 후면의 계단을 따라 내려가면 사정문이 나온다. 이 문을 지나면 나타나는 건물이 경복궁의 편전인 '사정전思政殿'이다.

　'편전'은 임금의 집무실로, 대신들과 회의를 비롯한 궁궐의 모든 공식적인 업무를 보는 장소이다. 편전 내부의 한쪽에는 예문관과 승정원에서 파견 나온 사관과 주서가 항상 대기하고 있다. 이들은 임금 및 왕실과 관련한 모든 일을 사초로 남기고 이 내용은 각각 『조선왕조실록』과 『승정원일기』에 기록한다. 『조선왕조실록』과 『승정원일기』는 제아무리 임금이라 하더라도 일체 그 기록에 관여하거나 내용을 열람할 수 없었는데, 무려 500여 년을 이어 내려온 방대한 기록과 그 내용의 객관성과 공정성을 인정받아 『조선왕조실록』은 1997년에, 『승정원일기』는 2001년에 유네스코 '세계기록유산'으로 등록되었다(◐ 하지만 일제강점기 때의 기록만큼은 '외부 세력'의 간섭에 의해 오염되었을 가능성이 있다하여 '고종실록'과 '순종실록'은 등록이 누락되었다).

사관의 주요 업무가 임금의 언행을 살피는 것이었는데 최고 권력자인 임금이 평소 사관에 대해서 어떻게 생각했는지를 바로 보여주는 재미있는 기록이 『조선왕조실록』에 실려 있는데 다음과 같다.

> 친히 활과 화살을 가지고 말을 달려 노루를 쏘다가
>
> 말이 거꾸러짐으로 인하여 말에서 떨어졌으나 상하지는 않았다.
>
> 좌우를 돌아보며 말하기를, "사관이 알게 하지 말라."
>
> 『태종실록 7권, 태종 4년(1404년) 2월 8일』

태종(재위 1400∼1418년) 때 있었던 일로, 태종의 입장에서는 신하들과 노루사냥을 나갔다가 말에서 떨어지는 바람에 잠시나마 임금으로서의 체면이 구겨진 것을 혹시라도 누군가가 사관한테 알릴까 봐 일체의 함구령을 내린 것이다. 천하에 두려울 것 없어 보이던 태종이 일개 사관 따위를 두려워했다는 것도 놀랍지만, 물론 사관을 두려워했다기보다 군왕으로서 품위가 떨어지는 모습이 역사에 기록되어 대대손손 남는 것을 달갑지 않게 생각했을 텐데 더 놀라운 것은 "사관이 알게 하지 말라."라는 어명까지도 고스란히 기록으로 남겨졌다는 것으로, 임금의 일거수일투족을 감시, 아니 살피기 위해 사관이 변장까지 하고 사냥에 따라갔다가 이 광경을 보고는 빠뜨림 없이 기록으로 남긴 것이라 하니 과연 사관을 두려워할 만도 하다. 아울러 그토록 사관을, 무엇보다 역사를 두려워하는 마음으로 정치와 처세에 임했더라면 아들인 세종(재위 1418~1450년) 못지않은 성군으로 백성들에게 기억되고 역사에 기록될 수 있지 않았을까? 하는 생각에 어째 성군 하나를 잃은 듯한 아쉬움이 남는다(◐ 후대의 임금들 역시 이러한 마음가짐을 가졌더라면 조선은 분명 좀 더 '강하고 살기 좋은 나라'가 되었을지도 모르겠다).

연산군은 사초를 열람한 적이 있는데(◐ 비록 발췌본에 불과하다지만 금기시된 것을 깨뜨렸다는 점은 변함없다), 태조 이성계 역시 비록 고려 시대 것이라고는 해도 사초를 열람한 적이 있으며, 성군으로만 기억되어야 할 세종 또한 사초를 열람하려 시도했으나 신하들의 반대로 실패한 전력이 있다. 심지어 영조는 사초를 불태웠다는 기록까지 있는 것을 보면 폭군이나 성군이나 할 것 없이 역사와 더불어 '나를 보는' 세상의 시선에 대한 호기심은 쉽게 억누를 수 없었던 모양이다.

06 일상을 생활하다, 강녕전

강녕전

　사정전과 함께 좌우의 천추전, 만춘전을 살펴보고 뒤편으로 돌아가면 향오문이 나오는데, 문을 통과하면 나타나는 전각이 경복궁의 침전인 '강녕전康寧殿'이다.

　조정이 있는 법전 뒤쪽으로 침전을 두는 것은 조선 시대의 궁궐 제도인 '전조후침前朝後寢'을 따른 것으로, '침전'은 임금이 생활하는 사적 공간이다. 법전과 편전에서 공식 업무를 마친 뒤에 개인적인 일상을 보내는 곳으로, '연침' 혹은 '연거지소'라고도 불리는데 침전이라 하면 보통은 침실을 연상하지만 그보다는 더 한가롭고 자유로이 지낼 수 있는 공간인 사대부 집안의 사랑채, 혹은 요즘의 서재를 겸하는 공간으로 보는 것이 적절하다.

번거로운 곤룡포를 벗어버린 채 편안하고 활동적인 평상복을 입고 생활하는 공간이지만 임금은 국가를 상징하는 절대적인 존재이기에 제아무리 사적 공간이라 해도 우리가 생각하는 것처럼 그저 편안하기만 한 장소하고는 큰 차이가 있을 터, 과연 사생활이란 것이 얼마나 보장될 수 있는지는 누구도 알 수 없는 일이다. 조선 시대 임금의 평균 수명이 불과 46세 정도였다고 하니 국정 업무에서 오는 과중한 책임감을 덜어 놓기에 침전 공간은 다소 부족해보인다.

그리고 침전은 임금이 머무는 곳과 왕비가 머무는 곳이 각각 나뉘어 있다. 임금이 머무는 침전은 '대전'이라 하고, 왕비의 침전은 '중궁전'이라 하여 별도의 건물에서 각각 생활하였으며, 왕비와 합궁하게 되는 경우에는 아무래도 대전보다는 중궁전을 주로 이용하였다.

궁궐의 침전은 대전이든 중궁전이든, 중앙의 대청마루를 기준으로 좌우에 여러 개의 방이 있기 마련이다. 그중에서 임금은 주로 동쪽 방을 사용하였고 왕비는 서쪽 방을 사용했다. 이는 음양설을 따라 동쪽은 해, 즉 '양陽'을 상징하므로 남성인 임금을 나타내고, 서쪽은 달, 즉 '음陰'을 상징하므로 여성인 왕비를 나타낸다고 보았기 때문이다◐ 삼도 혹은 삼문으로 출입할 때 동쪽의 일화문은 문신이, 서쪽의 월화문은 무신이 출입하는 것과는 또 다른 의미로 해와 달이 사용된 사례다).

경복궁의 침전이자 대전인 강녕전은 주위에 연생전, 경성전, 연길당, 응지당 등 네 개의 작은 침전이 더 있는데, 강녕전을 비롯한 다섯 개의 침전 중 어느 곳에서 임금이 머무는지는 궐 안에서도 비밀에 부쳐졌다고 한다. 이는 물론 임금의 신변을 보호하기 위한 조치로 볼 수 있다.

조선 건국 때는 강녕전과 연생전, 경성전만 있었는데 모두 임진왜란 때 불에 타 소실된 것을 고종 때 중건하면서 연길당과 응지당을 새로이 건립했으며, 1917년에 창덕궁 내전의 화재로 전각이 소실되었을 때에는 경복궁의 연생전과 경성전 등을 뜯어서 창덕궁 내전의 복원에 사용하기도 했다.

여기서 한 가지 안타까운 것은 지금 경복궁에 있는 강녕전은 태조 때 지어진 강녕전은커녕 고종 때 중건된 강녕전도 아닌 것으로, 일제 강점기 때 창덕궁 내전의 화재로 희정당이 소실되자 일제가 희정당을 복원할 비용이 없다는 핑계로 경복궁의 강녕전을 헐어다 창덕궁의 희정당 자리에 지었다는 것이다.

강녕전을 허물고 그 자재로 희정당을 지은 것이 아니라 '다시 강녕전'을 만든 것이기에 경복궁에 있던 강녕전이 창덕궁에 가서 희정당으로 이름만 바꾼 채 강녕전의 모습 그대로 살아남은 셈이다. 아무튼 덕분에(?) 창덕궁에 있던 희정당은 영영 사라지고 말았다.

　이와 관련해서는 창덕궁의 관련 글에서 다시 얘기하겠지만 그로 인해 창덕궁의 희정당은 강녕전인지 희정당인지 그 정체가 모호해졌다는 것인데, 이와 같은 사례가 또 있으니 다음에 얘기할 '교태전'이다.

　지금의 강녕전은 서두에서 말했듯 경복궁 복원정비사업에 의해 1995년에 복원된 것이다.

07 음양을 조합하다, 교태전

교태전

　법전인 근정전과 편전인 사정전은 '외전'에 속한다. 그렇다면 '내전'
도 있을 터, 임금의 침전寢殿인 대전과 더불어 왕비의 침전인 중궁전이
이에 속하는데, 강녕전 뒤편의 양의문을 지나면 나오는 전각이 경복
궁의 중궁전인 '교태전交泰殿'이다.

　'중궁전'은 왕비가 생활하는 공간으로써, 왕비를 일컫는 '중전마마'

의 중전中殿은 여기서 유래한 말이다. 중궁전의 주인인 왕비는 내명부의 수장으로서 궁중에서 생활하는 후궁과 나인들을 총관리하며 궁궐 안의 질서를 바로잡는 역할도 했는데, 원활한 궁궐 운영을 위해 필요한 내명부 인원은 무려 600여 명가량이나 되었다고 한다. 엄청난 숫자가 아닐 수 없다. 아직도 '여자 셋이 모이면 그릇이 깨진다'는 그릇된 속설이 남아있는 것을 생각해보면 다른 곳도 아닌 절대 권력의 중심지에서 다양한 계층의 수많은 여인을 관리하는 일 역시 보통은 아니었을 듯한데, 드라마에서처럼 한 나라의 왕비가 시기, 질투나 하며 허송세월했을지는 그저 설정에 불과할지도 모른다.

중궁전인 교태전은 강녕전의 바로 뒤편에 있는데 그 위치가 궁궐 전체에서도 가장 안쪽에 있는 까닭에 '구중궁궐'이라 칭하며 당연히 외부의 접근이 가장 까다롭다. 하지만 외부로부터 차단되어 있다는 점은 반드시 좋기만 한 것은 아니었으니 궁궐이 아무리 넓다 한들 온종일 지내다 보면 마치 갇혀있는 듯 답답한 마음이 들 수 있기에 중궁전의 뒤편으로 작은 화단을 조성하였다. 그리고 이를 감상하며 혹시라도 울적해질 수 있는 마음을 조금이나마 달랠 수 있도록 했으니, 이것을 '화계花階'라고 한다.

좁은 공간에 다양한 종류의 꽃을 아름답게 조성하려다 보니 장대석을 계단 쌓듯 차곡차곡 쌓아 올려 석축을 만들고 각종 화초를 심어 일종의 '꽃계단'처럼 만든 것인데, 꽃만 심은 것이 아니고 신기한 모양의 괴석을 함께 장식해서 보는 재미를 부가시켰다◐ 궁궐 안 어떤 건축물 뒤편에 화계가 조성되어 있다면, 해당 건축물이 여인을 위한 공간이라 보아도 거의 틀림이 없다).

이러한 이유로 중궁전 뒤편에 화계를 조성하는 것은 모든 궁궐의 공통 사항인데, 그중 경복궁의 교태전 뒤편에 조성된 화계가 특히 유명한 이유는 바로 '아미산(보물 제811호)'이 있기 때문이다.

엄청난 규모에 걸맞게 경복궁 교태전 아미산에는 우주 만물을 이룬다는 음양오행이 모두 들어있다.

그중 오행을 살펴보자면, 우선 흙을 쌓아 산을 만들었으니 '토土'가 그 바탕을 이루고 있다. 그 위에 꽃과 나무를 심었으니 '목木'이 세워져 있으며, 화초 옆으로는 철광석이 함유된 괴석이 있으니 '금金'이 깔린 셈이다. 화계 한쪽에 연못을 두 개나 만들었으니 '수水'가 채워진데다가 끝으로 교태전 온돌방에서 나오는 연기를 땅 밑으로 뽑아내는 네 개의 굴뚝이 있으니 '화火'가 완성되는 것이다.

굴뚝조차 흔하디흔한 원형이나 사각형이 아니라 육각형으로 쌓았는데 그 표면에는 학, 박쥐, 사슴, 해태, 불가사리, 소나무, 대나무, 매화, 국화, 영지버섯(불로초를 상징한다), 덩굴 등 부귀와 장수를 상징하는 온갖 동식물과 사물을 화려한 문양으로 수놓아 화계와 함께 교태전 후원을 더욱 아름답게 꾸며주고 있다.

궁궐 안에 산이 있다? '도대체 궁궐이 얼마나 크길래?'라고 생각할지도 모르지만 아미산은 실제로 산은 아니고 도교와 불교의 성지로 불리는 중국 사천성(쓰촨성)의 아미산에서 이름만 빌려온 것으로, 바로 옆에 있는 경회루를 만들 때 파낸 흙을 쌓아 올려 만든 '인공 산'이다.

이 인공 산에는 '노을이 내려앉는 연못'이라는 의미의 낙하담落霞 潭과 '달을 머금은 연못'이라는 의미의 함월지涵月池라는 두 개의 연못 이 있는데, 실제 연못을 보면 그 놀라운 규모에 깜짝 놀란다. 해와 달 을 품은 연못이 두 개나 있고 인공 산까지 만들었다고 하니 얘기만 들 었을 때 교태전 후원은 실로 엄청난 크기가 예상되지 않을 수 없는바, 실제 크기는 직접 방문해서 확인하기를 바란다. 정말이지 누구나 깜 짝 놀랄 것이다.

08 은혜를 보답하다, 자경전

자경전

교태전의 아미산을 둘러본 뒤 우측에 있는 건순문이나 연휘문을 통해 담장 밖으로 나오면 넓은 공터 너머 긴 담장으로 둘러싸인 건물이 보인다. 천천히 다가가서 보면 담장부터가 여느 전각과 다른 것이 다양한 형태의 꽃문양들이 서쪽 담장 곳곳을 화려하게 장식하고 있는 소위 '꽃담'의 진수를 보여주고 있다. 전각 안으로 입장하기 전에 반드시 담장부터 빠짐없이 살펴볼 것을 권하고 싶은데, 예사롭지 않은 담

장부터가 전각의 위상을 예고하는 이것이 경복궁의 대비전인 '자경
전慈慶殿 (보물 제809호)'이다.

　모든 궁궐에는 임금이 머무는 대전과 왕비가 머무는 중궁전이 있
듯이 선왕의 부인인 대비가 머무는 대비전도 있기 마련이다. 자경전
은 조선의 궁궐 중에서 유일하게 남아있는 대비전이기도 하다. 그 이
름에서 짐작할 수 있듯 '어머니한테 경사가 생기기를 바란다'라는 마
음을 담아서 만든 전각으로, 그 대상은 신정왕후이다. 일명 '조대비'로
더 유명한 신정왕후는 순조(재위 1800~1834년)의 아들인 효명세자의 부
인으로, 1819년(순조 19년)에 열두 살의 나이로 세자빈으로 책봉됐지만
1830년에 효명세자가 승하하는 관계로 왕비가 되지는 못한다. 하지
만 아들인 헌종(재위 1834~1849년)이 1834년에 즉위하면서 왕대비가 되
었고 1857년(철종 8년)에는 대왕대비로 진봉되었으며 1890년에 82세
로 승하할 때까지 장수를 누렸다.

　자경전이 어머니를 위해 만든 전각이라 했으니 마땅히 신정왕후의
아들인 헌종이 만들었을 것 같지만, 실상은 헌종이 아닌 다소 엉뚱하
게도 고종이 만들어준 전각이다. 엄연히 아들이, 그것도 무려 임금인
아들이 있는데 왜 아무 연고도 없는 고종이 아들 노릇을 했을까. 헌종
이 후사를 보지 못하고 승하하자 강화도로 유배를 가서 평민처럼 농
사짓고 살며 속칭 '강화도령'이라 불리던 철종(재위 1849~1863년)이 순
원황후의 명에 따라 즉위했는데, 공교롭게도 철종 역시 후사 없이 승
하하고 말았다(◉ 철종은 아들이 자그마치 다섯이나 있었는데 하나같이 어린 나

이에 사망했다. 누가 봐도 수상한 일이다). 그러자 당시 대왕대비였던 신정왕후가 흥선대원군 이하응과 결탁(?)해서 그 둘째 아들인 고종을 자신의 양자로 들여 임금으로 세웠고, 이에 크나큰 고마움을 느낀 흥선대원군과 고종이 그 감사의 마음을 듬뿍 담아 전각을 만든 것이 바로 자경전인 것이다(ⓞ 또 다른 자경전이 창경궁에도 있었는데 관련 글에서 잠시 언급할 예정이다).

앞서 교태전의 화계를 얘기했는데 자경전 역시 건물 뒤편의 화계가 유명하다. 특히 굴뚝, 즉 '십장생 굴뚝(보물 제810호)'이 그것이다. 일단 크기부터가 월등한 것이 웬만한 굴뚝 예닐곱 개를 합친 크기에 연기 나오는 연통만 해도 열 개나 된다. 굴뚝 가운데는 가로로 긴 직사각형 안에 해, 산, 물, 돌, 구름, 소나무, 불로초, 거북, 학, 사슴 등 죽지 않고 오래 산다는 열 가지 상징물이 서로 어우러져 새겨져 있고 십장생 문양의 위, 아래로도 귀면상과 학 문양, 그리고 불가사리 등 '길상吉祥 (운수가 좋은 조짐)'과 '벽사辟邪 (요사스러운 귀신을 물리침)'의 의미를 새겨 넣는 등 그 세밀함과 다양한 상징성만으로도 한 폭의 예술작품으로 보기에 부족함이 없다.

고종이 자경전에 얼마나 신경을 썼는가 하면 꽃담장과 초대형 굴뚝도 모자라 앞뜰에는 법전에서만 볼 수 있는 서수 조각상이 세워져 있을 정도인데, 내전 전각에 서수 조각상이 있는 것은 조선의 모든 궁궐을 통틀어도 유일하다(ⓞ 조각상이 세워진 시기는 불분명하다). 이뿐 아니라 1867년(고종 4년)에 완공한 자경전이 1873년에 화재로 소실되자 그 즉시 다시 지었고, 1876년에 또다시 화재로 소실된 것을 1888년(고종 25년)에 똑같은 규모로 다시 한번 중건한 것이 지금의 자경전이다. 두 번이나 화재로 소실되었는데 '이 정도면 성의는 충분히 보였다'며 포기할 만도 했을 것을 계속 재건한 것을 보면 신정왕후에 대한 감사의 마음이 얼마나 컸는지 알 수 있는 대목이다. 한편으로는 신정왕후의 대왕대비로서의 위세와 정치적 영향력이 그만큼 대단했다고도 볼 수 있겠다.

09 세자를 훈육하다, 동궁

자선당

　자경전을 둘러본 뒤 만세문을 통해 나왔을 때 바로 앞의 공터 너머로 보이는 전각은 궁중음식을 만들던 '소주방'이다. 현재는 일부를 개조해서 궁중에서 즐기는 다과라는 취지를 살린 찻집 형식의 '생과방'을 운영하고 있다(◐ 궁중에서 음식을 만드는 곳이라면 '수라간'을 먼저 떠올릴 텐데 소주방은 기본 식자재로 직접 음식을 만드는 기능이 강하고, 수라간은 어느 정도 만들어진 음식을 가지고 상을 차리는 기능이 강하다고 볼 수 있다).

소주방 아래쪽에 있는 공간이 왕실에서 가장 어린 사람의 공간인 '동궁' 권역으로, 세자가 머물렀던 '자선당'과 세자의 공부방인 '비현각'이 있다.

조선의 임금은 정실 왕비 외에 많은 후궁을 두고 있다. 이는 물론 왕자를 생산해서 적통을 이어가기 위함이다. 그러다 보니 조선의 임금들은 왕자를 비롯해 공주와 옹주까지 자식을 많이 두었는데, 후대의 임금이 되는 것은 그중 단 한 명의 왕자였고 임금이 되기 위해선 반드시 세자로 책봉이 되어야 했다. 일반적으로는 '적자상속제도'에 따라 장남이 왕세자가 되어야 했으나 세상일이 순리대로만 흘러가는 것은 아니고 이는 왕실이라 해서 다를 것이 없었으니 세자로 책봉된 뒤에도 임금이 되는 과정은 결코 순조롭지만은 않았다. 그런 까닭에 조선의 임금 중에서 장남이 왕위에 즉위한 경우는 문종(재위 1450~1452년), 단종(재위 1452~1455년), 연산군(재위 1494~1506년), 인종(재위 1544~1545년), 현종(재위 1659~1674년), 숙종(재위 1674~1720년), 경종(재위 1720~1724년) 등 모두 일곱 명뿐이고, 그나마도 경종은 어머니가 정실 왕비가 아닌 나인 출신이라는 점 때문에 공식 적장자 분류에서는 제외되는 경우가 대부분이다. 그리고 순종(재위 1907~1910년)을 고종의 장남이라고 소개하는 자료도 제법 있는데, 고종이 명성황후와 혼인을 맺기 전에 궁녀한테서 얻은 아들이 있고, 또 순종 이전에 명성황후가 낳은 아들이 있었으나 출산 후 얼마 안 돼 사망한 일이 있으니 순종은 고종의 셋째 또는 둘째 아들인 셈이다.

세자로 책봉되면 동궁에서 생활하게 되는데 동궁은 세자의 거처와 더불어 세자 본인을 지칭하는 명칭이기도 하다. 어린 임금이 거처하는 곳을 뜻하는 '童宮'이 아니라 세자가 거처하는 곳이 궁궐 동쪽에 있다고 해서 '東宮'이다. 그리고 임금과 왕비는 공식적으로는 각방을 쓰지만 세자는 동궁의 자선당에서 세자빈과 함께 생활했다(◐ 10살 전후에 세자빈을 맞이하게 되는데, 물론 이때부터 바로 합방을 하는 것은 아니고 15~16세 정도가 되면 합방을 시작했다).

세종의 장남으로 일찌감치 '준비된 임금'으로 평가되던 문종은 8세에 세자로 책봉된 뒤 동궁에서 무려 28년을 지냈다. 임금이 아닌 세자로만 보낸 기간이 28년의 세월인데, 그 오랜 세월을 임금이 될 준비만하고는 막상 왕위에 오른 지 불과 2년 만에 승하했으니 비운의 세자라 할만하다. 비슷한 경우가 또 있는데, 바로 인종이다. 6세에 세자로 책봉된 인종은 25년이 지나서 즉위했지만 겨우 9개월여 만에 원인 모를 질병으로 생을 마감했는데 두 임금이 차라도 마시며 신세 한탄 할 경우, 아마도 찻값은 지나가던 영국의 찰스 왕세자가 내야 할 듯하다(◐ 4살 때 왕세자로 책봉된 뒤 어느덧 70세가 되었다).

그리고 경복궁의 동궁에는 특별한 곳이 있는데 측간厠間, 즉 화장실이다. 궁궐이라 해도 임금만 사는 것이 아니라 궁궐을 운영하기 위해 수백 명이 거주했으니 당연히 화장실이 필요했을 텐데, 그 시절의 궁궐 화장실이 동궁에 복원된 것이다. 자선당에서 비현각이 있는 방향의 행각을 따라가면 '길위문吉爲門'이 나오는데 그 안쪽에 있는 자그마한 건물이 '옛 궁궐 화장실'이다.

측간

1999년에 복원된 것으로, 좁은 공간에 화장실 두 개가 붙어있는데 문이 잠겨 있어 내부를 확인해 볼 길은 없다. 현판이 있는 것도 아니고 냄새가 나는 것도 아니라서 미리 알고 찾아보지 않으면 용도를 알 수가 없다. 장소가 궁궐인 만큼 화장실의 명칭도 궁금한데 임금의 용변을 '매화'라 부르고 이동식 용변기를 매화틀(매우틀)로 불렀듯이 궁궐 화장실을 지칭하는 별도의 명칭이 있지 않았을까 싶다. 가령, 사찰에서는 화장실을 '근심을 푸는 곳'이라 하여 해우소라 부르는 것처럼 뭔가 다른 이름이 있을 듯도 한데 아쉽게도 관련 자료를 찾을 수가 없다. 대중적인 '뒷간'은 일반 백성들이 사용하던 용어라는 점에서, 그리고 '변소'는 일본식 표현이라는 점에서 우리 궁궐에서 사용되었을 가능성이 없고, 그나마 점잖은 표현으로 '정방'이 있는데 이 역시 확실치는 **않다**(◑ 창덕궁에서도 복원된 궁궐 화장실을 볼 수 있다).

10/ 연회를 만끽하다, 경회루

수정전

동궁까지 관람했다면 경복궁의 동쪽은 다 본 셈이다(◐ 동쪽 윗부분에 있는 큰 건물은 '국립민속박물관'으로, 경복궁 복원사업 계획에 따라 2030년부터 철거 예정이다). 이제 경복궁의 서쪽을 보러 갈 텐데 그 전에 잠깐 둘러 볼 곳이 있다. 동궁의 비현각 동쪽의 구현문求賢門이나 이극문貳極門에서 좌측으로 저 멀리 보이는 성문으로, 경복궁의 동쪽 문인 '건춘문'이다.

건춘문 앞을 지날 때마다 슬쩍슬쩍 보면 찾아오는 사람 하나 없이 언제나 외로운 모습이다. 역시나 오랜 세월 외로웠을 은행나무 한그루가 말벗을 해주고 있을 뿐, 경복궁의 사대문 중 유일하게 원형이 보존된 상태로 역사와 전통을 간직한 진짜 성문인 건춘문이 광화문, 영추문, 신무문과 비교해 오히려 역차별당하는 것은 아닌지 씁쓸한 현실이 아닐 수 없다.

바로 옆에 있는 근정전을 가로지르면 거대한 연못을 등진 건물이 하나 보인다. 바로 '수정전修政殿 (보물 제1760호)'이다.

수많은 자료에서 수정전을 마치 옛 집현전 건물인 것처럼 단정 짓고 있는데 사실 수정전은 집현전과 직접적인 관련이 없다. 단종 복위운동을 하던 학자들이 집현전에서 많이 나왔다는 이유로 세조(재위 1455~1468년)가 집현전을 폐지해 버린 뒤 무려 400여 년이 지나 경복궁을 복원하면서 만든 건물이 수정전이기 때문이다(⊙ 집현전 폐지 이후 예문관이나 홍문관에서 집현전의 일부 기능을 담당하기는 했으나 집현전과 수정전은 건물도, 용도도 다른 것이다). 게다가 수정전이 있는 자리만 해도 자격루를 설치했던 보루각의 옛터로, '이 근처 어딘가에 집현전의 터가 있었다'는 정도가 그나마 집현전과의 인연(?)일 뿐 수정전과 집현전의 연결고리라고는 가느다란 실만큼도 없는 상태이니 수정전이 옛 집현전이라는 것은 한마디로 잘못된 정보라 할 수 있다. 팩트체크가 필요한 순간이다.

사정이 이렇다 보니 여기저기에서 '수정전'을 다루면서도 정작 수정전에 대한 얘기는 없고 오히려 집현전에 대한 소개만 잔뜩 하고 있는데 아마 수정전 입장에서는 꽤 서운할 듯싶다. 심지어 문화재청 홈페이지에서는 "수정전을 돌아보면서 집현전 학자들의 열의를 느껴보라"며 권유하고 있을 정도다(◉ 그리고 보니 이 글 역시 수정전 앞에서 계속 집현전 얘기만 하고 있는 탓에 수정전에게 진심 미안해 질 지경이다).

수정전은 1867년에 경복궁을 중건하는 과정에서 지은 건물로 임금이 머물며 편전으로 사용되기도 했으며 당시 이 일대는 수많은 전각을 둘러싼 행각이 빽빽하게 들어서 있었지만 일제강점기에 모든 전각이 철거되고 지금은 공터와 잔디밭만이 한때 궐내각사 자리였음을 증명하고 있을 뿐이다. 수정전 우측의 뒤쪽으로는 예전에 복도각이 있었음을 증명하는 흔적이 남아있는데 이 일대가 온전히 복원되면 '집현전과 관련 있는 건물'이 아닌 '수정전'으로서 제대로, 그리고 정당하게 대접받지 않을까 싶다(◉ 수정아, 아니 수정전아, 힘내!).

수정전을 둘러봤다면 이제 진작부터 눈에 들어오던 건물을 볼 차례다. 넓은 연못 한가운데에 떠 있는 거대한 전각이 보일 텐데 이것이 경복궁의 후원을 대표하는 '경회루慶會樓 (국보 제224호)'다(◉ 강녕전이나 교태전을 관람할 때 이미 서쪽 담장 너머로 언뜻언뜻 보이는 높다란 지붕을 느꼈을 텐데 경회루가 바로 그 건물로, 사실 근정문을 통과하는 순간부터 좌측 저 너머로 경회루의 지붕이 보였을 것이다).

근정전 서쪽의 호수처럼 넓은 연못인 경회지의 중앙에서 우측에 기대어 둥실 떠 있는 경회루는 주로 외국 사신을 대접하는 환영회나 국가적 행사의 뒤풀이(?) 장소로 사용하던 연회장으로, 가뭄 때는 연못 앞에서 기우제를 지내기도 했단다.

경회루

조선의 누각(◐ 사방을 바라볼 수 있도록 문과 벽이 없이 다락처럼 높이 지은 집) 중에서 가장 크다고 알려져 있다. 지붕에 있는 '잡상'의 숫자만 봐도 그 규모를 알 수 있는 것이 무려 열한 개의 잡상이 지붕의 네 귀퉁이를 장식하고 있기 때문이다. 사악한 기운을 물리치는 서수의 역할을 한다고 알려진 잡상은 그 숫자가 많을수록 '건물의 중요성'을 나타낸다고 하는 주장도 있으나 사실 여부를 따질 수 있는 정확한 근거는 없고, 다만 '건물의 규모'에 비례해서 잡상을 세운다는 것은 경회루를 비롯한 기타 전각들의 크기를 비교해 보면 어느 정도 근거가 있는 얘기지만 이것 역시 항상 들어맞는 것은 아니다(◐ 참고로 잡상은 오직 궁궐 건물에만 장식할 수 있다).

초창기의 경회루는 작은 누각에 불과했지만, 태종 때 지금의 경회루 근처에 아담한 크기의 '방지'가 있던 것을 크게 파서 누각을 다시 지었고, 성종(재위 1469~1494년) 때 낡고 헌 부분을 손질하고 기둥에 화려한 용 조각을 새겨 넣으면서 그 위용을 자랑하게 되었다. 지금 보기에도 넓은 연못 위에 한가로이 떠 있는(◐ 사실은 동쪽에 있는 세 개의 짧은 다리로 지면과 연결되어 있다) 거대한 전각의 모습이 아름답지만 성종 때 중수하면서 돌기둥 하나하나마다 승천하는 용을 새겼다 하니 연못에서 하늘로 오르는 수십여 마리의 용에 둘러싸인 전각의 모습은 상상만으로도 장관이었을 듯싶다.

임진왜란 당시에 소실된 것을 고종 때 복원하면서 평범한 기둥으로 세우는 바람에 아까운 볼거리를 놓친 셈인데, 그나마 다행이랄 수 있는 것은 기둥에 새겨져 있던 돌로 만든 비룡은 하늘로 영영 날아가 버렸으나 청동으로 만든 용은 지상에 남아 있다는 것이다. 경회루 복원 당시에 화재를 방지하고자 청동으로 만든 용 두 마리를 경회루 연못에 넣었다는 기록이 있다. 1997년에 연못 준설작업을 하며 물을 빼는 과정에서 실제로 청동룡 한 마리가 발견되었고 '국립고궁박물관'에 소장되어 있다.

그리고 기둥의 비룡은 없어도 다리의 서수는 남아 있는데 그 정체는 전래동화를 통해 익숙한 '불가사리'다. 동화 속의 불가사리는 무엇이든 먹어치우는 상상의 동물로 특히 쇠로 만든 것을 즐겨 먹는 것으로 나오는데, 경회루의 기둥에는 한국전쟁 때 총격전의 흔적인 총탄 자국이 여기저기에 남아 있는 것으로 보아 아마도 이 녀석들은 진수성찬을 맛보았을 것으로 여겨진다. 그중 한 마리는 스핑크스도 아닌 것이 코 부분이 깨져 나갔는데, 살짝 우습기도 하다가 왠지 안쓰럽기까지 한 것이 보기에 따라서는 제 한 몸 바쳐서 경회루를 총탄으로부터 막아냈다고 볼 수도 있는데 그렇다면 참으로 기특한 노릇이다(◐ 그나저나 한국전쟁 때면 경복궁에 임금이 살던 시절도 아닌데 왜 여기서 총격전이 벌어졌는지 참 의아하다).

잡상이 많아서인지 경회루와 관련해서는 다양한 얘깃거리도 많다. 한밤중에 경회루에 몰래 침입했다가 세종을 만났으나 유교 경전을 술술 외워 화를 면하고 오히려 출세하게 된 '구종직'에 관한 일화라든가, 연산군 시절 '흥청興淸'이라는 전국적인 기생들이 연일 술판을 벌이는 바람에 '흥청망청'의 유래가 되었다는 것이나, 대한민국 초대 대통령 이승만이 개인의 취미생활을 위해 경회루 한쪽에 '하향정'이란 정자를 만들고 영부인과 뱃놀이를 즐긴 것 등등 경회루와 관련해서는 다양한 얘깃거리가 여기저기 많이 떠다니고 있다.

11 / 어진을 보관하다, 태원전

태원전

경회루를 보았다면 이제 위로 올라가든지 아래로 내려가든지 결정
해야 한다. 경복궁의 서쪽 아랫부분에는 '국립고궁박물관'이 있다(⊙
이름대로 고궁 관련 자료를 보관하고 있지만 경복궁 복원에는 걸림돌이 되는 건물이
기에 이 건물도 언젠가는 이전해야 할 것이다). 그렇다면 올라가야 할 텐데 기
왕 서쪽으로 온 김에 경복궁의 서문인 '영추문'을 잠시 관람하도록 한
다. 영추문은 비록 철근 콘크리트로 복제한 엉터리 성문이지만(⊙ 그뿐

아니라 원래 위치에서 북쪽으로 50미터가량 이전된 상태다) 이 또한 언젠가는 광화문처럼 원형대로 복원되기를 바라는 마음으로 한 번 정도는 볼 필요가 있으며 또 동쪽 문도 봤으니 서쪽 문도 봐주는 것이 경복궁을 '균형 있게' 관람하는 자세로도 좋다.

그리고 영추문을 봐야 하는 중요한 이유가 있다. 얼마 전까지 영추문은 동쪽의 건춘문처럼 굳게 잠긴 출입금지 구역이었으나 2018년 11월에 매표소 설치 공사를 해서 12월 6일부터는 출입이 가능한 구역이 되었기 때문이다(⊙ 광화문 관련 글에서 백성들은 어느 문을 통해 궁궐에 드나들었을지 궁금하다고 했는데, 사실 영추문은 문무백관과 더불어 일반 백성들이 경복궁에 드나들 때 이용하던 유일한 성문이었다). 이로써 경복궁은 남쪽의 광화문, 북쪽의 신무문, 서쪽의 영추문, 그리고 동쪽의 '국립민속박물관' 정문까지 포함하면, 동서남북으로 문이 개방된 유일한 궁궐이 된 셈이다. 현재 동쪽으로 개방된 문은 경복궁의 정식 동쪽 문인 건춘문은 아니지만, 영추문 개방을 계기로 언젠가는 건춘문도 개방돼서 명실상부하게 경복궁의 사대문이 완전 개방되기를 기대해 봐도 좋겠다(⊙ 영추문 개방이 좋으면서도 한편으로는 마냥 좋지만은 않은 것은 영추문의 개방도 중요하지만 그 못지않게 영추문의 복원도 중요하기 때문이다. 이제 막 성문이 열렸으니 당분간은 영추문을 원형대로 복원하기가 힘들어졌다는 점에서 영추문 개방 소식은 낭보인 동시에 비보가 아닐까 싶다).

경회루의 서쪽은 위아래 할 것 없이 대부분이 공터로 되어 있는데 아래쪽은 박물관 외에는 공터뿐이니 위로 올라가기로 한다(⊙ 앞으로도 반복해서 말하겠지만 궁궐 안에 있는 공터나 잔디밭은 예전에 전각이 있던 자리다. 즉, 언젠가는 전각으로 꽉꽉 채워 복원해야 한다는 뜻이다). **영추문 관람을 마친 뒤 300미터 이상 계속 올라가다 보면 저만치 앞으로 전각이 보인다.** 좌측으로는 화장실이 있는데 앞으로도 볼 것이 많으니 잠깐 볼일을 보고 가는 것도 괜찮겠다. 경복궁의 서북쪽 깊숙한 곳을 차지하고 있는 이 일대가 바로 '태원전泰元殿'이다.

태원전의 정문 격인 건숙문을 지나면 경안문이 나오고, 경안문에서 태원전 입구까지는 긴 복도각으로 연결되어 있다. 다른 궁궐을 포함하더라도 전각과 문을 잇는 가장 긴 복도각이 아닐까 싶다. 담장에서 떨어져 독립적으로 존재하는 기나긴 행랑의 모양새가 꽤나 인상적이다. 태원전은 물론이고 영사재나 공묵재 등의 전각을 비롯해 행각과 담장까지도 꽤 깨끗한 느낌인데 일제강점기 때 훼손된 것을 2005년에 복원한 덕분이다. 2006년에 복원된 '건청궁'과 더불어 비교적 최근에 지어진 건물인 까닭에 옛것도 아니고 그렇다고 해서 새것도 아닌 듯한 뭔가 알 수 없는 묘한 느낌을 주는 건물들이다. 어쩌면 두 건물 모두 '죽음'과 연관된 장소라는 것 때문일지도 모르겠다.

태원전은 임금의 초상화를 모시는 곳으로 '진전' 또는 '선원전'이라고 한다. 태조 이성계를 비롯해 세조, 원종, 숙종, 영조(재위 1724~1776년), 순조의 어진이 모셔져 있었으며, 때로는 '빈전'과 '혼전'으로도 사용되었다. 조선에 '원종'이라는 임금도 있었나 싶어 의아해할 텐데, 원종은 선조(재위 1567~1608년)의 다섯째 아들이자 인조(재위 1623~1649년)의 아버지로, 정원군에 책봉되었다가 인조반정 뒤 대원군을 거쳐 원종으로 추존된 인물이다(○ 부왕에게 직접 왕위를 물려받지 않고 할아버지나 삼촌 등에게 왕위를 물려받은 경우에는 왕위에 오르지 못하고 죽은 자신의 아버지를 임금으로 추존해서 고인의 명예를 드높이고 자신의 정통성을 합리화하는 일이 왕실에서는 일종의 관례처럼 존재했었다).

임금의 초상화를 '어진'이라고 한다. 그냥 임금의 얼굴을 그린 '종이 쪼가리'가 아니라 임금과 동일시될 만큼 귀하게 취급됐으며, 임금의 외부행차에는 반드시 어진도 챙겨서 동행했을 정도였다. 초상화를 그릴 때에는 주름살은 물론 '일호불사편시타인—毫不似便是他人(터럭 한 올이라도 같지 않으면 다른 사람이다)'이라 하여 주름 한 줄은 물론 수염 한 가닥까지도 똑같이 그려야했기에 그림관련 일을 맡아보던 관청인 도화서에 소속된 어진화사들이 용안을 그렸음은 물론이요, 밑그림과 채색, 그리고 배경 등을 3단계로 나눠서 각각 주관화원, 동참화원, 수종화원이 담당했을 정도로 세분화되어 있었다.

당대 최고의 그림 솜씨를 지녔을 어진화사들의 실력을 보자면, 우리한테 친숙한 김홍도나 신윤복조차도 주관화원으로서 어진을 그린 것이 없다는 점에서 당시 조선을 대표하던 그림쟁이들의 솜씨가 어떠했을지 궁금해진다. 수많은 어진이 그려졌으나 화재나 전란 등으로 불에 타거나 분실되었고 현재 남아있는 어진 중에서 온전한 것은 태조와 영조, 그리고 고종의 어진뿐이고, 절반가량이 불에 탄 철종 어진

과 용안이 사라진 **순조와 문조(○** 순조의 맏아들인 효명세자로, 21세에 요절

했으나 아들인 헌종이 즉위한 뒤 익종으로 추존되었고 고종이 황제가 된 뒤 문조익

황제로 다시 추존되었다)**의 어진, 그리고 너무나도 허접해서 미완성으로**

보이는 순종 어진밖에 없으니 그저 아쉬울 따름이다(○ 그나마도 현존하

는 고종의 어진 2점 중에는 일본 화가의 작품으로 의심되는 것이 있다. 아직은 작자

미상으로만 알려진 상태이고 보면 관계
기관의 세밀한 연구와 철저한 검토가 필
요할 듯싶다).

그러다가 2018년 10월 24일, 김
은호가 그린 세조의 어진 모사
본의 초본이 국립고궁박물관에
서 일반에 공개되었다(○ 임금의 용안
을 직접 보고 그린 것은 '도사본'이고, 도사본을
보고 베껴 그린 것은 '모사본'이다). 세조의
어진은 1637년에 처음 그려진 이
후 여러 차례의 보수를 거듭하다
가 1735년에 모사본이 제작되
었고, 1935년에 '이왕직'의 의뢰
를 받은 김은호가 제자 장운봉과
함께 1735년의 세조 모사본을 보
고 다시 그린 2차 모사본의

불에 탄 철종의 어진

초본이 이번에 공개된 것이다. 기록에는 채색까지 되어있는 정본도 있었으나 화재로 소실되는 바람에 유일하게 현존하는 세조의 초상화가 되었다. 세조 어진 모사본의 이전 소유자는 김은호의 후손으로 추정되며 2016년에 국립고궁박물관 측이 경매로 낙찰받은 것을 이번에 공개한 것이다. 이외에도 개인 혹은 단체가 소장하고 있는 임금의 어진이 더 있을 수 있는 까닭에 더욱 많은 '혼자만 보던' 어진이 일반에 공개되는 계기가 되었으면 한다.

12 보물을 보관하다, 집옥재

신무문

태원전을 모두 다 둘러봤다면 뒤편에 위치한 경복궁의 북쪽 문인 '신무문'까지도 가 볼 만하다. 이미 경복궁의 동문(건춘문), 서문(영추문), 남문(광화문)을 다 봤는데 북문만 빼놓을 수 없는 이유 때문이기도 하거니와 신무문을 통해 멀리서나마 청와대의 모습을 감상할 수 있기 때문이다.

2017년 6월 26일에 청와대 앞길이 개방된 뒤로는 청와대 춘추관에서부터 청와대 영빈관에 이르는 '청와대로'를 일반인들이 거닐면서 청와대를 볼 수 있게 되었는데 신무문의 아치를 통해 청와대를 보는 것도 새로운 볼거리, 찍을거리인 만큼 경복궁 관람에서 놓치면 아까운 광경이라 할 수 있겠다.

문(門)밖에서 문 너머를 보는 것과 문을 통해 문 너머를 보는 것은 얼핏 생각하기에는 왠지 후자 쪽이 틀에 갇혀있는 듯 답답해 보일 것 같다. 하지만 제한된 공간을 본다는 것이 때로는 액자에 걸릴만한 '그림 같은' 경치를 보는 느낌을 받을 수도 있기에 궁궐 관람 중에 문을 마주치면 그냥 통과해 버리지 말고 잠시 멈춰 서서 문 너머의 풍경을 바라보는 여유를 가져 보자. 신무문 앞에서는 단지 청와대를 보는 것에만 그치는 것이 아니라 청와대를 배경으로 사진 촬영도 가능하며, 경찰이나 경호원들에게 부탁하면 알아서 좋은 각도로 직접 찍어주기도 하므로 셀카봉 없이도 완벽한 인증샷이 가능하다.

경복궁의 북쪽 담장에는 문이 세 개가 있는데 좌측으로부터 정식 북쪽 문인 신무문, 중앙의 계무문, 우측의 광무문 순서로 있으며 신무문을 제외한 두 개의 문은 출입이 통제된 상태이다. 신무문, 계무문, 광무문 하니까 마치 무관武官과 연관 있는 듯 보이나 사실은 동서남북을 관장하는 사신 중에서 북쪽을 담당하는 것이 '현무玄武'이기 때문에 武를 사용한 것이다(◑ 하긴 예전에 청와대를 경비하는 수도경비사령부가 이곳에 있었음을 생각해보면 '무관'과 전혀 상관이 없다고 할 수만은 없겠다. 다만, 시기적으로 맞지 않을 뿐).

팔우정

태원전에 이어 신무문까지 관람하고 광림문을 통해 되돌아 나오면 멀리 왼쪽 구석으로 건축물 세 채가 보인다. 그곳이 '집옥재集玉齋' 일원이다. 한 줄로 나란히 서 있는 세 채의 건축물 중에 가운데가 집옥재이고, 왼쪽 건물이 팔우정, 오른쪽 건물이 협길당이다. 모두 복도각으로 연결되어 있어서 내부에서도 이동이 가능한 구조로 되어있다.　그중 주요 전각인 집옥재는 '옥과 같이 귀한 보물을 모아놓은 곳'이라는 의미를 가진 전각으로, 귀한 보물은 다름 아닌 '책'이다. 동양의 고전은 물론 서양의 과학 서적을 포함해 한때는 무려 4만 권에 이르는 장서를 보관하고 있던 이른바 왕실도서관이다. 그 많은 책은 지금 서울대학교 규장각과 한국학중앙연구원 장서각으로 이전하여 보관하고 있다. 서재 외에 외국 공사관들을 맞이하는 접견실로도 사용되었으며 때로는 어진을 보관하기도 했다.

　집옥재 왼쪽으로 2층 누각에 팔각정 모양을 한 팔우정은 1층 건물이 집옥재와 함께 궁궐 속의 '작은 도서관'으로 꾸며져 실내가 개방되어 있으며, 도서 열람 및 휴식 공간으로 활용하고 있다. 하지만 건물 구조상 신발을 벗고 들어가야 하는 관계로, 난방이 안 되는 겨울에는 출입이 통제된다. 집옥재와 팔우정은 청나라 양식의 건물로, 창문이 전통적인 창호지가 아닌 유리로 되어 있다는 점이 특이하다.

　집옥재 오른쪽의 협길당은 정확한 용도나 정보가 알려져 있지 않다. 다만, 건물 양옆으로 아궁이가 있고 뒤쪽으로는 굴뚝이 있는 것으로 보아 아마도 침전등의 생활 공간으로 사용되었을 것으로 추측해본다.

13 조선을 능욕하다, 건청궁

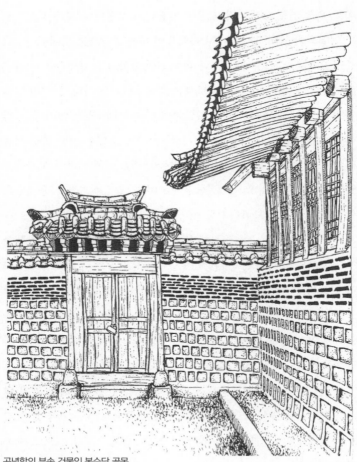

곤녕합의 부속 건물인 복수당 골목

팔우정과 집옥재, 협길당 등 집옥재 일원을 둘러보고 돌아 나오면 왼쪽으로 세 개의 문이 연결된 긴 담장이 나온다. 여기가 경복궁 안의 또 다른 궁宮인 '건청궁乾淸宮'이다.

내부를 살펴보면 남성의 공간인 사랑채(장안당)와 여성의 공간인 안채(곤녕합), 그리고 서재(관문각) 등으로 구성된 것으로 보아 사대부집의 건축양식을 흉내 낸 것으로 보인다. 어쨌든 이름만큼은 '궁宮'으로, 조선의 모든 궁궐을 통틀어도 궁궐 안에 있는 전각의 이름에 '궁'이 붙은 것은 건청궁이 유일하다.

조선 최고의 궁궐인 경복궁 안에 또 다른 궁을 만들었다는 점에서 이 건물에 부여된 중요성을 짐작할 수 있으리라. 일단 건청궁은 경복궁이 창건될 때 세워진 것이 아니라 고종 때 세워진 건물이다. 당연한 얘기겠지만 이곳의 주인 내외는 바로 고종과 명성황후다(◐ 물론 당시에는 황후가 아니었는데, 정확한 호칭은 알려지지 않았다).

영건 시기는 고종 10년인 1873년으로, 1865년부터 1867년까지 대규모로 이루어졌던 경복궁 중건과는 별개로 지어졌음을 알 수 있다. 경복궁 중건 역시 고종 때 이루어진 일이긴 해도 어디까지나 흥선대원군의 계획하에 이루어진 것에 반해 건청궁만큼은 고종의 단독에 가까운 주도로 이루어졌다. 초기에는 건설 사실조차 비밀에 부치다가 나중에 이를 알게 된 신하들의 거센 반대에도 끝까지 밀어붙여 완성하게 된 것이다. 이렇게까지 건청궁 건설에 힘을 쓴 것은 '억압의

손'으로부터 자립하려는 고종의 의지를 보여주기 위함인데 그 대상은 다름 아닌 흥선대원군이었다. 경복궁 가장 북쪽 한적한 곳에 지은 것 역시 조용한 곳에서 한가로이 휴식을 취하기 위한 목적도 있었지만 그보다는 아버지의 간섭으로부터 조금이라도 멀리 떨어지고자 하는 마음이 더 컸던 까닭이다. 고종으로서는 건청궁 건설이 국정 주도권을 장악한 흥선대원군에게서 '임금의 권리'를 찾고, 혼란한 국제 정세 속에서도 오직 자신의 의지로 이를 타개해 나가겠다는 최선의 행동이었다. 그리고 이를 실천하고자 1894년에 건청궁으로 거처를 옮기게 되었다.

그러나 그로부터 1년여 만에 조선 역사를 통틀어 왕실에서 벌어진 가장 참혹한 사건이 건청궁에서 발생했는데, 다름 아닌 '을미사변(명성황후살해사건)'이 벌어진 비극의 현장이 된 것이다.

을미사변은 1895년에 일본인들에 의해 명성황후가 시해, 아니 '살해'된 사건으로, 건청궁에 머물던 명성황후는 궁궐에 난입한 일본인들에 의해 곤녕합의 부속 건물인 옥호루에서 처참히 살해당하고 말았다.

수차례 난자당한 명성황후는 '시간屍姦'의 의혹까지도 있는 등 차마 입에 담기 거북할 정도로 무참하게 훼손을 당했다고도 한다. 일본인들은 녹산에서 명성황후의 시신을 태운 뒤 남은 조각을 연못에 버렸는데 그들의 잔인무도함을 생각해 볼 때, 언제든 기회가 되면 우리도 똑같이 갚아 주어야 하는 것이 아닌가 하는 생각을 쉽사리 떨칠 수가

없다⊙ 명성황후 살해사건은 단지 일본 낭인에 의해 우발적으로 벌어진 것이 아니라 '여우사냥'이란 작전명으로 일본공사 '미우라 고로'의 치밀한 계획하에 벌어진 의도된 사건이다. 일본 후쿠오카의 '쿠시다 신사'에는 이를 기념하는 칼과 문서까지 보관하고 있다고 하니 범죄사실을 자랑하듯 증명하고 있는 셈이다).

> 명성황후의 죽음과 관련해 많은 이들이 '명성황후시해'라는 표현을 당연한 듯 사용하고 있다. '시살弑殺'과 '시륙弑戮', 또는 '시역弑逆'으로도 쓰이는 '시해弑害'는 부모나 임금을 죽였을 때 사용하는 단어다. '부모나 임금'을 죽였다는 것은 행동의 대상이 자식 또는 신하라는 의미가 되는 바, 일본인이 조선의 왕비를 죽인 것은 어떤 식으로든 시해가 될 수 없다. 그냥 살해인 것이다. '암살暗殺'이고 '도살盜殺'이며, '척살刺殺'이고 '참살斬殺'인 것이다.
>
> 흥선대원군이 살해당한 명성황후를 폐위시키고 서인으로 강등한 것 때문에 '대원군이 부하를 시켜 고집불통 며느리를 죽였다'는 소문도 당시에 떠돌았음을 생각해보면, '명성황후시해'라는 표현이 퍼진 것은 '미개한 국가의 어리석은 신하가 못된 왕비를 죽였다'는 식의 유언비어를 퍼뜨리려는 일제의 술책은 아니었을까도 의심스럽다. 아니, 그럴 가능성이 상당히 크다.

물론, 과소비로 국고를 탕진하고 임오군란을 유발하는 등 명성황후의 만행 내지는 악행, 그리고 명성황후의 위세를 등에 업은 민씨 일가의 역대급 부정부패 때문에 백성들이 고통을 겪었다는 점에서 명성황후의 죽음을 오히려 잘 된 것으로 보는 시각도 있다. 그렇지만 타국의 왕비를 죽이는 것은 분명 별개의 문제로, 일제에 의한 명성황후 살해사건은 어떤 식으로 생각해보더라도 일본을 비난하는 것과 동시에 조선의 임금을 비롯한 국정 책임자들의 무능 역시 비난하지 않을 수 없다. 얼마나 나약하고 형편없어 보였으면 감히 타국의 왕비를 살해할 수 있단 말인가! 요즘에 이런 일이 일어났다고 생각해보면 뒷일은 가히 상상할 수도 없다(◑ 이 일과 관련해서 그 후 우리 정부들이 어떤 조처를 했는지도 궁금하다).

14 / 불빛을 발생하다, 향원정

향원정

건청궁을 구석구석 둘러 본뒤 현판이 있는 남쪽 문으로 나오면 바로 앞에 아담한 연못이 하나 보인다. 이곳이 향원지로, 그 한가운데에 있는 정자가 '향원정香遠亭 (보물 제1761호)'이다.

향원정 역시 1873년에 건청궁을 만들 때 같이 만들었다. 여기서 조금만 내려가면 대전인 강녕전 옆에 경회루라는 조선 최고의 누각이 있었지만 이미 건청궁에서 생활할 것을 결심한 고종이었기에 보다 가까운 곳에 후원을 하나 만들고 싶었는지 굳이 건청궁 바로 앞에 연못을 파고 한가운데에 인공섬을 만든 뒤 2층 육모지붕의 향원정을 짓고는 나무로 만든 '취향교'라는 구름다리를 놓는 것으로 마무리하였다(◐ 취향교는 연못에 놓인 조선 시대의 나무다리 중에 가장 긴 다리이다).

건청궁이 향원정 북쪽에 있다 보니 당연히 다리도 북쪽에 놓여있었다. 하지만 한국전쟁 때 파괴된 이후 복원과정에서 엉뚱하게도 다리를 남쪽으로 놓는 바람에, 지금은 다시 원래의 위치로 옮기는 복원공사에 들어간 상태이다. 항간에는 일제강점기 때 관람객들에게 편의를 제공한다는 구실로 다리를 이미 남쪽으로 옮겨놓은 것이라는 주장도 있는데 사실이라면 한국전쟁 때 폭격을 피했을 수도 있었으니 실로 안타까운 일이 아닐 수 없다.

향원정은 특이한 이력이 있는 장소로, 우리나라에서 그러니까 조선에서 가장 먼저 전깃불이 들어온 곳이다.

발명왕 에디슨이 설립한 '에디슨 전구회사'가 본격적으로 전기 사업을 실시한 지 7년 정도 됐을 무렵에, 조선에서 어떻게 알고 그 머나먼 미국까지 연락이 됐는지는 모르겠으나 아무튼 1887년 3월 6일 향원정에 발전기 2대를 설치해서 건청궁 일대에 불을 밝히는 점등식을 한 것이다. 당시 기준으로는 동양 최대의 시설이었다고 한다(◐ 따지고 보면, 실제 전기가 들어온 곳은 건청궁이고, 향원정은 전기가 '발생'한 곳으로 봐야한다).

에디슨 전구회사 입장에서는 비록 조선이 작은 나라이기는 해도 궁궐에 전기를 설치했을 뿐 아니라 조선의 전기시설 전체 설비와 운영에 대한 모든 권한을 준다는 계약 조건이 상당히 만족스러웠을 것이다. 하지만 결과는 좋지 않았다. 전기를 생산하는 발전기의 냉각수를 연못에서 끌어다 쓰는 과정에서 애꿎은 물고기가 떼죽음 당하는 바람에 분노한 민심이 들끓었고, 엎친 데 덮친 격으로 미국 본사에서 파견 나온 직원이 총기 오발 사고로 사망하면서 전기 사업은 그대로 막을 내렸다.

향원정에 설치했던 시설로 16촉 광열등을 무려 800여 개 가까이 켤 수 있었다고 하니 당시 사람들이 얼마나 신기하게, 혹은 두려워하는 모습으로 바라봤을지가 궁금하다. 작은 전구에서 불 켜진 전등이 꺼졌다 켜지기를 반복하는 모습이 건들건들거리는 건달같다 하여 '건달불乾達火'이라 부르는 유래가 되었으며, 물을 이용해 불을 만들었다 해서 '물불'이라고도 불렀다고 한다.

한편으로는 향원정을 그저 연못에 있는 아름다운 정자로만 볼 수는 없는데, 바로 명성황후와 관련된 일이다. 앞서 건청궁 관련 글에서 명성황후의 시신을 연못에 버렸다고 했는데, 그 연못이 바로 이곳 향원지인 것이다.

아름다운 겉모습과 달리 사람이 난자당하고 불에 탄 뒤 조각난 시신이 버려진 곳. 떠도는 소문이나 숨겨진 비밀도 아니고 이미 다 알려진 사실인데, 이곳을 관람하며 경치가 어떻고 연못이 어떻고 하며 한가로이 풍류를 즐겨야 할지, 아니면 이제라도 연못을 매몰하고 이 자리에 명성황후 추모비라도 세워야 할지 참으로 난감하다.

고종은 명성황후 생전에 함께 이곳에서 산책을 즐겼다는데 '그날' 이후 향원정을 바라보는 심정이 어떠했을지 궁금하기보다는 두려운 마음이다.

망루를 떼어놓다, 동십자각

동십자각

    광화문에서 시작해 '외전'인 근정전과 사정전, '내전'인 강녕전과 교태전, '생활공간'이라 할 수 있는 자경전과 동궁 일대 및 '특별구역'인 태원전부터 집옥재 권역과 건청궁, 그리고 '후원'격인 경회루와 향원정까지를 아우르며 경복궁을 구석구석 살펴봤다. 그렇다면 경복궁에 속해 있지는 않으나 경복궁 권역에 존재하고 있는 '국립고궁박물관'이나 '국립민속박물관'을 둘러보는 것으로 경복궁 관람의 마침표를 찍는 것도 좋을 듯하다. 그런데 그 전에 딱 한 군데 더 살펴볼 곳이 있다. 그리고 '그것'을 보려면 일단 경복궁 밖으로 나가야 한다(◐ 기왕 온 김에 박물관도 둘러보고 싶겠지만 박물관은 볼 것이 많은 까닭에 두 곳을 둘러보는 것만으로도 하루가 빠듯하다).

경복궁을 나와 광화문을 등진 채, 왼쪽으로 길게 늘어선 담장의 끝 부분에 홀로 우뚝 서 있는 건물이 있다. 비록 경복궁과는 떨어져 있지만 지붕에 잡상이 있는 것으로 보아 뭔가 궁궐과 관련이 있음을 짐작할 수 있는데, 이는 경복궁의 동쪽 망루인 '동십자각'이다.

동십자각은 경복궁의 동남쪽 끝에서 궁궐의 안과 밖을 감시하는 초소 역할을 하던 곳이다. 아무런 사전 정보 없이 차량으로 붐비는 교차로 한쪽에 서 있는 누각 모습을 처음 볼 때는 '궁궐이 옆에 있다 보니 교통정보 관련 센터를 전통양식으로 지었나 보다'하고 착각할 만도 하다. 하지만 이 역시 일제가 경복궁을 축소하는 과정에서 동십자각과 이어진 담장을 철거해버린 역사 훼손의 현장이다. 궁궐에서 뚝 떨어져 길가에 덩그러니 놓인 지금의 모습만 봐서는 누가 궁궐의 일부라 생각하겠는가?

그나마 형태라도 유지하고 있는 동십자각과 달리 아예 흔적조차 없이 사라진 건물이 있으니 쌍을 이루던 '서십자각'이다. 광화문 서쪽 담장 끝부분인 정부서울청사 교차로에서 효자로 방향 횡단보도 근처에 세워져 있던 서십자각은 경복궁 서남쪽 끝에서 초소 역할은 물론, 동십자각과 함께 광화문 양쪽에서 보위하면서 궐문의 격식도 갖추고 더불어 궁궐의 품위를 높이는 역할도 해왔다. 그러나 일제에 의해 철거된 뒤로는 흔적도 없이 사라졌다.

일제는 1923년 경복궁에서 전시 예정이던 '조선부업품공진회'의 10월 개회 일정에 맞춰 영추문과 광화문 사이에 전차 선로를 가설하면서 공진회 개최 한 달여 전인 9월 9일에 서십자각은 물론 담장까지 모두 철거해 버린 것이다. 이때 해태도 밀려났고, 하마터면 동십자각마저도 철거될 뻔했으나 선로에서 살짝 비켜나는 바람에 가까스로 철거 위기를 벗어났다고 한다. 그나마 동십자각이라도 남겨줘서 고맙다고 해야 할지 아닐지는 세상천지가 다 알 것이다.

서두에서 말했듯이 경복궁은 2045년을 목표로 복원정비사업이 한창이다. 그중에는 서십자각도 2040년 복원 예정으로 포함되어 있다. 지금으로서는 '2040년이 과연 올까?'도 싶지만 결국 제대 날짜는 오기 마련이듯이 그날도 분명 오기는 올 텐데 서십자각의 완벽한 복원과 함께 광화문에서 동십자각으로 이어지는 궁성도 다시 연결되기를 바라는 마음이다. 아직 20년도 더 남았지만 그사이에라도 틈틈이 들러 복원 과정을 응원하는 마음으로 살펴보기로 하자.

그럼 이상으로 경복궁 관람을 마치겠다.

시작은 이궁이었지만,

그 끝은 대한제국의 법궁으로

마무리 지은 媤혼 창덕궁

2장

고궁(姻宮), 창덕궁을
사랑하다

사백년을 빛내다, 돈화문
육백년을 건너다, 금천교
오얏꽃을 피우다, 인정전

청기와를 입히다, 선정전
강녕전을 옮기다, 희정당
공부방을 만들다, 성정각

중희당을 느끼다, 승화루
첫사랑을 이루다, 낙선재
부용지를 채우다, 부용정

천년삶을 꿈꾸다, 애련지
사대부를 엿보다, 연경당
반도지를 가꾸다, 관람정

밤하늘을 수놓다, 취규정
폭포수를 맛보다, 옥류천
친위대를 키우다, 규장각

'창덕궁昌德宮 (사적 제122호)'은 1405년(태종 5년)에 지은 조선의 '이궁離
宮'이다. 이궁은 법궁으로 지어진 궁궐이 제 역할을 하지 못할 경우를
대비해 만들어 놓은 예비 궁궐이다. 즉 전란이 일어나거나 전염병이
발생하는 경우, 궁궐에 화재 등이 발생해서 궁궐을 옮겨야 하는 상황
을 대비하기 위한 궁궐이다.

불과 10여 년 전인 1395년에 창건한 경복궁이 법궁으로서 아직 건
재한 상태였기에 창덕궁은 처음부터 법궁을 보조하는 이궁을 목적으
로 설계되었다. 이는 궁궐 배치에서도 잘 드러난다. 법궁인 경복궁이
넓고 편평한 대지 위에 좌우를 가르는 중심선을 긋고 정문인 광화문
부터 법전인 근정전과 편전인 사정전, 침전인 강녕전과 교태전에 이
르기까지 주요 건물을 일직선상에 줄줄이 세운 뒤 그 양옆으로 나머
지 전각들을 좌우대칭 형식으로 균형감 있게 건설한 것에 반해, 이궁
인 창덕궁은 산자락을 이용해 터를 잡은 상태에서 산기슭의 비탈진

언덕을 굳이 깎아내지 않고 자연훼손을 최소화하는 방법을 찾아 이쪽에는 법전을, 그 옆에는 편전을, 그리고 저 뒤에는 침전을 짓는 등 지형지세를 최대한 이용하는 방법으로 자연과의 조화를 꾀하였다.

즉, 법궁 경복궁이 엄격하게 정해진 틀에서 규격에 맞도록 빈틈없이 설계된 직사각형에 가깝다면, 이궁 창덕궁은 물 흐르듯 자연스럽게, 때로는 돌발적인 상황까지도 허용하며 그로인한 허술함조차 다양한 가능성을 보여주는 불규칙 타원형으로 설계되었다고 할 수 있다.

특히 창덕궁의 절반 이상을 차지하는 광대한 산림지역에 조성한 대규모 후원은 숲속 곳곳에 자리잡고 있는 다양한 전각의 배치가 마치 있는 듯 없는 듯, 또는 태초부터 있었던 것처럼 자연스럽게 제자리를 찾은 듯한 탁월함으로 위치하고 있기에 인공과 자연의 조화로움이 가히 절정에 오른 경우로 볼 수 있다. 그리고 이렇듯 조화로운 모습은 600여 년 가까이 흐른 뒤인 1997년에 유네스코에 의해 '세계문화유산'으로 등록되는 데에도 결정적인 영향을 끼치게 된다.

창건 이후 80여 년간을 조선의 단독 이궁으로 유지되다가 1483년(성종 14년)에 지어진 창경궁과 더불어 도성의 동쪽에 있다 하여 '동궐東闕'이라 불리며 이궁의 역할을 한층 강화하기도 했다.

그러다가 1592년의 임진왜란으로 경복궁을 비롯한 조선의 모든 궁궐이 불타 버린 뒤 1607년에 법궁인 경복궁을 제치고 이궁이었던 창덕궁의 복원작업이 먼저 시작되면서 1610년에 중건된 이후부터 1867년에 흥선대원군의 주도로 경복궁이 중건될 때까지 자그마치

250여 년의 긴 세월 동안 경복궁을 대신해 법궁의 역할을 훌륭히 수행해왔다. 그렇게 지난 200년 동안 겪어왔던 이궁의 설움을 말끔히 씻어 냈을 뿐 아니라 후원을 통해 자연과의 조화 및 원형 보존상태의 우수성 등으로 당시는 물론 현재까지도 많은 사람의 사랑을 받으며 전 세계에 한국의 자랑거리로 거듭나고 있다.

그런데 경복궁이 창건되고 불과 10여 년밖에 되지 않았는데 왜 또 다른 궁궐이 필요했는지 의문이다. 앞서 이야기한 대로 법궁을 보조하는 이궁으로서의 역할이 분명 필요하기는 했지만 단지 이궁의 역할만 필요했다면 법궁을 만든 지 불과 10여 년 만에 그것도 이 정도 규모로 지을 필요가 있었을까?

이후에 창건한 조선의 또 다른 궁궐들은 사소하나마 모두 나름대로 창건(혹은 중건)의 정당성과 필요성이 있었다. 가령, 창경궁은 세 분이나 되는 대비를 모시기 위해서였고, 경운궁은 피난 갔다가 돌아온 임금의 거처가 필요했기 때문이고, 경희궁은 새로운 임금이 탄생하는 것을 막기 위해서 등 충분치는 않아도 어느 정도 핑곗거리로 내세울만한 이유가 있었지만 창덕궁은 별다른 사항이 없었기 때문이다.

하지만 창덕궁의 창건을 지시한 임금이 태종이었음을 생각하면 어느 정도 이해가 갈만하다. 목숨을 걸고 함께 혁명을 도모한 개국공신은 물론이요, 형제를 죽이고 아버지와 형을 몰아내면서까지 왕위에 오른 태종으로서는 자신이 저지른 만행이 행여나 자기에게도 똑같이 벌어지지는 않을까 하는 두려움 때문에 경복궁에 계속 거주한다는 것은 당최 마뜩잖았을 것이다. 게다가 경복궁은 자신의 혁명 동지였다가 최대 정적이 된 정도전이 직접 그 이름을 지어 이성계에게 바쳤을 뿐 아니라 경복궁을 설계한 정도전의 손길이 구석구석 닿은 곳이기에 궁궐 어느 곳에 있더라도 죽은 정도전이 지켜보는 듯한 느낌이 들어 영 께름칙함을 떨치기 어려웠을 것이다. 아마도 태종으로서는 경복궁에 머무는 내내 등골이 오싹해지는 서늘함을 느꼈을지도 모를 일이다.

두 차례에 걸친 '왕자의 난'이 일어난 영향 탓인지 아들인 세종을 비롯한 후대의 임금들도 국가적 공식행사가 있을 때를 제외하고는 되도록 경복궁보다는 창덕궁에 머물며 일상 업무를 봤으며, 심지어는 잊혀가던 경복궁을 재건한 고종조차도 결국에는 창덕궁에서 더 오랜 기간 머물렀다.

시작은 이궁이었지만, 그 끝은 대한제국의 법궁으로 마무리 지은 '고궁爛宮' 창덕궁.

세계문화유산으로 지정되면서 이제는 전 세계에 자랑할 수 있는 궁궐이 되었으니, 어디가 사랑스럽고 어디가 자랑스러운지를 확인하기 위해 들어가 보도록 하자.

01 / 사백년을 빛내다, 돈화문

돈화문

종로구 혜화동에서 안국역 방향의 율곡로를 따라가다 보면 오른쪽으로 담장이 쭉 이어져 있고, 담장이 끝나는 부분에 2층 기와지붕의 건물이 하나 나타나는데, 바로 창덕궁의 정문인 '돈화문敦化門 (보물 제383호)'이다.

돈화문 왼쪽으로 버스 정류장(창덕궁 앞)이 있고 인근에 지하철역(3호선 안국역)이 있어서 쉽게 찾아갈 수 있지만, 세종대로 사거리에서 경복궁을 찾아갔을 때처럼 좀 멀찍이 떨어진 곳에서 창덕궁을 찾아가는 것도 좋다. 종로를 출발점으로 삼으면 된다.

일단, 종로3가 교차로에서 율곡로 방향으로 800미터가량 곧장 올라가면 창덕궁이 나타나는데, 다만 이 일대는 도로 폭이 좁은 데다 좌우로 건물이 많아서 경복궁의 경우처럼 광화문 사거리에서 멀리 광화문을 바라보면서 세종대로를 걷는 정도의 여유를 느끼기는 힘들다. 그런 까닭에 차라리 종묘 쪽에서 출발하는 것이 좋겠다. 종묘 시민광장의 좌측 골목을 따라 170미터가량 올라가면 종묘를 둘러 싼 담장이 나오는데, 이 담장을 따라 주변 풍경을 구경하며 700미터 정도 계속 올라가다 보면 6차선 도로가 나타남과 동시에 길 건너편으로 창덕궁이 나타난다. 걷는 것을 좋아하고 시간적 여유가 있다면 이쪽 길을 추천하고 싶다.

조선 시대 궁궐 중 가장 오래된 궐문인 돈화문은 성벽에 세워진 것이 아니라 담장에 세워졌기에 광화문보다 웅장함은 다소 부족해 보이나 중층 구조로 된 지붕의 날아오를 듯한 처마선은 창덕궁의 본격적인 아름다움을 예고하기에 충분하고, 광화문을 비롯한 다른 궁궐의 정문은 모두 세 칸의 구조로 되어있지만, 유독 돈화문만 다섯 칸인 점은 창덕궁의 독특함을 보여주기에 충분하다. 아직 정문 밖에 안 봤지만 벌써 많은 기대감을 주는 셈이다.

참고로 당시에 다섯 칸짜리 정문은 대국이었던 중국에서도 황제가 사는 궁궐에서만 가능한 일이었기에 상대적으로, 아니 절대적으로 소국이었던 조선으로서는 세 칸짜리 정문만 만들 수 있었는데 어찌 된 까닭인지 제법 무리를 한 것이다. 하지만 아무래도 중국을 의식한 탓인지 정작 다섯 칸짜리 정문을 만들어 놓고도 실제 드나드는 문은 세 칸짜리로 제한해서 되도록 중국 황제의 심기를 건드리지 않으려는 융통성을 발휘한 것으로 보인다.

그리고 광화문의 경우 세 개의 문 중에서 가운데는 임금이 다니고 좌우의 문은 신하들이 다녔다고 했는데, 돈화문의 경우는 출입문은 세 개가 있으나 임금만 가운데 문으로 다녔을 뿐, 신하들은 가급적 돈화문을 이용하지 않고 담장 좌측에 있는 금호문이나 돈화문 우측의 단봉문 등으로 출입을 했다. 현재 단봉문은 닫혀 있고, 금호문만이 관람객들의 출구로 사용하고 있다.

그리고 평소에 창덕궁 근처를 지나다니다 보면 돈화문 앞마당이 주변 도로보다 푹 꺼져있어 왠지 눈에 거슬릴 정도인데, 그 이유는 일제강점기 때 창덕궁에 거주하고 있던 순종이 자동차에 탄 채로 창덕궁을 드나들 수 있도록 돈화문 앞의 월대 높이까지 흙을 쌓아 올렸기 때문이다. 이후 복원 과정에서 땅속에 파묻혀 있던 월대는 제 모습을 찾았지만 이미 그사이에 주변 도로가 정문 높이에 맞춰 높아지는 바람에 정작 돈화문 앞마당만 지금처럼 움푹 패여 어정쩡한 모습이 된 것이다.

일제는 창덕궁 앞마당만 훼손한 것이 아니라 궁궐 일부를 결딴내는 것도 서슴지 않았다. 예전에는 창덕궁과 창경궁이 종묘와 연결되어 있었으나 1930년 무렵에 궁궐과 종묘 사이의 지맥을 끊어 민족 정기를 흐리게 할 속셈으로 궁궐과 종묘의 중앙을 가로지르는 찻길을 내는 바람에 오늘날까지 창덕궁과 종묘는 원치 않는 분단의 아픔을 맞이하게 되었다. 그나마 다행인 것은 창덕궁 앞 도로를 지하화하고 그 자리에 녹지를 조성하는 '율곡로 창경궁 앞 도로구조 개선공사'가 2019년 12월 완공을 목표로 진행 중인데, 그동안 끊어져 있던 창덕궁과 창경궁, 그리고 종묘가 하나로 연결되는 그날에 대한 기대감이 벌써 크다.

02 / 육백년을 건너다, 금천교

금천교

돈화문을 통해 창덕궁에 들어가서 좌측으로 회화나무 무리를 지나 궁궐 안마당으로 나아가면 앞쪽으로 전각이 오밀조밀 모여 있는 것이 보인다. 이 일대가 창덕궁의 '궐내각사' 권역이다. 여기서 왼쪽으로 가면 인적 드문 길이 궐내각사 담장을 따라 끝없이 이어져 있다. 한적한 기분을 맛볼 생각에 계속 들어가다 보면 느닷없이 출입금지 푯말을 만나게 되는데, 사실 이 길은 후원 관람객들이 나오는 출구이다. 그리고 궐내각사 앞에서 오른편으로 가면 창덕궁의 대문인 진선문을 통과해 법전인 '인정전' 일대로 가는 길이다. 그 진선문 앞에 있는 다리가 창덕궁의 금천교인 '금천교錦川橋 (보물 제1762호)'이다.

앞서 경복궁의 금천교는 '영제교'라고 불렀는데, 창덕궁의 금천교는 '금천교'라니, 이게 대체 무슨 얘기인가? 싶지만 일단 금천을 건널 수 있는 다리는 모두 금천교라 통칭하되, 궁궐별로 저마다의 금천교 명칭이 별도로 있다(⦿ 한강을 건너는 다리를 모두 '한강 다리'라고 부르지만, 각기 '양화대교'나 '마포대교', 또는 '성수대교' 등의 이름이 있는 것과 같은 경우이다).

그리고 금천교의 명칭을 경복궁은 '영제교'라 짓고, 창덕궁은 '금천교'라 지은 것인데, '아름답고 귀한 물이 흐른다'는 의미로 '비단 금錦' 자를 써서 한자로는 '錦川橋'라 적는다. 알기 쉽게 한자로 말하면 '경복궁의 금천교禁川橋는 영제교永濟橋이고, 창덕궁의 금천교禁川橋는 금천교錦川橋다'라는 얘기가 된다. 어찌 보면 별 것 아닐 수 있으나 창덕궁의 금천교 이름에 대해서 그냥 금천교禁川橋라고 하는 자료와 책자가 여기저기 널려 있고, 별다른 의미의 명칭없이 금천교禁川橋의 이름이 실제로도 그냥 禁川橋인 궁궐도 있기 때문이다.

이야기가 어찌 개울 아래로 흘러가는 느낌이라 다시 금천교 위로 껑충 뛰어 올라오자면, 창덕궁의 금천교는 지금은 바닥까지 말라버린 지 오래되었기에 더 이상 금천을 볼 수는 없으나 다리의 존재 자체만으로도 큰 의미가 있으니 그것은 바로 조선 시대 궁궐에서 금천교가 차지하는 역사성이다.

최초 건립 시기로는 경복궁의 영제교가 가장 오래됐지만 앞서 얘기한 대로 일제강점기 때 조선총독부 건물을 건설하면서 훼손되었기에 경복궁에 이어 건립한 창덕궁의 금천교가 현존하는 가장 오래된 돌다리로 기록되고 있다. 1411년에 세워졌으니 무려 600년이 넘는 세월을 버텨낸 것이다(◐ 궁궐뿐 아니라 서울에 있는 모든 돌다리를 포함해도 가장 오래되었다).

경복궁에서와 마찬가지로 다리 밑을 흐르는 금천은 볼 수 없으나 다리를 장식하는 서수와 문양은 옛 모습을 꽤 유지하고 있다. 홍예문 사이의 귀면상이나 난간에 매달린 서수의 머리 조각상은 다른 궁궐에서도 얼마든지 만날 수 있다 해도 창덕궁 금천교만의 자랑거리가 있으니, 바로 홍예문 사이의 귀면상 아래에 남아 있는 서수 조각상이다. 다리 양쪽 아래로 두 마리의 조각상이 모두 남아 있는데 금천교의 왼쪽에는 거북이, 오른쪽에는 해태로 추정되는 서수 조각상이 아직 건재하다.

다만 서수의 정체에 대해서는 의견이 분분하다. 가령 창덕궁의 금천교는 경복궁의 영제교처럼 동쪽과 서쪽을 나누는 구조가 아니라 남쪽과 북쪽을 나누는 구조인 관계로 다리의 왼쪽, 그러니까 지형상으로 봤을 때 북쪽에 있는 서수는 거북이가 아니라 현무라는 주장도 있으나 현무는 거북의 몸에 뱀의 형상을 합친 것으로 일반적인 거북과는 꽤 다른 모습이다.

게다가 북쪽의 서수가 현무라면 남쪽에 있는 서수는 현무에 대응해 짝을 이루는 주작이어야 하건만 해당 서수는 봉황의 모습을 닮은 날

짐승인 주작과는 달라도 너무나 다른 길짐승의 형상을 하고 있어서 다소 설득력이 떨어진다. 남쪽에 있는 서수는 몸통에 있는 문양은 희미해도 다리만큼은 화염각이 확실해 보이기에 아무래도 해태가 유력하지만, 정확한 명칭은 알 수 없다(◐ 이외에도 궁궐 안에는 수많은 종류의 서수 조각상이 있다. 하지만 서수 각각의 정확한 정체에 대해서는 공식적인 기록으로 남겨진 것이 없어서 대부분 추정으로 짐작할 뿐이다).

금천교 이야기를 하는 동안 이제나저제나 자기들 얘기는 더 안 하나 싶어 귀를 쫑긋거리고 있었을 궐내각사 권역은 창덕궁을 한 바퀴 둘러 본 뒤에 이야기하도록 하자.

세계문화유산 등록 기념비

그리고 금천교를 건너기 전 왼쪽에 있는 '세계문화유산 등록 기념비'를 읽으며 창덕궁 관람에 대한 기대감을 증폭시켜도 좋다.

참고로 기념비에 적힌 문구를 잠깐 소개하자면 다음과 같다.

"창덕궁昌德宮은《세계문화유산 및 자연유산의 보호에 관한 협약》에 따라 1997
년 12월 6일 유네스코가 정한 세계유산으로 등록되었다.

'세계유산'이란 세계적으로 뛰어나고 보편적 가치가 있어 인류 전체를 위하여
보호하여야 할 문화유산을 말하는데 창덕궁이 세계유산으로 등록된 것은 인류
의 문화유산으로서 그 가치를 국제적으로 인정받았음을 의미한다.

조선의 3대 임금인 태종 5년(1405년)에 경복궁의 이궁離宮 (궁성 밖에 마련된 임
금의 거처)으로 건립한 창덕궁은 조선 시대의 전통적인 건축으로 자연 경관을
배경으로 한 건축과 조경의 예술적 가치가 뛰어나며 특히 왕궁의 정원인 후원(
後苑)은 한국의 대표적인 전통 정원으로 손꼽힌다."

충분히 증폭되었다면 이제 금천교를 건너기로 하는데 600년 이상
된 다리임을 명심하고, 옛말처럼 '돌다리도 두드리고 건너는' 심정으
로 조심조심 살포시 건너기를 당부해 본다.

03 / 오얏꽃을 피우다, 인정전

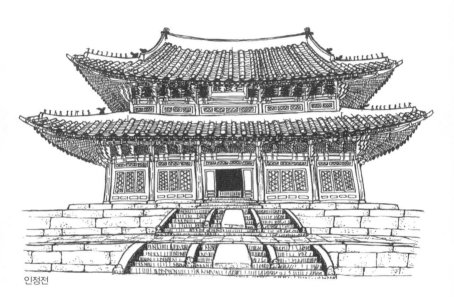

인정전

금천교를 건너 진선문을 통과하면 넓은 마당을 배경으로 오른쪽에 긴 행랑과 행각이 늘어서 있다. 왼쪽으로는 인정문仁政門 (보물 제813호)이 나오고 정면으로는 숙장문이 나오는데, 왼쪽의 인정문을 통과하면 나타나는 것이 바로 창덕궁의 법전 '인정전仁政殿 (국보 제225호)'이다.

인정전은 1907년에 경운궁에 있던 순종이 일제의 농락에 의해 황제가 된 후 창덕궁으로 이어하면서 그 모습에 상당한 변화가 생겼다. 이미 일본의 내정 간섭이 도를 넘었던 만큼 창덕궁 개조 작업도 일제의 입맛에 맞도록 변형될 수밖에 없었다. 법전 내부의 바닥에 깔려있던 전돌을 죄다 들어내고 마루를 깔았으며, 실내 창문에는 유리창을 끼고 커튼까지 달았는가 하면, 조정의 박석을 뜯어내고 품계석도 치워버리는 등 남의 제상에 '감 놔라 배 놔라' 하며 온갖 간섭을 다 했던 것이다.

그리고 그중에서도 단연 눈에 띄는 것은 지붕 용마루에 있는 다섯 개의 '오얏꽃 문양' 장식물이다.

오얏꽃 문양은 창건 당시에는 없었던 것으로 일제가 내정 간섭을 하는 와중에 생겨난 것이라 인정전 외에도 우리 궁궐 곳곳에 있는 오얏꽃 문양에 대해서는 많은 논란이 있다. 일단 사소한 오해에 대해 먼저 말하자면, '李花紋(이화문)'으로도 불리는 오얏꽃 무늬는 '이화'라는 단어에서 '이화여대梨花女大'가 떠올랐는지 '梨花紋(이화문)'으로 오인하는 바람에 '배꽃'으로 잘못 알려져 있는데, '梨(배 이)'자가 아니라 '李(오얏 이)'자가 정확한 한자이며 오얏은 자두의 옛말이니 오얏꽃은 배꽃이 아니라 자두꽃이다.

중요한 것은 이 오얏꽃 문양이 궁궐을 대표하는 법전에, 그것도 법전에서 가장 잘 눈에 띄는 상단부인 용마루에 있다는 것으로, 인정문 용마루에 세 개가 있고 인정전 용마루에 다섯 개가 있다(◑ 인정문에는 용마루 앞뒤로 세 개씩 있으며 인정전 뒤편은 확인되지 않는다). 궁궐 건물의 용마루에 오얏꽃 문양이 있는 것은 창덕궁이 유일하다. 창덕궁 외에는 경운궁의 몇몇 전각에서 오얏꽃 문양을 종종 발견할 수 있는데, 문제가 되는 것은 오얏꽃 문양이 일제가 만든 것이라는 주장 때문이다.

우리의 국권을 침탈한 일제가 옛 전국시대의 제후들이 저마다의 문장을 만들어 가문을 상징했다는 것에 착안해서 오얏꽃 문양을 창덕궁의 법전인 인정전과 인정문에 장식함으로써 임금의 권위를 제후 수준으로 떨어뜨려 조선을 하나의 나라가 아닌 '이씨들이 통치하는 지방세력' 정도로 격하시켰다는 것에 있다. 또 이러한 주장이 신빙성있게 받아들여져 기정사실처럼 널리 퍼져 있는 것이다.

그런데 사실 오얏꽃 문양은 일제강점기 이전부터 사용해왔다. 1884년에 우리나라 최초의 우정사업이 실시되었는데 이때 발행한 우표에 태극 문양과 오얏꽃 문양을 사용하였으며, 조선 말기에 주조된 화폐에도 오얏꽃 문양이 태극 문양과 나란히 사용하였다. 즉, 일제강점기 이전에 이미 우리 스스로 오얏꽃 문양을 사용해 왔던 것이다.

이뿐 아니라 독립협회를 조직한 서재필의 주도로 1897년에 완공한 독립문에도 한글로 새겨진 '독립문'과 함께 태극기와 오얏꽃 문양이 새겨져 있는 것을 발견할 수 있다. 이런 점을 볼 때 오얏꽃 문양이 비록 일제에 의해 악의적으로 사용된 점이 분명 있었을지라도 조선과 전혀 상관없는 상징물이라고만 볼 수는 없을 듯하다.

현재 문화재청이나 경운궁 관리소 측에서 대한제국을 상징하는 오얏꽃의 정통성을 적극적으로 홍보하고 있지만 아직 오얏꽃 문양에 대한 대중들의 오해가 상당히 넓게 퍼져 있는바, 적절한 기회를 통해서라도 제대로 된 해명이 필요하다.

그다음으로 눈에 띄는 것은 인정전 앞마당에 깔린 얇고 넓적한 돌, '박석'이다. 1960년대 이후에 복원작업을 하면서 일부가 원래의 모습으로 돌아오기는 했지만 여전히 아쉬운 점이 남는데, 박석의 모습이 이토록 깍듯깍듯 할 수 있을까 싶을 정도로 네모네모하고 사각사각해서 위에서 내려다보면 대형 벽돌을 쌓아 올렸다고 해도 믿고 속을 정도다. 빈틈없이 반듯한 돌이 차곡차곡 꾸준히 배열된 탓에 모범생도 이런 모범생이 또 있을까 싶을 만큼 올곧은 모양새인 것이다.

네모반듯하니 보기도 좋고 올곧게 만들었건만 도대체 뭐가 문제인가 싶겠으나 사실 박석의 원래 모습은 이렇지가 않았다. 궁궐을 드나드는 신하들은 가죽신을 신고 다녔는데, 지금의 박석은 비라도 오면 그 위를 걷다가 미끄러지기에 십상이다. 우리 선조들이 만든 원래의 박석은 이런 것을 방지하고자 표면은 물론 박석의 형태 자체를 일부러 울퉁불퉁하게 깎아놓았다. 제아무리 빗속을 뛰어다녀도 여간해서는 미끄러져 자빠질 일이 없다. 그리고 지금의 박석은 햇볕 쨍쨍한 날에는 햇살이 고스란히 반사돼 눈을 제대로 뜨기가 힘들다. 선조들이 만든 원래의 박석은 제아무리 햇살이 내리쬐도 울퉁불퉁한 표면에서 햇살을 빈틈없이 흡수하고 이리저리로 분산해서 반사해 주기 때문에 여간해서는 눈부실 일이 없다.

이렇듯 우리네 조상의 지혜와 슬기는 박석 하나에도 스며들어 있다(❍ 덧붙이자면, 원래의 박석이 보기에도 훨씬 정감 넘치고 투박하면서도 아름답다).

그렇다면 지금은 왜 이런 모습이 되었을까? 아마도 창덕궁 측의 의뢰를 받고 시공하는 측에서는 박석의 원래 모습이나 용도를 정확히 모르는 상태에서 나름대로는 최대한 잘 만들려고 기왕이면 반듯한 모습으로 법전 앞마당을 조성하려고 애썼는지도 모르겠다. 하지만 이런 일을 대비해서 궁궐 측 담당자가 사전에 확인하고 조사해서 박석의 쓰임새에 맞게끔 올바른 작업 지시를 하지 못한 것이 아닐까 싶어 아쉽다. 거의 완벽한 모습의 창덕궁에 우리들이 흠집으로 남긴 것은 아닐까 싶어 불편한 마음인데, 이제라도 인정전의 조정에 깔린 박석은 꼭 다시 바르게 복원되기를 기대해본다. 박석을 디디는 발을 위해서, 그리고 창덕궁을 위해서, 나아가 우리 후손들을 위해서라도 말이다.

　우리 궁궐의 박석 중에는 경복궁 근정전 앞마당의 박석이 가장 아름답지만, 모든 박석 중에서 최고는 단연코 종묘 정전 앞마당의 것으로 그 '자연스러운 인공미'는 어떠한 찬사의 말도 부자연스러울 정도로 완벽하고 아름답다.

04 청기와를 입히다, 선정전

선정전

인정전을 둘러본 뒤에 오른쪽의 광범문을 지나면 창덕궁의 '지나치
게 넓은' 안뜰이 펼쳐지고(● 앞서 얘기했듯이, 궁궐 안에서 넓은 뜰을 보거들
랑 '저곳에 원래는 전각이 있었겠구나' 생각하면 틀림없다) 왼쪽의 행각 너머로
어딘가 유별난 색상의 지붕을 얹은 전각이 보이는데, 창덕궁의 편전
인 '선정전宣政殿 (보물 제814호)'이다.

선정전의 특징은 우선 선정문에서 선정전에 이르는 '천랑', 일명 복도각이라는 점이다.

창건 당시에는 조계청이었다가 1461년에 명칭이 바뀐 선정전은 초기에는 신하들과 국사를 의논하거나 학문을 토론하고, 외국의 사신을 맞이하는 등 임금의 집무실 역할을 담당했으나 중종(재위 1506~1544년) 이후 임금이 승하한 뒤 장례와 제사를 치르던 빈전으로 오랜 기간 사용되었다. 이것을 계기로 날씨에 구애받지 않고 제례 활동을 원활하게 할 수 있게끔 복도각이 설치되었고, 복원 과정에서도 복도각의 모습이 그려진 《동궐도》를 참고했기에 지금의 모습으로 남게 되었다. 다소 의아한 것은 복도각에 가려 정작 선정전의 현판이 잘 보이지 않는다는 점이다. 선정전 입구 바로 앞까지 가야만 비로소 현판을 확인할 수 있는데, 복원이 잘못된 것인지 원래 이러한 구조인지는 알 수가 없다.

선정전의 또 다른 특징이라면 '색다른 멋'이 있다는 것인데, 지붕이 '청기와 지붕'이라는 점이다.

선정전은 임진왜란 때 불에 탄 것을 광해군(재위 1608~1623년) 때 재건했고, 인조반정 과정에서 또다시 불에 탄 것을 이번에는 인조 때 재건했다. 그 과정에서 광해군 재위 시절에 짓다가 중단하면서 방치되던 '인경궁' 전각의 것을 뜯어다가 선정전에 사용했는데, 지붕을 덮고 있는 청기와가 이때 인경궁에서 나온 것으로 사실상 인경궁의 편전인 광정전을 그대로 옮겨다 놓고 이름만 바꾼 것이다. 그 뒤에도 선정전은 또다시 불에 탔지만 청기와는 다행히 살아남아 지금도 깊고 푸른 빛을 발하고 있다.

청기와가 왜 특별할까. 청기와에 사용하는 푸른색 안료인 '회회청回回靑'은 중국에서 수입한 것으로, 중국도 직접 생산하는 것이 아니고 아라비아에서 원료를 수입하는 것이라서 당시에는 금보다도 귀하게 여겼다(◐ '회회'는 중국 당나라 때 '사라센'을 이르던 말로, 지금의 아라비아반도를 가리킨다). 그런 까닭에 선정전에 사용한 청기와도 새것을 수입한 것이 아니라 인경궁에 있던 것을 뜯어다 사용한 것이다. 궁궐에서조차 함부로 사용하지 못했을 만큼 청기와가 귀한 것이었음을 대략이나마 짐작할 수 있다. 이렇듯 귀한 청기와를 마음대로 사용한 임금은 바로 광해군. 당시에도 청기와 사용을 반대하는 상소가 줄을 이었지만 '광해군 정도나 되니까' 그 반대를 무릅 써가며 기어이 청기와를 사용한 것으로 보인다.

그 외 청기와를 사용한 곳으로는 창덕궁의 경훈각 자리에 있던 '징광루'의 지붕이었다. 그러나 불에 타서 사라져 버렸고, 다른 궁궐의 경우에는 경복궁의 법전인 '근정전'과 편전인 '사정전'에 사용되었으나 역시 불에 타서 사라졌다. 또 창경궁의 중궁전인 '통명전'에도 청기와를 사용했으나 이것 역시 불에 타는 바람에 사라지고 말았다.

이런 까닭에 현재는 창덕궁의 선정전만이 모든 궁궐을 통틀어 유일하게 남아있는 청기와 지붕이니 선정전 입장에서는 여기저기 자랑할 만하다. 그러므로 창덕궁을 관람할 때에는 혹시 선글라스를 쓰게 되더라도 이때만큼은 벗고 맨눈으로 감상하기를 권한다. 인디고 계열의 푸르디푸른 쪽빛 바다가 선정전 지붕 구석구석 흐르고 있음을 직접 확인하고 또 확인한 뒤 사진도 이런저런 각도로 여러 장 찍어두기를 권한다.

그리고 선정전 앞 월대에는 편전으로는 보기 드물게 드므가 설치되어 있다는 것도 특징이라고 할 수 있다.《동궐도》에는 선정전 월대에 아무런 기물도 없는 것으로 보아서는 아마도 순조 이후거나(◉ 동궐도는 순조 재위기간인 1830년대 즈음에 제작되었다), 어쩌면 1917년에 순종이 머물던 대조전에 화재가 발생한 후에 부랴부랴 설치한 것은 아닐까 추측해 본다.

05 / 강녕전을 옮기다, 희정당

희정당

　선정전의 청기와를 유심히 둘러본 뒤 다시 선정문을 통해 내려와
서 왼쪽의 계단으로 올라서면 돌출된 출입문이 눈에 띄는 전각이 나
타나는데, 창덕궁의 또 다른 편전인 '희정당熙政堂 (보물 제815호)'이다.

　초기에는 수문당 또는 숭문당으로 불리며 임금이 학문을 연구하는
장소였으나, 편전인 선정전을 빈전의 용도로 오랜 시간 사용하면서
희정당이 집무실의 역할을 맡게 되었고 점차 선정전을 대신하는 편

전의 역할이 강조된 것이다(⊙ 숭문당은 창경궁에도 있는데, 마찬가지로 임금이 경연을 열어 신하들과 학문을 토론하던 장소였다).

일부에서는 희정당이 창덕궁의 침전으로 임금이 머물던 대전이라는 주장도 있으나 근거가 희박한 데다가, 침전 이름이 'ㅇㅇ전殿'이 아니고 'ㅇㅇ당堂'이라는 것도 이치에 맞지 않기에 그다지 신빙성이 있어 보이지 않는다(궁궐 전각의 서열에 따른 이름에 대해서는 경운궁에서 거론할 예정이다). 게다가《동궐도》를 보면 희정당에는 월대가 없는데, 왕비의 침전인 대조전에도 있는 월대가 임금의 침전에 없다는 것은 더욱 말이 되지 않는다.

무려 네 차례나 화재로 소실되는 아픔을 겪은 희정당의 지금 모습은 일제강점기인 1920년경에 지어진 것으로 그나마도 원래의 모습이 아니다. 일제는 1917년의 창덕궁 화재로 대부분 전각이 불에 타 소실되자 희정당을 재건할 비용이 없다는 핑계로 경복궁에 있는 강녕전을 헐어버리고 그 자재를 가져다가 희정당 자리에 강녕전을 다시 짓고는 '현판만 희정당'으로 달아 놓았다.

다시 말하면, 경복궁의 강녕전을 고스란히 들어다 창덕궁의 희정당 자리에 옮겨 놓았는데, 이 과정에서 곳곳에 '일본화된' 서양식 건축기법이 도입되었으며 이로 인해 조선의 궁궐 창문에 유리가 처음으로 등장하는 계기가 된 것이다. 그뿐만 아니라 당시 화재의 원인이 되었던 대조전 역시 화재로 전소된 뒤에 경복궁의 교태전을 뜯어다가 그대로 창덕궁으로 옮겨 짓는 바람에 지금의 대조전(보물 제816호)은 원래의 모습이 아닌 상태로 남게 된다(⊙ 아마도 희정당을 두고 창덕궁의 대전이라 주장하는 것은, 경복궁의 대전인 '강녕전과 비슷한' 전각이 창덕궁에도 있는 것을 보고 속사정은 모른 채 으레 대전일 것이라 짐작했을 것이다).

그리고는 희정당 앞마당 자리에 돌출한 출입문을 만든 것이 오늘날 희정당의 겉모습으로 자리 잡게 된 것이다. 출입문 앞 경사로는 순종이 자동차에서 타고내리기 쉽도록 특별히 신경 써서 만들었다는데, 이에 대해 순종이 고마워했을지 정말 궁금하다(◑ 그러고 보니 순종이 침전으로 사용했을 가능성은 있겠다).

아무튼 이로 인해 여러 가지 문제점이 발생하였는데, 우선 자연과 인공물의 아름다운 조화를 인정받아 세계문화유산으로까지 등록된 창덕궁의 균형미를 깬다는 것이다.

무엇보다도 새로 지어진 희정당이 너무 크다. 지금의 희정당은 정면에 돌출된 출입문이 생기면서 오히려 입구가 막혀 희정당을 정면에서 볼 수가 없다. 그래서 뒤로 돌아가야 하는데, 선정전과 희정당 사이의 골목을 통과해 지금은 공터가 돼버린 옛 보경당 자리를 지나 우측으로 돌아서면 정면이 꽉 차는 답답한 느낌의 전각이 있으니, 이것이 바로 희정당의 뒷모습이다.

비좁은 공간을 빈틈없이 꽉 채우는 희정당의 어마무시한 덩치가 주는 무게감은 상당한 압박감을 준다. 이게 다 넓은 평지에 세워졌던 경복궁의 강녕전을 비좁은 언덕 지대인 창덕궁의 희정당 터에 '그대로' 옮겨 놓은 탓이다. 《동궐도》를 참고해 크기를 비교하자면, 원래의 희정당은 정면 5칸에 측면 3칸으로 전체가 15칸짜리 건물인데, 지금의 희정당은 측면만 해도 5칸에 정면이 무려 11칸이나 되어 전체가 55칸짜리가 되는 초대형 전각이다(◐ 물론 이 크기는 경복궁의 강녕전과 같다).

전각의 원형이 강녕전임을 굳이 숨길 생각은 없었는지 합각 부분에는 '강慷'과 '령率'이라는 글자 문양이 그대로 남아 있는데 덕분에 자칫 궁궐 지붕 합각에는 '강'과 '령' 문양을 남기는 것으로 착각할 소지가 다분하다.

더 큰 문제는 기존의 희정당을 복원하기가 더욱 힘들어졌다는 것이다. 강녕전을 헐어 그 자재를 가지고 기존의 희정당을 복원했다면 그나마 원형이라도 살아있을 텐데, 단지 강녕전을 들어다 옮겨 놓은 것에 그쳤으니 지금의 희정당만 놓고는 여기가 창덕궁인지 경복궁인지, 이 전각이 희정당인지 강녕전인지는 판단하기 힘들다. 《동궐도》를 보면 희정당 옆으로 자그마한 연못도 하나 보이는데 지금은 연못이 있던 자리까지 덮어버렸으니 이 역시 복원은 그야말로 물 건너간 셈이다.

지금의 희정당에서 그나마 볼 만한 것은 1920년경에 김규진이 희정당 내부 양쪽 벽면에 한 점씩 그린 《내금강만물초승경》과 《해금강총석정절경》 정도인데, 벽화가 제대로 보이지도 않거니와 원작은 국립고궁박물관에 소장되어 있다. 결국 희정당에서 볼 만한 것은 아무것도 없다고 봐도 지나치지 않다.

06 / 공부방을 만들다, 성정각

성정각

희정당과 뒤편의 대조전까지 한 바퀴 빙 둘러본 뒤에 여춘문을 지나 곧장 나오면 희정당 동쪽 끄트머리에 위치한 작은 문으로 나오게된다. 여기서 왼쪽 담장을 따라 돌아서면 솟을대문을 한 전각이 나오는데, 이곳이 세자의 공부방으로 사용한 '성정각誠正閣'이다.

담장을 돌면 바로 나오는 영현문은 성정각의 정문격으로, '어진 이를 맞이하다'라는 뜻이니 어진 이가 되고 싶다면 문 앞에 서서 목청껏 "이리 오너라~ 내가 왔다!"를 한 번 외쳐 볼 일이다.

영현문을 들어서면 정면 5칸에 동편으로 2층 누각이 하나 붙어있는 성정각이 보인다. 특이한 것은 정작 성정각 본체에는 현판이 없고 대신 그 옆의 누각에는 현판이 두 개나 붙어 있는데, 하나는 보춘정이고 하나는 희우루이다.

희우루는 정조(재위 1776~1800년) 때, 가뭄이 들었는데 누각 건설을 시작하자 단비가 내렸고 누각이 완성된 후 임금이 방문했을 때 또다시 단비가 내렸다 하여 이를 기념하며 지은 이름이다. 앞서 궁궐 전각의 서열에 따른 이름에 대해 경운궁의 관련 글에서 다루겠다고 했는데 궁궐 전각은 그 이름으로도 서열이 나뉘는바, 하나의 건물에 서로 다른 두 개의 서열이 공존한다는 것이 참 특이한 점이다.

세자의 교육은 시강원에서 담당했는데, 기본적인 유교 경전 수업을 비롯해 궁술, 승마, 서예 등에 악기 연주까지 포함한 여섯 가지 과목을 추가로 배웠다.

성정각은 숙종 때 지은 건물이지만 이곳을 가장 효율적으로 사용한 인물은 순조의 아들인 효명세자이다. 성정각에서 익힌 총명함을 바탕으로 순조를 대신해서 대리청정하기도 했으나 병약함을 이겨내지 못하고 21살에 요절하고 말았다.

세자의 교육 시설이었던 성정각이 잠시나마 용도가 변경된 것은 일제강점기 시절로, 뜬금없지만 내의원으로 사용하였던 흔적이 지금도 남아 있다.

성정각 맞은편 행각에 붙어있는 두 개의 현판과 약을 빻아 제조하는데 사용했을 돌절구가 그 증거로, 현판에는 각각 조화어약調和御藥, 보호성궁保護聖躬 이라 쓰여 있다. 이는 각각 '임금이 드시는 약을 짓다'와 '임금의 몸을 보호하다'라는 뜻이다. 현판의 한자를 유심히 보면 임금을 뜻하는 '어御'자와 '성聖'자가 다른 글자보다 살짝 올라간 것을 확인할 수 있는데, 현판에서조차 임금을 높여 적었다는 점이 뭐라 딱히 할 말이 없다.

이 현판들은 원래 창덕궁 입구 쪽에 있는 궐내각사 권역의 내의원 약방에 걸려있던 것으로, 순종 때 창덕궁을 개조하면서 내의원을 잠시 성정각으로 옮겨 사용했을 때 걸어놓았던 현판이 아직도 남아있는 것이다.

한 가지 재미있는, 아니 어처구니없는 일은 예전에 방영한 사극 드라마에서 성정각을 내의원으로 사용하는 장면이 나왔는데, 문제는 드라마의 시대적 배경이 중종 때라는 것이다.

혹시라도 '아니, 중종이 뭐가 어때서? 그때는 약방이 없었나?' 하며 뭐가 문제냐고 반문할지도 모르지만, 조선의 11대 임금 중종의 재위 기간은 1506~1544년이고, 27대 임금 순종의 재위 기간은 1907~1910년이라는 정도만 거론하겠다(◐ 사극 찍으면서 정확한 고증 없이 드라마를 만든 저 연출자의 볼기를 매우 치랍신다!).

성정각 뒤편으로는 '집희'라는 현판이 붙은 부속 건물이 있는데, 원래는 세자가 읽을 서적을 보관하던 관물헌이다. 갑신정변 때 김옥균 등의 개화파 세력이 고종을 모시고 회의를 열며 청나라 병력에 맞섰던 장소이기도 하다. 집희는 '나날이 밝게 빛난다'는 의미로 딱히 전각의 이름을 적은 현판은 아니며, 고종이 15세 어린 나이에 쓴 것을 기념하여 달았을 것으로 추정하고 있다(● 지금은 현판 보존처리를 위해 떼어 놓은 상태이다).

《동궐도》에는 관물헌이 '넉넉하고 빛이 선명한 마루'라는 의미의 '유여청헌'이라고 표기되어 있다.

07 중희당을 느끼다, 승화루

중희당 부속 건물(삼삼와, 승화루)

성정각 일원을 둘러보고 관물헌 바로 옆의 쪽문을 통해 나오면 정
면으로 나란히 줄지어 서서 난간으로 연결된 전각들이 보인다. 좌측
부터 각각 '칠분서七分序'와 '삼삼와三三窩', 그리고 '승화루承華樓'이다.
지금 있는 전각들은 모두 부속 건물로, 후원 입구의 공터에 있던 실제
몸통 격인 전각은 해체된 채 깃털격인 부속 건물만 남아있다. 성정각
부터 후원 입구까지의 이 일대는 세자를 위한 각종 교육 시설이 있었

던 동궁 권역으로, 이곳이 '중희당重熙堂'이 있던 자리다.

중희당은 정조가 첫째 아들 문효세자의 탄생을 기뻐하며 지은 건물이다. 문효세자가 세 살 때 이곳에서 책봉식을 거행하기도 했다. 세자의 공간임에도 정면 9칸에 이르는 크기에 월대까지 건축하고 건물 앞마당에는 풍기대와 해시계, 그리고 측우기 등의 과학 장비도 설치하는 등 지금의 성정각과 칠분서 사이의 넓은 공간을 거의 다 차지할 정도로 방대한 규모로 세워졌다. 그러나 정작 문효세자가 다섯 살 나이에 세상을 떠나는 바람에 무용지물이 되었고, 둘째 아들인 순조를 세자로 책봉하던 해에 정조가 승하하는 바람에 중희당을 원래 용도로 활용할 기회를 영영 잃게 되었다.

그 후 고종 때 경복궁에 있는 전각을 수리한다는 명목으로 창덕궁에 있던 중희당을 해체하는 과정에서 지금은 왕실 도서관 격인 승화루와 반쪽짜리 건물인 칠분서, 그리고 '여섯 모 움집'이라는 독특한 명칭의 삼삼와만 남게 되었다. 고종은 이곳에서 관례를 치르기도 했고, 외국 사신들을 접견하는 등 중희당에 남다른 애착을 보였기에 중희당을 해체하게 된 정확한 이유에 대해서는 의문이 남는다.

비록 중희당은 해체되어 사라졌지만 그 현판만큼은 국립고궁박물관에 남아 당시를 증명해주고 있다.

중희당 터에 남아있는 세 건물 중에서 단연 눈길을 끄는 전각은 가운데에 있는 삼삼와이다. 육각형의 정자와 흡사한 독특한 모양새는 희정당의 돌출된 출입문만큼이나 이색적이다.

삼삼와의 육모지붕 꼭대기의 호로병 모양의 장식 기와는 '절병통'이라 부르는데, 원래 누수 방지를 위한 용도였으나 취두나 잡상과 같이 점차 길상의 의미를 담아 지붕을 장식하는 용도로 사용하게 되었다. 삼삼와는 원래 책 창고였으나 일제강점기 때는 경찰서로 사용되기도 했다.

삼삼와 왼쪽에 있는 칠분서는 삼삼와에서 연결된 행각이 ㄱ자로 꺾이자마자 느닷없이 끊겨있어서 남아있는 모양새가 영 어정쩡한 형태가 되었다. 원래는 중희당에서 삼삼와를 거쳐 승화루로 가는 복도각으로 쓰인 건물이었지만 중희당을 해체하는 과정에서 복도각의 일부가 끊기면서 지금의 모습으로 남게 되었다.

그리고 삼삼와 오른쪽으로 있는 2층 누각인 승화루는 1층은 '의신각儀宸閣', 2층은 '소주합루小宙合樓'라 하는데, 헌종 때 왕실 도서관으로 사용하려고 만든 것이다.

소주합루는 승화루의 별칭이다. 이를 근거로 '대주합루' 또는 '주합루'도 있었음을 짐작해 볼 수 있을 터, 아니나 다를까 잠시 후 방문할 후원에 '주합루'가 있다. 주합루가 왕실 도서관 역할을 했던 규장각과 같은 건물에 있으면서 도서 열람실 용도로 사용되었음을 미리 생각해보면 '작은 주합루'라는 별칭의 승화루 역시 비슷한 용도로 사용했을 것으로 추정되는데 일반도서, 즉 서책뿐 아니라 서화도 상당량 보관되어 있었다. 특히 이를 목록으로 정리해놓은 『승화루서목』이 지금도 전해지는데 100쪽이 넘는 목록에 종류만 해도 900여 종 이상인 데다 총 4500여 점이 실려 있어 조선과 중국의 서지 연구 및 서화 연구에도 상당한 도움을 준다고 한다.

의신각과 승화루처럼 2층짜리 건물의 경우에 1층은 '~각閣'으로, 2층은 '~루樓'로 이름 짓는 것이 당시의 관례였다. 앞서 보았던 창덕궁 대조전 뒤편에 있는 경훈각의 경우도 원래 2층이었던 건물이 화재로 소실된 이후 1층만 재건한 것이 지금 남아있는 건물로, 당시에도 1층은 '경훈각景薰閣', 2층은 '징광루澄光樓'로 불렸으며(◉ 징광루는 선정전과 더불어 창덕궁에 두 채밖에 없었던 청기와 건물이었다), 잠시 후 방문할 후원의 부용정에 있는 주합루 건물 역시 1층은 '규장각奎章閣', 2층은 '주합루宙合樓'로 불린 것과 같은 경우이다.

08 / 첫사랑을 이루다, 낙선재

낙선재 뒤편의 화계

성정각에 이어 승화루까지 동궁 일원을 두루 둘러봤다면 후원으로 입장하기에 앞서 잠시 쉴 겸 뒤돌아서 조금 내려가 보자. 언덕길을 조금만 내려오면 네거리가 나오고 여기서 왼쪽으로 조금만 더 내려가면 두 갈래의 길이 나오는데, 오른쪽은 화장실이고 왼쪽이 바로 궁궐 안의 사대부집 체험장이라 할 수 있는 '낙선재樂善齋' 권역이다.

낙선재 일대는 멀리서 보기에도 높은 건물 하나 없이 낮은 건물들이 길게 둘러쳐진 담장 안에 오밀조밀 모여 있는 것이 궁궐에서 보게 될 것이라고는 전혀 예상하지 못한 모습이다. 이국적일 만큼 화려했던 중희당 터를 관람한 후 낙선재 일대로 내려오며 맞이하는 이 고즈넉하고 수수한 풍경은 지금까지와는 전혀 다른 의외의 모습이기 때문에 사뭇 숙연하고 때로는 처연하기까지 하다.

낙선재 일대를 관람하러 갈 때면 항상 느끼는 감정이 창덕궁과는 뭔가 동떨어진 공간이라는 느낌이 강하게 든다(◐ 실제로 예전에는 창경궁에 속해 있던 공간이다). 이 때문인지 봄, 여름, 가을, 겨울 할 것 없이 사계절 내내 쓸쓸함이 묻어나는 장소이기도 하다. 마치 세상의 마지막, 혹은 궁궐들의 마지막 장소 같은 느낌이 드는데 아마도 여기서 생의 마지막을 보낸 여인들이 있었기 때문인지도 모르겠다.

낙선재 권역은 임금이 총애하는 후궁을 위해 지어준 지극히 사적인 공간이다. 그 주인공은 헌종과 후궁인 경빈 김 씨다. 대왕대비인 순원왕후가 정해준 왕비가 그다지 맘에 들지 않았던 헌종은 '마침' 왕비가 아들을 낳지 못하자 이때다 싶어 그동안 맘에 두고 있었던 김재청의

딸을 경빈으로 맞이한다. 그리고 함께 지낼 공간을 마련하고자 자신의 서재 겸 사랑채인 낙선재 옆에 경빈 김 씨의 거처로 '석복헌'을 짓고 정조 때 서재로 지어진 '수강재'를 개조해서 순원왕후를 모셨는데, 이 세 채의 건물을 통틀어 낙선재라 칭한다(◐ 수강재는 창경궁의 모태가 되는 '수강궁' 터에 지어진 건물이다).

대비, 혹은 왕비가 아닌 후궁을 위해 마련한 사상 유례가 없을 공간이기에 주위의 이목을 의식한 탓인지 단청을 하지 않는 등 나름대로 소박함을 강조한 것이라지만 그 거대한 규모와 구석구석 은근히 화려한 장식을 봐서는 절대 소박하지 않음을 알 수 있다. '에헴, 소박한 게 이정도야!' 하는 임금의 통 큰 스케일을 과시한 것일지, 아니면 '사랑한다면 이 정도는 해야지!' 하는 달콤한 애정도를 과시한 것일지는 진정 사랑꾼만이 알 수 있을 듯하다.

이렇듯 임금의 순애보를 얘기할 때 빠질 수 없는 낙선재는 사실 조선의 마지막 왕실 가족이 생활했던 곳으로도 잘 알려져 있다. 이름하여 순정효황후와 의민황태자비, 그리고 덕혜옹주가 세상을 떠날 때까지 머물던 곳이기 때문이다.

순종의 계후인 '순정효황후'는 대조전의 부속 건물인 흥복헌에서 한일병합을 체결 '당할' 때, 친일파들이 순종한테 날인을 강요하자 이를 막기 위해 치마 속에 옥새를 감추고 있다가 숙부 윤덕영한테 강제로 빼앗긴 일화가 있다. 당시 나이가 열일곱이었음을 생각하면 어린 나이임에도 상당한 강단이 있었음을 알 수 있다. 이뿐 아니라 한국 전쟁 때에는 창덕궁으로 들이닥친 인민군들을 향해 호통을 쳐서 내쫓았다는 일화도 있는 것을 보면 가히 왕비급, 아니 황후급 여장부였음이 틀림없는 듯하다(● 총 든 무리를 말로 타일러서 물러가게 했다는 부분은 곧이곧대로 믿기 힘든 구석이 있다).

순종이 승하한 후에는 불문에 귀의해 '대지월'이라는 법명을 받기도 했으며, '석복헌'에 머물다가 1966년에 세상을 떠났다.

'의민황태자비'는 영친왕으로 잘 알려진 마지막 황태자 이은李垠의 부인으로, 우리가 흔히 '이방자 여사'라고 부르는 인물이다(● 우리한테 익숙한 이방자는 일본식 이름으로, 방자는 일본 이름인 '마사코方子'에서 나온 것이고, 성은 남편의 것을 따른 것이다).

의민황태자비는 일본 국왕 메이지明治의 조카인 '나시모토노미야 모리마사梨本宮守正' 친왕의 딸로 태어나서 역시 일본 왕족의 아들과 약혼하면서 일찌감치 왕세자비로 정해졌으나 파혼당한 뒤, 일본에 볼모로 잡혀 와서 일본 육군사관학생이 된 이은과 정략 결혼했으며 1963년에 귀국해서 '낙선재'에 머물다가 1989년 4월 30일에 세상을 떠났다. 흥미로운 것은 의민황태자비의 일본 약혼자는 훗날 제124대 일왕이 된 히로히토裕仁 왕세자로, 우리가 잘 알고 있는 제2차 세계대전의 원흉이자 전범인 바로 그 작자이다. 일왕의 부인이 될 뻔했던 사람이 조선의 마지막 황태자의 부인이 되었으니 이방자, 아니 나시모토노미야 마사코梨本宮 方子의 입장에서는 참으로 기구한 운명의 장난이 아닐 수 없다.

소설과 영화 등을 통해 '널리' 알려진 고종의 고명딸 '덕혜옹주'는 유학을 핑계로 일본으로 끌려가 대마도 영주의 후예인 '소 다케유키'와 강제로 결혼 당했는데, 조발성치매증(정신분열증)으로 정신병원에 입원하는 등 불행한 결혼생활을 하다가 이혼당하고 1962년에 귀국한 뒤에는 실어증으로 고생하던 끝에 1989년 4월 21일 '수강재'에서 한 많은 생을 마감하게 되었다.

이방자 여사(1901~1989)와 덕혜옹주(1912~1989). 한쪽은 한국인과 결혼한 일본 왕족, 한쪽은 일본인과 결혼한 한국 왕족. 같은 여자로서 서로 다른 운명이었으나 비슷한 듯 엇갈린 삶을 살다가 같은 공간에서 불과 열흘 안팎의 시간을 두고 죽음을 맞이했다는 것도 참으로 기이했다.

한 가지 덧붙이자면, 덕혜옹주는 그 비극적인 삶이나 죽음을 다룬 소설이나 영화 등을 통해서 역사적 사실여부와 상관없이 팩션적인 면이 부각되었기에 '정확히' 알려졌다고 볼 수 없다는 점이 참 아쉽다. 다른 것은 차치하더라도 덕혜옹주를 마치 '조선의 마지막 공주'인 양 표현한 것은 문제가 있다. 덕혜옹주는 고종이 정식 왕비가 아닌 후궁인 귀인 양 씨와의 사이에서 낳은 딸로, 어디까지나 공주가 아닌 옹주의 신분이다.

그렇다면 '진짜' 조선의 마지막 공주는 누구인가 하면, 바로 순조의 셋째 딸인 덕온공주가 되겠다. 순조는 순원왕후 김씨 사이에서 1남4녀를 낳았는데 그 중 막내딸이 덕온공주로, 16세에 윤의선과 혼례를 올렸으며 둘째를 임신중이던 23세에 사망했다. 1남4녀 중 막내가 어

떻게 셋째 딸이 되는지 의아할텐데 순조의 큰딸이 공주로 책봉되기
도 전인 아기 때 사망하는 바람에 공식적으로는 명온공주, 복온공주
에 이어 덕온공주가 세 번째가 되는 셈이다(○ 명성황후도 딸을 낳았으나
어려서 사망하는 바람에 역시 공주로 책봉되지는 못했다).

장락문

낙선재는 들고나는 문이 여럿 있다. 이곳으로 들어가 저곳으로 나오든, 저곳으로 들어가 이곳으로 나오든지 어디까지나 관람자 마음대로지만 기왕 낙선재까지 갔다면 남쪽 행각문인 '장락문長樂門'으로 한 번쯤은 들어가 보기를 추천한다.

장락문 입구에서 정면으로 바라보이는 낙선재 내부의 풍경은 한마디로 '그림'이 연출되기 때문이다. 장락문 뒤로 보이는 낙선재 서편의 누각과 이어진 행랑들, 그리고 그 너머로 우뚝 솟아있는 '상량정'이 한 컷에 들어오는 장면은 그야말로 한 폭의 그림으로 손색이 없으니 잊지 말고 관람도 하고, 사진도 한 장 남길 것을 다시 한번 권한다(❍ 경복궁 신무문의 아치를 통해 바라보는 청와대의 풍경에 조금도 밀리지 않는다).

09 / 부용지를 채우다, 부용정

부용정

　낙선재를 구석구석 관람했다면, 이제 드디어 창덕궁의 자랑거리인 후원을 관람할 차례이다.

　우선 알아둘 것은 창덕궁 후원은 별도의 입장료와 사전 예약이 필요하다는 것이다. 경복궁을 비롯한 다른 궁궐에도 후원은 있지만 창덕궁 후원은 '특별한' 뭔가가 있기 때문이 아닐까. 후원은 반드시 해설사와 동행해야 한다는 것도 특별한 점이다. 후원에 들어가면 후원에 대한 전반적인 간략 해설이 있은 뒤 본격적인 답사가 시작된다. 잠시 언덕길을 오르는가 싶다가 이내 내리막길이 나오면서 탁 트인 전망과 함께 넓은 연못이 나오는데, 이곳이 바로 부용정과 주합루 등이 있는 부용지 일원이다.

부용지는 '하늘은 둥글고 땅은 네모나다'라고 하는 고대 우주관인 천원지방天圓地方 사상이 고스란히 반영된 연못이다. 네모난 연못의 한가운데에는 소나무를 심은 둥근 섬을 만들어 연못의 중심을 잡고 있다. 그 한쪽에 있는 정자가 '부용정芙蓉亭'이다.

부용지 남쪽에 위치한 부용정은 임금이 연꽃도 감상하고 때로는 낚시도 즐겼던 장소로, 정자는 분명 정자이건만 그 모습이 일반적인 정자와는 약간 다르다. 우선 지붕이 동서남북으로 사방팔방을 향하고 있다. 위에서 보면 '열 십十'자 모양을 하고 있어 마치 지붕 네 개가 빈틈없이 사주경계라도 하는 모양새이다. 몸통의 각 모서리 부분에서 밑으로 뻗어 내려간 네 개의 기둥 중에서 두 개는 땅에 닿아 있지만 나머지 두 개는 연못 속에 풍덩 풍덩 잠겨있다.

그런데 그 모습이 마치 더위를 피해 숲속에서 쉬고 있던 정자가 인적이 드문 틈을 타서 잠시 발이라도 담글 요량으로 바지 걷고 두 다리를 연못 속으로 풍덩 집어넣고는 두 팔 뒤로 길게 뻗어 기댄 채 행여 누가 오는지 감시라도 하는 것처럼 고개를 쉴 틈 없이 이리저리 돌리고 있는 듯한 자세이다. 가만히 보고 있자면 입가에 절로 미소를 머금게 되는데, 지금이라도 당장 "어? 부용정, 너 지금 딱 걸렸어!"하고 소리치면 놀란 마음에 후다닥 물가를 뛰쳐나가 다시 숲속 깊이 숨어들 것만 같다.

어수문

부용정 맞은편으로는 '어수문'이 있다. 문 뒤편으로 계단을 오르면 나타나는 2층 누각이 '주합루'이다. 중희당 터에서 승화루의 별칭인 소주합루를 얘기하며 언급했던 바로 그 건물이다.

'우주와 합하여 하나가 된다'라는 의미의 주합루는 사실 2층의 도서 열람실을 지칭하는 말인데 '어제御製'나 '어필御筆', 그리고 '어진御眞' 등을 보관했다. 1층은 왕실 도서관인 규장각이었는데, 규장각이 금천교 옆에 있는 궐내각사로 이전한 뒤로는 2층 누각 전체를 주합루라 부르게 되었다.

'어수魚水'는 임금과 신하의 관계를 서로 떼어져서는 살 수가 없는 물고기와 물에 비유한 말인데 임금이 드나드는 문과 신하가 드나드는 문의 모양이 워낙 차이가 나는 탓에 좋은 의미의 이름을 지은 것 치고는 어딘가 이율배반적인 느낌이 든다(◉ 부용지 한쪽 구석에는 좁은 연못 밖의 넓은 세상이 궁금해서 뛰어오르는 호기심 대장 물고기 돌조각이 새겨져 있으니 찾아서 확인해 보기 바란다).

아쉬운 점은 어수문 입구까지는 갈 수 있으나 바로 뒤에 있는 주합루 일대는 일반인의 출입이 통제된 미개방시설이라는 점이다. 어수문 뒤편의 주합루를 비롯해 희우정이나 제월광풍관 등은 맞은편의 부용정이나 바로 옆에 있는 영화당에서 그저 바라보는 것으로 아쉬움을 달래야 한다. 그리고 부용정 바로 오른쪽으로 있는 작은 전각은 '사정기비각'이라고 한다. 사정기비각은 세조 때 창덕궁 안에서 발견된 네 개의 우물을 기념하여 세운 비석이 있는 전각이다. 네 개의 우물은 각각 마니정과 파리정, 유리정, 그리고 옥정이라 이름 지었으며 숙종 때까지만 해도 우물 두 개가 남아있었다는데 그 뒤로는 매몰됐는지 흔적조차 찾을 수 없게 되었다.

끝으로 부용정 왼편으로 있는 건물은 '영화당'이다. 앞마당인 '춘당대'에서 과거 시험을 치를 때 임금이 참관하던 곳이다. 문과의 최종시험은 법전의 앞마당에서 치르지만, 말을 타거나 활을 쏘는 무과 시험이나 문과 시험의 초시는 춘당대 같은 넓은 평지에서 치러졌다. 한때 그 참여 인원이 1,000여 명이 넘을 때도 있었다고 하니 가히 장관은 장관이었을 터, 보지 않아도 눈에 보일 듯한 이 광경은 후원의 뛰어난

열 가지 볼거리를 일컫는 '상림십경' 중의 하나로 손꼽히기도 했다(◉
상림은 창덕궁 후원의 별칭 중 하나로, '상림원上林苑', '내원內苑', '금원禁苑' 등으로
불렸으며, 일제강점기 때에는 '비원祕苑'이 널리 퍼지기도 했다).

정조가 지었다고 알려진 '상림십경上林十景'은 다음과 같다.

01 觀豊春景(관풍춘경) : 관풍각에서 봄에 밭가는 광경 보기

02 望春聞鶯(망춘문앵) : 망춘정에서 꾀꼬리 울음소리 듣기

03 天香春晚(천향춘만) : 천향각에서 가득한 봄기운 만끽하기

04 魚水泛舟(어수범주) : 어수문 앞 부용지에서 뱃놀이하기

05 逍遙流觴(소요유상) : 소요정 곡수에 술잔 띄우고 마시기

06 喜雨賞蓮(희우상련) : 희우정에서 만개한 연꽃 구경하기

07 淸心霽月(청심제월) : 청심정에서 비 갠 하늘의 밝은 달 보기

08 觀德風林(관덕풍림) : 관덕정에서 곱게 물든 단풍 숲 구경하기

09 映花詩士(영화시사) : 영화당에서 선비들 과거 치르는 모습 보기

10 凌虛暮雪(능허모설) : 능허정에서 해 질 무렵 내리는 눈 바라보기

10 / 천년삶을 꿈꾸다, 애련지

불로문

    영화당에서 내려와 좌측으로 조금 걷다보면 두 개의 문이 나온다. 그중 첫 번째 문인 금마문으로 들어가면 '웬 민가가 궁궐 후원에 있나?' 싶을 정도로 초라해 보이는 작고 소박한 건물 두 채가 있는데, 각각 기오헌과 운경거라고 한다.

    현판에는 '기오헌'이라 적혀있지만 '의두합'이라고도 불렸던 기오헌은 《동궐도》에는 또 다른 명칭인 '이안재'라고 적혀있어 그 명칭을 두고 적잖이 혼동을 준다. 아마도 동일한 건물을 시기적으로 다르게 부르면서 생긴 것으로 보인다. 이름이야 뭐가 됐든 기오헌 또는 의두합 혹은 이안재는 순조의 아들인 효명세자가 책 창고로 만든 운경거에 비치된 서적을 읽으며 학문을 닦던 곳이다. 오직 독서와 사색에만 집중할 목적으로 만들었는데 궁궐 안에 있는 건물 중에는 거의 유일하게 북향으로 세운 건물이라는 점에서 학문 탐구에 대한 효명세자의 확고한 의지를 엿볼 수 있기에 허름해 보이는 외관임에도 왠지 내실이 다져져서 굳건해 보이는 건물이다.

멀쩡하게 생긴 금마문에 이어서 두 번째 문은 엎어진 디귿자 모양의 돌문인데, 바로 '불로문'이다. 불로문의 크기는 사람 키보다 조금 더 높다. 하나의 통돌을 깎아서 파내고 다듬은 것으로, 완성된 돌문 모양을 보자면 남아있는 것보다 깎아낸 것이 훨씬 많을 터, 그 조각조각들은 다 어디에 사용했을 지가 먼저 궁금해진다. 사실, 별다른 문양도 없이 밋밋한 돌기둥에 한자로 '不.老.門.' 석 자 새긴 것이 전부인지라 그다지 큰 공을 들인 것 같지는 않다. 그래도 기껏 조각을 완성했는데 세우다가 뚝 부러지기라도 했으면 얼마나 허탈했을지 조마조마한 마음까지 든다.

기둥 양쪽으로 네 군데의 홈이 파여 있는 것으로 보아 예전에는 문짝도 있었을 것으로 추측된다. 설마하니 문짝마저 돌덩이는 아니었을 터, 아무튼 예전 모습도 궁금하다(◐ 불로문을 보고 있자니, 옛사람들도 농휴을 즐겨 했을 터. 불로문 주위에 자라난 잡초를 '불로초'라 부르며 서로 한번 먹어보라 권하면서 장난치지는 않았을까 궁금하기는 마찬가지다).

애련정

불로불사 내지는 불로장생을 기원하는 마음으로 불로문을 통과하면 오른편으로 애련지愛蓮池라는 연못이 나온다. 그리고 그 안쪽으로 자그마한 정자가 하나 보이는데 이것이 '애련정愛蓮亭'이다.

1692년에 세운 것으로, 기록에는 '연못 가운데에 정자를 지었다'고 하는데 어찌된 일인지 지금은 연못의 북쪽에 위치해 있고 이 위치는《동궐도》에 그려진 것과도 일치한다. 정자가 워낙 작아 가벼워 보이기도 하고《동궐도》가 1830년 경에 그려진 점을 생각해 보면, 아마도 오랜 세월동안 조금씩조금씩 북쪽으로 떠내려, 아니 떠올라 간 것은 아닌지 살짝 의심스럽기까지 하다. 그렇다면 어디한번 과학적으로 접근해 보자. 정자가 위로 올라갔다기보다 지구의 자전 작용에 의해 정자는 가만히 있고 땅이 아래로 내려 왔다고 보는 쪽이 더 합당할지도 모르겠다.

애련정 역시 부용정처럼 두 다리를 물속에 담근 자세를 취하고 있는데 부용정이 건장한 남자라면, 애련정은 장난기 많은 소녀가 연못에 조심스레 발 담그고 찰랑찰랑 물장구라도 치려는 모양새이다. 그 수줍음 넘치는 귀여움이 사랑스럽기 그지없다. 부용지와 달리 애련지는 주위에 별 다른 볼 것이 없기에(◎ 돌문 하나에 솟을대문 두 개만이 애련정을 지키듯 둘러싸고 있다) 오직 애련정에만 집중해서 유심히 보게 된다. 사방으로 한 칸, 한 칸씩 도합 한 칸짜리로 그야말로 '한 뼘'만한 데다가 별다른 특색조차 없어 보이는 자그마한 규모임에도 연못에 잔뜩 널려 있는 연꽃보다 연못 한 쪽에 홀로 매달려 있는 애련정이 오히려 연못을 가득 채워주는 느낌이다.

애련정 뒤편 왼쪽 연못가 계단 근처에는 '태액太液'이라 쓰인 돌이 있다고 한다. 멀어서인지 아니면 이미 애련정이 두 눈 가득 들어 찬 까닭인지 좀처럼 찾기가 어렵다. 태액은 중국의 궁궐에 있던 연못 이름으로(◐ 분명 이름처럼 거대한 연못이었으리라) 한나라와 당나라 등 여러 나라의 궁궐에 동일한 이름의 연못이 있던 관계로 중국에서는 '궁궐에 있는 연못'을 통칭한다. 어쩌면 애련지의 옛 이름이 태액 또는 태액지였을지도 모를 일이다.

11 / 사대부를 엿보다, 연경당

선향재

애련지와 애련정을 관람한 뒤에 좌측의 숲길을 조금 걸어볼라치면 바로 저만치 앞으로 일반 사대부집 같은 건축물이 나타나는데, 그것은 '연경당演慶堂'이다.

궁궐 안의 사대부 집안 구조라는 점에서 건청궁이나 낙선재가 떠오를만한데 건물 앞 수로를 건널 즈음 명확하게 보이는 입구 현판의 이름이 왠지 낯익다. 어쩌면 현판을 보는 순간 강렬한 기시감이 들지도 모르겠다. 그렇다면 지금껏 관람을 잘했다고 볼 수 있다. 현판에 적힌 이름은 바로 '장락문長樂門'으로 후원에 들어오기 전에 봤던 낙선재의 남쪽 행각문인 장락문과 한자까지도 똑같다. 그 이유는 정확히 알려진 것은 없지만 세상 부러울 것 없을 왕실에서 어쩌면 사대부의 삶을 동경했는지도 모르겠다.

장락문을 들어서면 나란히 있는 두 개의 문이 나오는데 각각 수인문과 장양문이다. 수인문은 여성이 드나드는 문이고, 장양문은 남성이 드나드는 문이다. 유교의 영향으로 소위 남녀칠세부동석을 따져가며 남녀가 유별했던 시절이라고는 해도 사대부 집안은 남녀가 드나드는 문조차 별도로 되어 있다는 것을 처음 알게 됐다. 이 부분에서 여성 관람객들은 약간 불쾌한 마음이 들지도 모르겠다. 왜냐하면 여성이 드나드는 수인문은 담장 높이 밑으로 문을 만들었지만, 남성이 드나드는 문은 담장 높이를 넘어서는 '솟을대문'으로 만들었기 때문이다. 물론 이에 대해 '초헌軺軒 (조선 시대 종2품 이상의 버슬아치가 탄 수레)'을 탄 사대부가 드나들 수 있도록 대문 높이를 맞춘 것이라고는 하지만, 그래도 다소 불편한 마음이 들 수도 있다.

수인문으로 들어서면 안주인을 비롯한 여인들의 공간인 안채 건물이 보이고, 장양문으로 들어서면 집주인을 비롯한 사내들의 공간인 사랑채 건물이 나오는데 마당 건너 정면으로 보이는 건물이 바로 '연경당'이다.

궁궐에서 임금이 손님을 맞는 곳은 주로 접견실로 사용하는 편전 혹은 침전이기 마련인데, '사랑채'라니 왠지 낭만적이다. 물론 사랑채의 '사랑舍廊'이 그 '사랑'은 아니지만 어딘가 사랑스러운 공간이다. 비록 같은 용도로 쓰이는 공간일지라도 편전이 아닌 사랑채에서 만나는 이는 진정한 임금의 벗일 듯싶다.

그리고 연경당의 오른편으로 떨어져 있는 건물은 '선향재善香齋'이다. 이국적인 벽돌 벽 때문에라도 결국 눈에 띄겠지만 일단 지붕을 덮고 있는 특이한 장치 때문에 눈에 확 들어오는데, 우리네 전통 가옥에서 좀처럼 보기 힘든 태양열 집열판, 아니 차양이 설치돼 있다.

조선 시대 건물에 차양이라니, 굳이 궁궐이 아니더라도 다른 곳에 또 이런 경우가 있는지 의아하다. 누군가가 선향재를 조선 시대의 태양열 주택이라고 우길 경우 믿지는 않겠지만, 어디 한번 속아주는 척은 할 만하다. '선향善香'은 좋은 향기라는 뜻이다. 여기서 좋은 향기는 다름 아닌 책 냄새다. 그렇다면? 그렇다! 선향재는 책을 보관하는 서재인 것이다.

앞서 경복궁의 집옥재에서 '옥과 같이 귀한 보물'이 바로 '책'이라고 했다. 창덕궁 선향재에서 '좋은 향기'로 다시 한번 '책'을 접하고 보니 '책'을 귀하게 대하는 옛 선조들의 마음가짐이 느껴져 점차 사라져가는 종이책에 대한 애잔함이 몽실몽실 피어오른다.

12 / 반도지를 가꾸다, 관람정

존덕정

창덕궁 후원에는 모두 세 군데의 연못이 있다. 그중 두 군데는 앞서 관람한 '부용지'와 '애련지'이다. 연경당 일원까지 관람했다면 이제 드디어 세 번째 연못인 '반도지半島池'로 갈 차례다. 반도지에는 어떤 볼거리가 있을지, 무엇이 기다리고 있을지 기대해도 좋다.

선향재 왼쪽에 있는 태일문으로 나오면 다시 언덕길이 나오는데 목적지까지 얼마 걸리지 않으니 바람 따라, 구름 따라, 길 따라, 해설사 따라가다 보면 여기저기 곳곳에 띄엄띄엄 떨어져 있는 건물들이 보인다. 여기서부터가 '반도지' 권역이다.

언덕을 내려가면 우측 뒤편으로는 '승재정'이 나오고, 좌측 앞으로는 '폄우사'가 나온다. 잠깐 설명하자면, 승재정은 일제에 의해 황제가 된 순종이 창덕궁으로 거처를 옮긴 1907년에 창덕궁을 수리하면서 처음 세워졌다. 정면, 측면 모두 1칸씩의 자그마한 규모에 아기자기한 화려함이 빈틈없이 꽉 들어찬 것이 날카로울 정도의 정교함을 보여준다. 어찌 된 영문인지 멋은 있으나 지금껏 살펴본 정자와 같은 맛은 없어 보인다. 사실 가까이 다가가기가 다소 꺼려질 정도인데, 이유는 모르겠다. 그리고 폄우사는 효명세자가 독서를 즐기던 곳이다. 기오헌에서도 책을 읽더니 어느새 여기까지 와서 또 책을 읽고 있다. 참으로 책 읽기를 즐겼던 왕세자였다. 임금이 되었더라면 나라를 어떻게 다스렸을지 궁금하다. 그러나 이제는 돌이킬 수 없다. 궁금해도 되돌릴 수 없는 일이다.

승재정을 관람하고 폄우사를 보러 가는데, 우측으로 바로 앞에 있는 정자의 모양새가 좀 묘한 것이 특이하다. 아니, 특이해서 묘하다고 해야 할지도 모르겠지만 그만큼 특이하다. 대체 뭐가 특이한가 하면 놀랍게도 지붕이 두 개나 있는 점이다.

신기하고 궁금한 마음에 폄우사를 대충 훑어보고 걸음을 재촉하며 다가가 보는데 가까이서 보면 더 묘하고 특이하다. 지붕이 지붕을 뚫고 나왔다고 해야 할지, 아니면 지붕이 지붕을 낳았다고 해야 할지, 그것도 아니면 지붕과 지붕이 서로 엉겨 붙어 있다고 해야 할지 말이다.

아무튼 보면 볼수록 신기한데, 내부를 보면 천장에는 황룡과 청룡이 여의주를 놓고 다투는, 혹은 희롱하며 노니는 등 겉모습 못지않게 속 모습 또한 화려하기 그지없으니 놀라움이 또 다른 놀라움을 만들어 내는 격이다. 지붕 하나로, 아니 지붕 두 개로 눈을 휘둥그러지게 하는 이것이 '존덕정尊德亭'이다.

정자의 절반가량이 연못에 걸쳐져 있길래 바로 앞의 돌다리를 건너서 돌아보니 이것도 두 다리를 연못에 첨벙첨벙 담그고 있지 않은가. 워낙에 정자의 자태가 단아하고 출중한 까닭에, 마치 아리따운 여인이 찌는 듯 더운 여름날 시원한 물에 발 한번 담그고 싶은데 행여나 다 큰 처자가 종아리 훤히 드러냈다고 남들이 뭐라 할까 싶어 살포시 얼굴을 감추려고 뒤돌아선 듯해 보인다.

일단 여인이라 생각하고 보니 두 개의 지붕이 왠지 눈썹처럼 보인다. 짙은 눈썹 아래 그 못지않게 짙고도 깊은 속눈썹이 있는, 그렇다면 정말 크고 아름다운 눈이 아닐 수 없다. 사내 같은 부용정에, 소녀같은 애련정, 그리고 아가씨 같은 존덕정까지 공교롭게도 같은 자세인 것을 보니 아무래도 후원에 있는 정자들은 하나같이 몸매에 자신이 있나 보다. 그런데 그럴만하다. 정말 다들 잘 **빠졌다**(다리가 연못에 잘 빠져있다는 얘기다).

존덕정 내부에는 '萬川明月主人翁自序(만천명월주인옹자서)'라고 적힌 현판이 있다. '만 개의 개울을 비추는 것은 하나의 밝은 달이고, 그 달은 바로 나다'라는 뜻으로, 대단한 자존감을 느낄 수 있는 문구처럼 보인다. 글을 쓴 사람은 다름 아닌 정조임금이다. 마치 세상에 태어나자마자 '천상천하유아독존'을 외친 부처의 일성을 연상케 하는 것이 강력한 왕권을 구축하고자 하는 정조의 강한 의지를 엿볼 수 있다.

관람정

그리고 돌다리를 건너서 왼쪽을 보면 아래쪽으로 또 하나의 정자가 있다. 이것은 '관람정觀纜亭'으로 그 앞의 연못이 바로 반도지다. 한반도 지형을 닮았다 하여 반도지라고 부른다. 당연한 얘기겠지만 반도지는 자연적인 것이 아니라 인위적으로 만든 연못이다. 그나마도 세 개의 연못을 순종 때 합쳐 놓은 것을 일제강점기 때 여기저기 다듬어서 지금의 모양이 된 것이라고 하니 살짝 실망감이 드는 느낌을 지울 수 없다.

다시 관람정 얘기로 돌아가자면, 관람정 또한 독특하기로는 순위권에서 빠질 수 없다. 아마도 국내 유일의 형태가 아닐까도 싶은 것은 관람정이 '부채꼴 모양' 정자이기 때문이다. 사실 폄우사를 지나치며 존덕정을 향해 급히 갈 때부터 저 아래 연못 옆으로 보이는 관람정은 별다른 특징이 안 보였다. 그냥 '저기에도 정자가 있구나'하는 정도이다. 하지만 돌다리를 건너서 관람정 바로 뒤로 오면 그때부터 이야기가 달라진다. 마치 피자를 사등분으로 조각낸 듯한 모양인데, 그동안 보아왔던 천편일률적인 정자의 모습에 대한 편견이 여지없이 깨지는 순간이다. 정자 지붕이 특이한 것도 모자라 이제는 정자 마루가 특이한 것이다.

시간이 없다면 존덕정 옆의 언덕에서 관람정의 정면을 관람하는 것도 나쁘지 않다. 하지만 가급적이면 발품을 팔아서 관람정 뒤의 계단까지 직접 가서 뒤태를 감상하는 것이 좋다. 그래야 제대로 된 부채꼴 정자의 모습을 확인할 수 있기 때문이다. 그리고 그것이 관람정을 제대로 관람하는 방법이기 때문이다. 궁궐과 달리 후원은 자주 관람하기가 쉽지 않다. 한 번 방문했을 때 볼 수 있는 것은 최대한 보도록 한다.

정자의 쓰임새는 '정자를 보는 것'이 아니라 '정자에서 보는 것'이기 때문에 정자에 직접 들어가 앉아서 주변을 둘러볼 수 있다면 그야말로 '이보다 더 좋을 수 없다'가 될 것이다. 최대한 시간을 내서 정자 안에서 주변을 감상할 것을 추천한다.

13 / 밤하늘을 수놓다, 취규정

취규정

특이한 지붕에, 특이한 마루까지 어디서도 보지 못했던 진귀한 구경을 하고 나니 살짝 들뜬 마음이다. '앞으로 또 어떤 볼거리가 기다리고 있을까?'를 생각해 보니 남은 것은 그 '대.단.하.다'는 옥류천이 아니던가! 큰 기대를 안고 '옥류천'으로 가는 길은 지금까지의 여정에 비하면 다소 험난하다. 오르막길이기 때문이다. 산책이나 하려고 가벼운 마음으로 둘레길을 거닐다가 느닷없이 깊은 산 속에나 있을법한 깔

딱고개를 마주친 느낌이랄까? 저 높은 고개를 어떻게 오르나? 절벽이 눈 앞을 가린 것처럼 벌써부터 걱정스럽다.

물론 엄살이다. 오르막길이긴 해도 절벽은 당연히 아니고 그저 흔한 고갯길에 불과하다. 후원 관람 당시에 해설사가 어르신들 체력 걱정하며 천천히 조심해서 오르시라고 이야기한 것이 생각나 살짝 엄살을 부려봤다. 오르막 경사도 얼마 안 되고 거리도 얼마 안 된다. 그리고 말이 나왔으니 말이지, 산길에 오르막이 있는 것은 당연한 것 아닌가. 게다가 오르막이 있으면 내리막도 있는 법. 잠시 후 옥류천 가는 길은 계속 내리막길이니 지금 조금만 고생하면 된다(◐ 경험에 의하면. 산행에서는 내리막길이 더 위험한 법이니 오르막이든 내리막이든 산길을 갈 때 방심은 절대 금물이다).

반도지에서 200미터 정도 쉬엄쉬엄 계속 오르면 첫 번째 양 갈래 길이 나오고 여기서 왼쪽으로 꺾어 올라가면 저만치 앞으로 길게 난 산마루 위에 정자가 하나 보인다. '취규정聚奎亭'이다.

여기서 잠깐 언급할 것이 있으니, 반도지에서 취규정에 오르는 길목에 '청심정淸心亭'이 있다.

산 중턱에 세운 네모난 정자로, 청심정에서 바라보는 비 갠 하늘의 밝은 달 모습은 '청림제월'이라 하여 앞서 '상림십경'에도 선정됐을 뿐 아니라 청심정을 지은 숙종과 상림십경을 쓴 정조, 그리고 순조까지 무려 세 명의 임금이 경쟁이라도 하듯 청심정에서 달 구경한 감상을 시로 남겼다. 안타깝지만 후원 관람 일정에 빠져 있는 관계로 청림제

월은 상상으로만 느껴야 하는 것이 못내 아쉽다. 대낮에 달은 볼 수는 없어도 주변 풍경은 얼마든지 볼 수 있는 것 아닌가.

그리고 청심정도 청심정이지만 그 앞에 있는 '빙옥지'가 특히 보고 싶었다. 빙옥지는 넓은 바위의 안쪽을 네모나게 파내서 만든 연못이다. 불로문이 엎어진 ㄷ자라면, 빙옥지는 ㅁ자가 되겠다. 물론 바위 가운데 부분을 파낸 것이므로 작은 규모의 아담한 크기이다. 하지만 중요한 것은 크기가 아니다. 크기는 단지 '가로세로의 숫자'일 뿐이다.

또 하나 1688년에 만들었으니 어언 300여년이 훌쩍 넘었는데 그 사이 얼음은 녹고 옥은 사라졌지만 아직 남아있는 것이 있다. 바로 '돌거북'이다. 빙옥지 바로 앞에서 청심정을 똑바로 바라보고 있는 돌거북 조각상은 그 구도를 보자면 우선 청심정이 있고, 약간의 거리를 두고 빙옥지가 있고, 빙옥지 바위에 거의 붙어있다시피 해서 돌거북이 한 줄로 나란히 있는 구도이다.

행여 정자에 사람이 앉아있기라도 하면 빙옥지를 사이에 두고 서로 대치하는 형상인데, 무슨 얘기를 나누고 있을까?

"여보시오, 내 비록 생김새가 중력에 굴복하는 바람에 이리 납작해서 느려 터져 보이지만 그 잽싸고 날래다는 토끼한테도 뜀박질을 이겼다오. 이참에 만물의 영장이라는 당신네 인간과도 한 판 붙고 싶은데, 당신 생각은 어떠시오?" 하는 도전일까? 아니면, "어이, 거기 있는 양반. 내 말 한 번 들어 보시구려. 내 먼 친척 별주부는 모자라게도 토끼 따위한테 속아 간을 못 구하는 바람에 용왕님께 큰 불충을 저질렀던바, 내 이를 만회하기 위해 몸소 뭍에 올랐으나 아직 토끼를 만나지 못했는데, 그 대신 당신의 간을 놓고 우리 은밀한 거래나 한번 해 봅시다!"하는 흥정일까?

뭐가 됐든, 인간이 절대 거절하지 못할 제안을 건네고 있을지도 모르는 거북이를 구경할 좋은 기회가 사라져 버렸기에 청심정을 놓친 것이 내내 아쉽다(◐ 뒤늦게 확인한 바로는 청심정은 일반인에게 개방하지 않는다고 하니 실로 애통한 상황이다).

아이들도 시시해 할 거북이 동화 외전을 듣는 동안 기다리다 지쳤을 취규정은 그새 잠이라도 들었는지 가까이 다가가도 꿈쩍이 없다. 얼굴을 쓱 들이밀어도 영 본체만체다. 혹시 몰라 기둥을 잡고 일단 한 번 깨워 본다. 역시나 묵묵부답이다. 기껏 취규정에 와서 엉뚱한 청심정 얘기한다고 삐쳐서 토라진 것인지, 아니면 진짜 졸려서 잠이 든 것인지 알 수 없으니 우선은 스스로 깨어나기를 기다리며 정자 마루 한쪽에 기대어 앉는다. 앉은 김에 쉰다. 가만 귀 기울여 보니 쿨쿨, 드르렁~ 소리도 일절 안 나는 것이 아무래도 작정하고 자는 척 하려는 것 같다. 자는 척할 때 코 고는 소리를 내는 것은 좋은 방법이 아닌 것이, 코 고는 소리 내는 것에 집중하느라 자는 척하던 것이 표가 나서 결국엔 들통이 나기 때문이다. 취규정은 이를 아는 듯이 그저 조용히 자는 척, 또는 정말로 자고 있다.

'취규聚奎'는 '별들이 규성으로 모여들다'라는 뜻이다. '규성奎星'은 밤하늘의 무수한 별들을 이십팔수로 나눈 것 중 열다섯째 별자리로 '학문과 예술'을 담당하는 별이다. 예로부터 규성이 밝으면 천하가 태평하다고 하니, 전국 방방곡곡의 인재가 이곳 창덕궁, 그러니까 임금 주위로 모여들어 학문과 문화가 발전하기를, 그로 인해 결국엔 천하가 태평해지기를 바라는 마음이라 할 수 있겠다.

문득 하늘을 쳐다보니 구름만 몇 점 있을 뿐, 별은 보이지 않는다. 아직은 대낮인 까닭일까. 하지만 별도 달처럼 낮밤을 가리지 않고 하늘에 있기 마련이다. 단지 '지금' 안 보일 뿐이다.

하늘의 별을 찾느라 시간을 보냈음에도 취규정은 도통 일어날 기척이 안 보인다. 이제나저제나 깨어나길 기다리다 내가 먼저 지쳐 일어난다. 일어난 김에 기지개를 켜니 온몸이 가뿐하다. 그러고 보니 오르막 올라오느라 힘들었던 것이 그새 싹 가셨다. 다리에 힘이 붙은 것이 다시 이만큼 높이를 올라가라 해도 거뜬히 갈 수 있을 듯하다. 물론 더 올라갈 필요는 없다. 어차피 이제 내리막길이다. 비록 말 한마디 못 나눴지만 잘 쉬었다고 취규정한테 인사하는데 여전히 기척이 없다. 이 정도면 자는 척하다가도 진짜 잠들었을 것 같아 조용히 떠난다. 저만치 가다 말고 슬쩍 뒤돌아보니 잠결인지 꿈결인지 나중에 또 오라는 듯 옆에 있는 나뭇가지를 손대신 흔들고 있다.

생각해보니 어차피 취규정은 쉬었다 가는 경로인 것이다. 산마루 위까지 힘들여 올라온 이한테 제공할 만큼 특별하거나 대단한 경치나 구경거리가 없는 정자는 볼거리 대신 쉴거리라도 내어주면 된다. 그것으로 충분하다. 그러는 것이 부용정도 아니고, 애련정도 아니며,

존덕정도 아닌, 그렇다고 해서 관람정도 아닌 취규정 본연의 임무인 것이다.

아무것도 안 하면서 알고 보면 제 할 일을 다 한 취규정. 병법으로 치면 싸우지 않고 이겼으니 최상의 전술이다. 과연 밤하늘의 별들도 기꺼이 모여들 만하다.

14 / 폭포수를 맛보다, 옥류천

옥류천

飛流三百尺(비류삼백척) : 삼백 척 절벽에서 날듯이 흘러내리니

遙落九天來(요락구천래) : 저 멀리 하늘에서 떨어져 내리는 듯하고

看是白虹起(간시백홍기) : 보고 있노라면 돌연 흰 무지개 일어나더니

飜成萬壑雷(번성만학뢰) : 느닷없이 온 골짜기에 우레 소리 가득하구나

옥류천의 풍광을 읊은 숙종의 오언절구다. 한 척은 30센티미터가

량 되니 삼백 척이면 대략 100미터가 된다. 무려 백 미터 높이에서 떨어지는 폭포 소리라! "쿠와아! 쿠르릉, 쿠릉, 쿠와아아아! 쿠릉, 쿠르릉!"안 들어도 들리고 안 봐도 보이는 실로 장대한 광경이 아닐까 싶어 벌써부터 기대가 크다. 옛! 들어보라, 어디선가 힘찬 폭포 소리가 들리지 않는가?

취규정을 떠나 몇 걸음 걷기도 전에 세 갈래 길이 나오는데, 왼쪽 길은 옥류천을 관람한 뒤 하산할 때 연경당 뒤편으로 이어지는 길이다. 가운데 길은 후원의 가장자리를 따라 크게 돌아보는 일종의 둘레길이다. 그렇다면 남아있는 오른쪽 길이 '후원 중의 후원'이라 할 수 있는 옥류천 가는 길이므로 지금은 당연히 오른쪽 길로 가야 한다. 힘들게 올라온 취규정이 후원에서 가장 높은 지대에 속하기에 옥류천까지는 계속 내리막길이니 여유 있게 내려가면 된다(◐ 사실 후원에서 가장 높은 곳에 있는 정자는 취규정이 아니라 능허정이다. 능허정은 해 질 무렵의 눈 덮인 경치가 아름다워 상림십경에도 '능허모설'로 당당히 포함되어 있다. 하지만 지대가 높고 길이 좁아 위험한 관계로 관람 일정에는 빠져 있다).

숲길 따라 100미터가량 내려오면 취규정과 이름이 비슷한 취한정을 사이에 두고 양 갈래 길이 나온다. 어디로 갈까 고민할 필요는 전혀 없다. 어느 쪽으로 가든지 한 바퀴 돌아서 다시 제자리로 오게 되어 있기 때문이다. 그리고 아담한 크기의 정자가 나오는데 이곳이 '소요정'으로 후원의 3대 정자 중 하나이다.

그리고 소요정 바로 뒤에 샘물이 졸졸 흐르는 바위가 있다. 이것이 바로 말로만 들어왔던 그 '옥류천玉流泉'이다.

"이게 폭포야? 이게 폭포냐고?"라며 되묻고 싶은 마음이겠지만 대단히 아쉽게도 이게 폭포다. 뭐가 더 있을래야 있을 공간이 없다. 폭포 높이를 보니 삼백 척은커녕 삼십 척도 안 된다. 아니, 삼십 척이 다 뭔가? 얼추 세 척이나 되려나 싶을 정도로 낮은 폭포에 배신감이 크다. 얼마나 떡이 되도록, 아니 아니 취하도록 풍류를 즐겼는지 모르겠으나 숙종의 주사가 심한 듯 보인다. 이 정도면 심해도 상당히 심하다. 다른 임금님들은 국정에 매진하느라 정신없을 때 여기저기 놀러 다니며 툭하면 시 한 수 멋지게 읊을 때 알아봤어야 하는데 아무래도 여우 같은 희빈 장씨에게 꼬임을 당해도 한참을 당한 것 같다. 그래도 어쩌겠는가? 상대는 무려 임금이다. 임금을 상대로 그 누가 감히 어찌 뭐라 하겠는가?(◐ 대놓고는 아무 말 못 하고 뒤돌아서며 작은 소리로, 아주아주 작은 소리로 희미하게 한마디 슬쩍 중얼거린다. "거, 농담이 너무 심한 거 아니오?")

홧김에 나도 임금처럼 바위 밑 물길에 술잔 하나, 얼음 동동 띄워놓고 취하도록 마시며, 궁궐 그림 그리는 것이나 글 쓰는 것 모두 다 잊고 그저 놀고만 싶다. 하지만 이제 겨우 창덕궁 후원이다. 아직도 창경궁과 덕수궁, 아니 경운궁이 있다. 그리고 경희궁도 기다리고 있다.

정신 차리고 난 뒤, 옥류천 뒤편을 보면 또 하나의 정자가 있는데 바로 '태극정太極亭'이다. 그리고 태극정 왼쪽으로 정자가 하나 더 보이는데, 지붕이 특이하다. 반도지의 존덕정과 좀 다른 것은 저렴하게(?)

특이하다는 점이다. 여느 정자처럼 기와지붕이 아닌 초가지붕인 것이 흡사 원두막 같기도 하다. 게다가 지붕만 특이한 것이 아니라 정자 주변의 땅도 남다르다. '대체 이 정자는 뭐지?'싶은데, 이것이 바로 임금이 농사 체험을 하던 '청의정淸漪亭'이다.

청의정

사대부 집안의 체험도 모자라 일반 백성들처럼 농사 체험까지라니! 물론 실제로도 임금이 직접 농사를 지었는지, 몇 차례나 지었는지, 씨 뿌리고 추수까지 다 했는지, 그리고 모든 임금이 그러했는지는 모르겠으나 직접 체험을 통해 백성들의 생활과 그들의 노고를 알고자하는 자세. 이것이 진정 성군의 자세가 아닌가 싶다.

임금의 휴식 공간인 후원에 '땀 흘리고 일하는 공간'이 있다는 자체가 의외인 청의정은 한 번 더 의외의 반전이 있으니, 초가지붕에 이끌려 가까이 다가갔다가 문득 지붕 속 천정을 들여다보게 되면 그 무늬와 색상의 화려함만큼은 존덕정 못지않아 깜짝 놀라게 된다. 이처럼 아름다운 장식을 이리도 초라한 외모로 감추고 있었다니 겉 다르고 속 다르다는 것이 바로 이런 거구나 싶은데, 초가지붕을 걷어내면 "짜잔!~"하고 화려한 기와지붕이 숨겨둔 모습을 드러낼 것만 같다.

앞서 말한 소요정과 더불어 태극정, 그리고 청의정을 '상림삼정'이라 칭한다.

옥류천 일대를 관람하고 다시 취규정이 있는 산마루까지 올라간 뒤 앞서 보았던 세 갈래 길에서 왼쪽 길로 내려오면 창덕궁 후원 관람은 끝이 난다. 내려오는 길은 창덕궁의 외곽 길을 따라 금천교까지 이어져 있는 경로로, 대략 1킬로미터에 걸쳐 제법 길게 이어져 있으니 서두를 것 없이 주변 경치 관람하면서 천천히 내려오면 된다.

15 / 친위대를 키우다, 규장각

규장각
(이문원)

　후원 관람을 마쳤다고 해서 '창덕궁을 다 관람했다'며 바로 궁궐을
나서면 안 된다. 잊지 않았겠지만, 앞서 이야기했듯이 마지막으로 관
람할 지역이 아직 한 군데 더 남아있기 때문이다. 바로 궐내각사 권역
으로, 금천교 옆에 오밀조밀 모여 있던 전각들이다. 궐내각사로 들어
가는 입구에는 '내각'이라는 현판이 달려있는데, 내각은 규장각의 별
칭으로 이곳이 바로 '규장각奎章閣'이다.

규장각은 정조가 세운 '왕실 도서관'으로, 각종 서적 및 역대 국왕들의 어제나 어필, 그리고 어화 등을 모아 둔 곳인데 사실상 이는 외형으로 드러난 모습이고, 실제로는 왕권 강화를 위한 정책연구기관으로 사용하였다. 전국 각지에 숨어있는 인재를 발굴하고 학문을 연구해서 실력을 키운 뒤 요직에 앉혀 임금을 보필하며 정치 개혁을 뒷받침하는 일종의 친위부대 양성소 역할을 한 것이다. 이 과정에서 서얼의 등용도 마다하지 않았다(◐ 서얼은 양반과 양민 여성 사이의 아들인 '서자'와 양반과 천민 여성 사이의 아들인 '얼자'를 말한다).

그러나 정조 이후로 규장각은 점차 정치성을 잃어가면서 원래 용도인 왕실 도서관으로써 본연의 임무에 충실해졌다. 이후 그동안 규장각에 모아두었던 많은 양의 도서들은 한때 이곳저곳으로 분산해서 보관하다가 일제강점기 시절에 조선총독부 관리하에 경성제국대학으로 이관하였고, 하마터면 일본으로 넘어갈 뻔한 위기도 있었으나 다행히도 해방 후 대학건물로 옮겨졌는데 이를 현재까지 보관하고 있는 곳이 '서울대학교 규장각'이다.

많은 인재를 뽑다 보니 하는 일도 많아지면서 자연스럽게 규모도 커질 수밖에 없었고 규장각 주변으로 대유재, 소유재, 봉모당 등의 부속 건물이 생겨났다. 그중엔 '이문원'이라는 관청이 있었는데 바로 앞쪽의 그림의 건물이 이문원이다.

그런데 현재 이 건물에 달린 현판에는 이문원이 아닌 '규장각'이라고 적혀있다. 이상하게 생각할 수 있는데 사실 규장각은 후원에서 이미 얘기했듯 부용지의 주합루 건물 1층에 있었다. 그러던 것을 창덕궁 입구 쪽에 있는 궐내각사로 등칭하는 규장각 학사들이 후원 안쪽까지 가기에는 너무 멀다 해서 지금의 궐내각사 권역에 새 건물을 지어 일단 이문원이라 이름 짓고 규장각 학사들이 이곳에서 업무를 보기 시작한 것이 시간이 흘러 자연스럽게 규장각이 된 것이다.

이문원, 그러니까 규장각 현판이 붙은 건물 오른편에 있는 건물은 규장각의 부속 건물인 검서청이다. 서적 점검도 하고 때로는 필사도 하던 검서관이 야간에 당직 근무를 섰던 곳이다. 경복궁 동궁 관련 글에서 창덕궁에도 궁궐 화장실이 있다고 했는데 그곳이 바로 검서청으로, 해설사의 안내에 따라 궁궐 화장실의 내부 구조를 구경할 수 있으니 관심 있다면 궐내각사 해설 시간을 참고하면 된다.

검서청까지 본 김에 궐내각사 일대를 하나하나 둘러보도록 한다. 검서청 앞에 있는 운한문은 역대 선왕들의 유품을 보관하던 봉모당의 정문 격인데 잠겨있는 관계로 정작 봉모당으로 들어가려면 우측에 있는 금천 옆의 좁은 길을 따라가다가 좌측에 있는 쪽문을 이용해야 한다. 안으로 들어가면 봉모당의 앞마당을 장식하고 있는 거대한 향나무를 만날 수 있다. 천연기념물 제194호로 지정된 귀한 몸이시다. 현재 수명이 700살가량으로 모든 궁궐을 통틀어 최고령목이라 한다. 앞으로 얼마나 더 사실지 모르니 살아계실 때 많이들 찾아뵙고 인사드리도록 하자.

규장각이 있고 검서청이 있다면 책 창고도 근처에 있어야 할 터, 봉모당 바로 뒤편에 있는 두 채의 건물이 바로 조선 시대 책 창고인 '책고'다. 각각 정면 10칸에 측면 1칸과 정면 6칸에 측면 1칸의 규모를 통해 장서의 양이 어마어마했음을 짐작할 수 있다.

궐내각사 권역은 금천을 경계로 좌측은 규장각과 관련된 부속 건물들이 있고, 우측으로는 '옥당(◉ 임금의 자문기관인 '홍문관'의 별칭이다. 경전 및 문장을 관리했다)'과 '약방(◉ 궁중의 의약을 담당하는 곳이다. 성정각이 아니라 이곳이 원래부터 있던 진짜 내의원이다)', 그리고 예문관이 있다.

그리고 그 뒤쪽으로는 '구선원전舊璿源殿 (보물 제817호)'이 있는데 어진을 모시고 제사를 지내는 곳이다. 선원전 본체는 예전에 지어진 건물이고, 앞뒤에 양쪽으로 있는 세 채의 진설청과 한 채의 내재실은 제사 준비를 하는 곳으로 최근에 복원하였다.

일제강점기 시절에 조선 왕실을 계승한다는 명목으로 일제가 설치한 기구인 '이왕직'에서 창덕궁 후원 서북쪽의 옛 북일영 자리에 새로이 '신선원전新璿源殿'을 짓고 어진을 옮기면서 이곳은 '구선원전'이 되었는데, 지금은 찾아오는 사람 하나 없는 텅 빈 전각들이 쓸쓸한 옛 선원전 일대를 묵묵히 지키고 있다(◉ 신선원전으로 옮겨졌던 어진은 한국전쟁 때 부산으로 옮겨졌다가 보관 창고의 화재로 대부분 소실되었다).

그럼 이상으로 창덕궁 관람을 마치겠다.

존경의 대상이 되어야 마땅하나

오히려 구경의 대상이 되었다는 모멸감에,

눈물 흘리던 呱宮 창경궁

3장

고궁孤宮, 창경궁을
위로하다

13세의 어린 나이에 왕위에 오른 조선 9대 임금 성종이 재위하던 시절에 궁궐에는 '어른'이 세 분이나 계셨다.

　궁궐의 어른이라 함은 물론 임금에게 어른이 되는 인물이다. 일단 선왕先王 (◐ 임금의 아버지가 아닌 경우도 있다)은 돌아가셨을 가능성이 큰 까닭에 선왕의 부인, 또는 선왕의 어머니를 말하는데, 성종의 경우에는 할머니가 되는 '정희왕후 윤씨(세조의 왕비)'와 작은어머니가 되는 '안순왕후 한씨(예종의 왕비)' 그리고 어머니인 '소혜왕후 한씨(◐ 덕종의 왕비로, 훗날 인수대비로 책봉되었다)'를 말한다. 덕종은 세조의 장남이자 성종의 아버지인 도원군이다. 의경세자로 책봉되었으나 즉위 전에 사망하였고 성종 2년에 덕종으로 추존된 인물이다.

　그런데 세 어른의 사이가 설사 아무리 죽고 못 산다 할지라도 좁은 대비전에 세 분을 함께 모시기에는 서로가 불편했을 터, 하물며 정희왕후와 소혜왕후가 고부 사이임을 생각하면 왕실 어른들을 좀 더 편하게 모시기 위해서라도 뭔가 조치가 필요했을 것이다. 이를 해결하기 위해 1483년(성종 14년)에 창건한 궁궐이 바로 '창경궁昌慶宮 (사적 제 123호)'이다.

어쩌면 성종의 어머니가 시어머니와 함께 대비전을 사용하기가 불편해서 성종한테 넌지시 한마디 했거나 살짝 눈치를 줬을 수도 있지만, 아무튼 성종의 효심을 엿볼 수 있는 대목이다.

마침 창경궁을 세운 자리는 창덕궁 동쪽에 세워진 '수강궁'이 있던 자리다. 수강궁은 세종이 왕위에서 물러난 아버지 태종을 위해 말년을 편하게 보내시라고 지은 궁궐이니 여러 모로 창경궁은 효심을 바탕으로 한 궁궐이라 할 수 있겠다.

이렇듯 창경궁은 용도는 물론 지리적 여건과 건축 규모 등 어느모로 보나 애당초 경복궁 같은 법궁의 의미가 없었을 뿐 아니라, 그렇다고 해서 창덕궁처럼 이궁으로서의 역할도 그다지 기대하지 않았던 궁궐이었다. 그래서 궁궐의 설계 역시 조선의 궁궐 배치에 따르기는커녕 기존의 원칙을 대놓고 무시라도 하듯 궐문과 법전이 남쪽이 아닌 동쪽을 향하게 만들었다(◉ 사실. 궐문의 경우 남쪽으로는 종묘가 있고 서쪽으로는 창덕궁이 있는 상황이어서 부득이하게 동쪽을 택한 것으로 볼 수 있다).

어차피 기존의 경복궁이 법궁으로서 굳건히 존재하고 있고 창덕궁역시 이궁으로서의 역할을 문제없이 수행하고 있었기에 창경궁은 그저 왕실 어른들이 편안한 노후를 보내실 수 있도록 최고급 휴양 시설을 완비한 일종의 최첨단 실버타운, 아니 로열패밀리타운 역할만 수행하면 되는 궁궐이었다.

그 후 왕실 어른들이 모두 돌아가신 뒤 성종의 계비 정현왕후가 창경궁에 머문 이후로는 한동안 왕실의 발길이 뜸했다가 1592년의 임진왜란으로 궁궐이 모두 불타버린 뒤 재건 과정에서 조선 제1궁이었던 경복궁 복원이 무산됨에 따라 그동안 이궁의 역할을 충실히 하던 창덕궁이 새로운 법궁의 대안으로 떠오르게 되었다. 그리하여 인접해 있던 창경궁이 자연스럽게 이궁의 역할을 맡아 창덕궁과 함께 '동궐'로서의 임무를 수행하면서 본격적으로 궁궐 역사의 한 페이지에 등장하게 되었다.

광해군 8년인 1616년에 재건된 이후 숙종과 영조를 거쳐 정조 집권 시기에 이르렀을 때만 해도 동궐로서의 역할을 화려하게 꽃피우던 창경궁은 1867년에 경복궁이 중건되는 바람에 다시금 뒷자리로 물러나게 되고, 이후로 상당 기간 방치되다시피 한다. 그러다가 일제강점기에 이르러서는 그나마 유지하던 궁궐의 지위가 나락으로 떨어지고 말았으니, '창경원'이라는 유원지로 몰락하게 된 것이다.

경희궁처럼 훼철해 버렸으면 그나마 덜 수치스러웠을지도 모르겠다는 생각이 들다가도 막상 대부분의 전각이 훼철된 채 버려진 경희궁을 볼 때면 차라리 전시관이 되는 한이 있더라도 어떻게든 살아남은 것이 어딘가 싶어 다행이라는 생각이 드는 터라 과연 어느 생각이

옳은 것인지 난감하고 혼란스러울 지경이다.

비록 조선 왕실은 몰락했지만 국권을 되찾은 이후에라도 즉시 '창경궁'으로 복원시켰어야 마땅한 것을 그로부터 무려 40여년이 지난 1983년이 되어서야 궁궐의 이름과 지위를 찾아줬다는 것은 아무리 생각해봐도 도무지 이해가 할 수가 없다. 일제강점기 36년간 역사만 잊은 것이 아니라 역사의식마저 잊어버렸던 것은 아닌지 놀랍고도 궁금하고 아쉬울 따름이다.

물론 일제로부터 독립은 했으되 그 과정에서 뒤엉킨 외세와 더불어 혼란스러웠던 국내 상황을 고려해보면 나라를 망하게 만들고 백성을 식민지 노예로 생활하게 만든 조선 왕실과 관련된 것 따위는 신경 쓸 겨를조차 없었을뿐더러 차라리 모른 채 잊고 싶었는지도 모르겠다. 하지만 그러함에도 불구하고 자국의 역사에 대해, 그리고 문화유산에 대해 외면하거나 방치해 둔다는 것은 이해할 수 없는 일이다.

사실, 이해하고 싶지도 않으며, 우리 후손들한테도 두고두고 부끄러울 일이라 하겠다.

존경의 대상이 되어야 마땅하나 오히려 구경의 대상이 되었다는 모멸감에 눈물 흘리던 '고궁凹宮' 창경궁.

창덕궁과 더불어 동궐로서 그 한 축을 담당하면서 여러 임금을 모시고 국가 대소사를 거행하던 시절을 떠올리며, 창경궁을 위로하기 위해 지금부터 들어가 보자.

01 / 외세를 견디다, 홍화문

홍화문

    종로구 원남동 사거리에서 성균관대학교 입구 교차로 방향의 도로를 '창경궁로'라고 한다. 그 중간 부분에 있는 서울대학병원 암병동의 맞은편에 2층으로 된 궁궐문이 있는데, 여기가 바로 창경궁의 정문인 '홍화문弘化門 (보물 제384호)'이다.

    이미 경복궁과 창덕궁의 정문을 봤다면, 모름지기 궁궐의 정문은 광화문처럼 웅장하거나 돈화문처럼 화려해야 할 것으로 생각할 수도 있다. 하지만 홍화문의 경우는 조금 다르다. 단정하면서도 기품이 있어 아름답고, 무엇보다도 예쁘다. 특히, 원남동 사거리에서부터 왼쪽의 돌담길을 따라 거슬러 오다가 저만치 앞으로 조금씩 조금씩 모습을 드러내는 홍화문 지붕 처마의 고운 자태는 일단 가벼운 탄성을 불러일으킬 만하다. 당장이라도 하늘 높이 날아오를 듯 한껏 치솟은 처마선의 수려한 자태에 감탄하며 멈춰 선 채 바라본 것이 한두 번이 아닐 정도로 몇 번을 보고 또 봐도 매번 새롭고 볼 때마다 하염없이 아름답다.

조선 초기의 다른 궁궐과 마찬가지로 임진왜란 때 불에 탄 것을 다시 지었다. 지금 있는 홍화문은 1616년에 지어진 그 모습 그대로 지금까지 400년 넘게 유지되고 있으며 5대 궁궐의 정문 중에서는 창덕궁의 돈화문 다음으로 오래된 정문이다.

궁궐의 '궁宮'자는 임금이 거처하는 공간인 건물을 뜻하고 '궐闕'자는 '궐대闕臺'를 나타내는 망루를 의미한다. 그렇기 때문에 동십자각 같은 망루가 있는 경복궁만 '궁궐'이고, 그 외의 궁궐들은 그냥 '궁'으로만 불러야 한다는 주장도 있다. 그런 경우라 할지도 창경궁은 여전히 궁궐로 불러줄 만하다. 왜냐하면 창경궁에도 망루가 있기 때문이다. '있었던' 것도 아니고 지금도 있다. 그것도 두 개 다 온전히 있다.

아마도 창경궁을 관람했던 많은 사람이 "창경궁에 망루가 있다고? 난 못 봤는데?", "나도 못 봤어.", "나도! 너도! 우리도!" 할지 모르겠다.

홍화문의 양쪽으로 돌출된 담장 위에 정면 2칸, 측면 2칸짜리 기와지붕 건물이 하나씩 있는 것이 어렴풋이 기억날 터, 이것이 바로 남십자성과 북십자성, 아니 남십자각과 북십자각이다.

역시나 많은 사람이 "그게 망루야? 그게 망루라고?"할지도 모르겠는데 창경궁의 망루는 적이나 주위의 동정을 살피는 역할을 위해서라기보다는 궐문의 품격을 높이기 위해 만들어진 것이다. 즉 장식적인 의미로 보아야 할 것이다. 망루의 높이가 낮은 것이 살짝 아쉽지만 길 건너 병원 앞길에서 망루를 포함한 홍화문 전체를 바라보면 뭔가 '잘 차려진' 그럴싸한 모양새이어서 망루의 장식적인 역할도 분명 있음을 알 수 있다.

홍화문과 관련하여 한 가지 덧붙이자면, 창경궁로를 따라서 성균관대학교 입구 교차로를 지나 계속 올라가면 혜화동로터리가 나오는데, 여기서 한성대입구역(삼선교) 가는 언덕길 중간쯤에 왼쪽으로 옛 사소문四小門의 하나인 '혜화문'이 우뚝 서 있다.

성곽을 끊고 도로를 만든 탓에 지금은 성문만 남아있는 상태인데, 바로 이 혜화문의 원래 이름도 '홍화문弘化門'이었다. 이성계가 조선을 건국할 때 도성을 둘러싸는 사대문과 더불어 사소문을 만들면서 그 중에서 동소문의 이름을 홍화문이라 지은 것이다. 그런데 창경궁의 정문인 홍화문과 중복으로 사용되면서 사람들이 혼동하게 되자 도성의 성곽문이었던 홍화문이 한참 먼저 생긴 형님뻘임에도 불구하고 까마득한 동생뻘인 궁궐문한테 이름을 기꺼이 양보하고 혜화문으로 개명하게 된 것이다.

02 / 조선을 흐르다, 옥천교

옥천교

홍화문을 지나면 바로 앞에 작은 개울이 나타나고 안전하게 개울을 건너게끔 자그마한 돌다리가 하나 걸쳐져 있는데, 창경궁의 금천을 건너는 '옥천교玉川橋 (보물 제386호)'이다.

경복궁의 '영제교'처럼 창경궁의 금천교 역시 '옥천교'라는 버젓한 이름이 있는데 5대 궁궐의 금천교 중에서 아직도 자연수가 흐르고 있는 유일한 다리이다. 성종 14년인 1483년에 창경궁이 완공될 때 만들어진 이후 임진왜란 당시에도 파괴되지 않고 용케 살아남아 무려 500년 이상의 세월을 흐르고 흘러 지금도 여전히 흐르고 있으며 앞으로도 변함없이 흐를 거라는 생각을 해보면, 그 이름처럼 참으로 아름답고 귀한 일이 아닐 수 없다.

다리 좌우의 난간에는 앞뒤로 각각 한 마리씩 모두 네 마리의 서수 조각상이 있고, 아래쪽 두 개의 홍예 사이에는 '나티'라고도 부르는 귀면상이 새겨져 있다. 수백 년 세월이 흘렀음에도 여전히 선명해 보이는 형상이다. 아직도 귀기가 서려있다고도 볼 수 있는데 아마도 '치욕의 세월'을 보내며 맺힌 한이 크기 때문이리라. 재미있는 것은 귀면상은 다리 북쪽과 남쪽에 하나씩 조각되어 있는데 해설사의 말에 의하면 서로 모양이 다르단다. 북쪽의 귀면상은 금천을 따라 흘러오는 부정한 기운을 막아서 쫓아내야 하기에 험악한 인상을 쓰고 있지만, 남쪽의 귀면상은 부정한 기운을 쫓아냈기에 살짝 미소 짓고 있는 표정이란다. 자세히 보니 그런 것 같기도 하고 아닌 것 같기도 하다.

그리고 귀면상 아래쪽으로는 뭔가 허전해 보이는 받침돌이 주인도 없이 덩그러니 놓여있다. 원래는 창덕궁의 경우처럼 거북이나 해태와 같은 서수 조각상이 있었을 것으로 추정되는바, 오백년 세월이 흘렀다 해서 닳아 사라지지는 않았을 것이다. 아마도 이런저런 이유로 인해 파손되었을 가능성도 있지만 그보다는 누군가가 '궁궐 기념품' 삼아 떼어갔을지도 모른다는 생각도 든다.

"에이, 누가 감히 궁궐의 물건을 훔쳐 가겠냐? 말이 되는 소리를 해라!" 싶겠지만 알게 모르게 분실된 궁궐 장식물이 한둘이 아니었음을 생각해 보면 충분히 가능한 일이다. 하기야 일제강점기 시절에는 궁궐의 정문을 뜯어가는 것은 물론, 아예 궁궐의 전각 한 채를 자신의 집으로 옮겨놓고는 조선기념관처럼 만든 경우도 있었으니 돌조각 한두 개 훔쳐가는 것은 일도 아니었을 것이다.

다만,《동궐도》의 옥천교 그림에 서수가 없는 것으로 보아 처음부터 두 개의 홍예를 떠받치는 '선단석' 정도로만 사용되었을 가능성도 배제할 수는 없겠다.

옥천교를 건너기 전에 다리 앞에 있는 비석에도 잠깐 눈길이 간다. 옥천교가 '보물'로 지정되었음을 알려주는 일종의 안내판으로 궁궐 안에 있는 전각이나 물건 중에서 국보나 보물로 지정된 곳마다 하나씩 있는 비석이기도 하다.

03 역사를 버티다, 명정전

명정전

　홍화문을 지나면 바로 앞의 옥천교를 건너기도 전부터 정면으로 바라보이는 또 하나의 문이 있는데 바로 명정문明政門 (보물 제385호)이다. 그리고 문 너머로 보이는 전각이 창경궁의 법전이자 정전인 '명정전明政殿 (국보 제226호)'이다.

　창경궁은 법궁이나 이궁으로서의 역할을 위한 정식 궁궐이 아니었을뿐더러 각종 시설물을 지을만한 충분한 공간도 마련되지 않은 상태였는데 정문인 홍화문을 지난 뒤 '대문을 생략'하고 바로 전문인 명정문이 나오는 구조를 통해서도 궁궐 내 전각의 상당 부분이 간략화 내지 축소화되었음을 확인할 수 있다. 축소화의 영향은 전각의 규모에서도 찾아볼 수 있는데, 명정전은 법전임에도 근정전이나 인정전처럼 중층 구조가 아닌 단층 구조의 지붕이다. 법전에 대한 대접이 이럴진대 다른 전각이야 말할 것도 없을 터, 미리 말해두자면 창경궁에는 2층 건물은 물론이고 아예 중층 지붕의 건물조차 찾아볼 수 없다. 오직 홍화문만이 유일한 중층 건물이다.

창경궁은 정문인 홍화문부터 금천을 건너는 옥천교, 그리고 전문인 명정문, 법전인 명정전까지 남향이 아닌 동향으로 설계되면서 정통적인 궁궐 배치와 다소 어긋나기는 했지만 임진왜란 때 불에 탄 것을 재건했을 당시의 전각과 다리의 모습 등이 현재까지도 큰 변형 없이 잘 유지되고 있다. 그래서 그 보존 상태와 역사성을 높이 평가해서 모두 국보나 보물로 지정되었다(◐ 궁궐은 각 전각이나 구조물 하나하나의 역사성과 보존성을 따져서 개별적으로 국보나 보물로 지정되며, 궁궐 전체는 '사적史跡'으로만 지정된다).

그런데 여기서도 한 가지 아쉬운 것은 인정전 조정에 깔린 박석이다. 일제강점기 시절에 명정전 앞마당을 일본식 정원으로 조성한답시고 기존의 박석을 모두 들어낸 뒤 잔디를 깔았고, 해방 후에는 이것을 복원한다며 잔디를 다시 뽑아내고 박석을 새로 깐 것이 지금의 모습인데, 창덕궁 인정전의 박석에 버금갈 만큼 반듯반듯하게 잘린 박석의 모습은 이미 경험했음에도 여전히 어색하기 그지없다. 창덕궁과 달리 뭔가 '자연스러움을 유도하기 위해 애쓴 흔적'도 살짝 엿보이지만 조금만 더 신경을 썼더라면 하는 아쉬움이 여전히 남는다. 지난 2017년에 명정전 앞 월대를 증축하는 보수공사를 시행하는 김에 박석도 손을 좀 봐서 재정비를 했더라면 훨씬 좋아지지 않았을까 하는 생각에 아쉬움은 두 배, 네 배로 커지고, 명정전이 조선 궁궐 전각 가운데 가장 오래된 것임을 알고보면 '보다 더 완벽해질 수 있었는데' 하는 아쉬움은 한없이 커져만 간다. 창덕궁의 인정전에 깔린 박석도 그렇지만, 명정전의 조정에 깔린 박석 역시 언제고 다시 손을 봐야한다. 박석을 디디는 발을 위해서. 그리고 창경궁을 위해서라도 말이다. 물론 이 모든 일들이 우리 후손을 위한 것임은 말할 것도 없다(◐ 법전에서 행사를 할 때 치는 천막의 끈을 묶는 차일고리가 없다는 것도 확인해야 할 것이다).

명정전의 좌측 문에서 본 법전 내부의 모습으로, 임금이 앉는 의자를 구성하는 장비들이다. 이미 법전 자체가 2단의 월대를 통해 지면에서 상당 부분 높은 곳에 위치해 있음에도 불구하고 그 법전 내부에서조차 또다시 기반을 올려 임금의 권좌를 조금이라도 더 높이고자 애쓴 모습을 보니 차라리 어좌를 천장에 매달아 놓지 않은 것이 의아할 정도이다. 아무튼 그 노고에 일단 박수와 함께 경의를 표하는 바이다(◐ 명정전과 창덕궁의 법전인 인정전의 천장에는 쌍룡대신 두 마리의 봉황이 매달려 있다).

명정전 당가

　장비를 살펴보자면, 임금의 의자를 기준으로 어좌가 놓인 바닥, 즉
하부 기단을 '좌탑'이라 일컫는다. 좌탑의 전면을 비롯해 동서남북 사
방으로 네 개나 되는 계단이 있다(◉ 물론 사용자는 오직 한 명 뿐이리라).

　어좌의 뒤를 받치는 넓은 판을 '등널'이라 하며, 그 뒤에 다섯 봉우
리의 산이 그려진 그림을 '일월오봉도'라 부르는데 병풍으로 제작되
었다 해서 '일월오봉병'이라고도 부른다(◉ 오봉은 동서남북 순으로 각각 금
강산, 묘향산, 지리산, 백두산을 상징하며, 가운데 있는 산은 지금의 북한산인 삼각

산을 상징한다). 원래는 오봉도와 함께 금, 은으로 만든 일월경을 천장에 매달아 장식하던 것을 영조 때부터 일월경을 없애고 오봉도에 해와 달을 함께 그려 넣은 것이 지금까지 이어지고 있다. 이에 대해 영조의 검약정신이 발휘된 것이라 보는 시각이 많다(◉ 오봉도에 임금과 왕비를 상징하는 해와 달을 그려 넣음으로써 일월오봉도에 임금의 권위를 부여하고 그 가치를 높였으니 혹시라도 왕권강화를 위한 영조의 숨은 의도는 아니었는지 불충한 백성은 살짝 의심해 본다). 일월오봉도는 단순한 병풍이 아니라 일종의 성물처럼 여겨졌기에 왕실이 아닌 곳에서는 절대로 사용할 수 없었다. 어진과 더불어 임금이 행차하는 곳이면 어디든 항상 따라다니면서 '임금과 동일'한 취급을, 아니 대접을 받았다(◉ 실제로 궁궐 행사를 그린 그림에는 임금의 자리에 일월오봉도를 배치하는 것으로 임금을 대신하기도 했다).

일반적인 어좌의 구성에는 등널과 일월오봉도 사이에 중간 키 높이의 세 폭짜리 작은 병풍인 '삼절곡병'이 있다. 경복궁을 비롯한 창덕궁과 경운궁, 그리고 경희궁까지 모든 궁궐의 법전에는 이 삼절곡병이 있지만 어찌된 일인지 유독 창경궁에만 없다. 이것 역시도 혹시 누군가에 의해 도난당한 것은 아닌지 의심스럽다.

그리고 어좌 위의 천장에 매달려 있는 화려한 덮개는 '당가唐家'라고 부르는데, 하단의 좌탑과 그 위의 어좌 일체, 그리고 상단의 당가까지를 모두 통틀어 그냥 '당가'라고 부르기도 한다. 불자들은 알겠지만 사찰의 법당에도 이와 같이 생긴 것이 있으며 이는 '닫집'이라고 부르는데, 굳이 당가와 구분해서 부르지는 않는다.

04 세자를 벌하다, 문정전

문정전

　법전인 명정전을 지나 이제 편전인 문정전을 관람할 차례이다. 경
복궁과 창덕궁은 법전에서 나온 다음에 편전으로 들어가야 했지만,
창경궁은 좁은 지형지세에 각종 전각들을 끼워 넣듯이 설계했기 때
문에 편전이 법전의 좌측 바로 옆에 위치하고 있다. 게다가 전각과 전
각 사이가 뻥 뚫려있어 두어 걸음이면 바로 문정전까지 도착할 수 있
다. 하지만 궁궐 안의 주요 전각에 입장할 때는 해당 전각의 정문을

통해 정식으로 입장하는 격식을 지키는 것이 궁궐 전각에 대한 기본 예의일 터, 다소 멀고 번거로워서 귀찮을 수 있지만 기꺼이 돌아가기로 한다.

조정으로 내려와 명정전을 정면으로 바라 볼 때 좌측에 있는 광정 문을 통과해서 위쪽으로 조금 걷다보면 저만치 앞으로 문정문이라는 현판이 보인다. 이 문을 통과하면 넓은 뜰과 함께 우측으로 전각이 하나 나타난다. 이곳이 창경궁의 편전인 '문정전文政殿'이다.

지금은 흔적도 찾아 볼 수 없지만 원래는 문정전에서 문정문까지 ㄴ자 모양으로 길게 꺾어진 회랑이 연결되어 있었다. 창덕궁의 선정 전과 선정문 사이에 있는 것과 같은 복도각으로, 임진왜란 때 소실된 것을 광해군 때 재건했지만 일제에 의해 철거된 것이다. 그 후 복원과 정을 거쳤지만, 어찌된 영문인지 회랑만 누락됐는데 이 역시 아쉬운 일이 아닐 수 없다(◑ 창경궁은 곳곳이 아쉬움 투성이다).

앞서 창경궁은 궁궐 내 전각의 상당 부분이 간략화 혹은 축소화되었다고 했다. 법전인 명정전이 다른 궁궐의 법전이라면 당연히 중층이었을 지붕을 단층으로 줄인 경우이고, 편전인 문정전은 다른 궁궐의 편전이라면 당연히 원통이었을 기둥을 사각형으로 세운 경우가 되겠다. 얼핏 생각하기에는 원통형 기둥보다 사각형 기둥이 더 손이 많이 가서 중요할 듯 싶지만 실상은 그렇지 않다. 기둥의 모양이 왜 중요한가하면 고대 우주관인 '하늘은 둥글고 땅은 네모나다'라는 천원지방 사상에 따라 중요한 전각에는 둥근 기둥을 사용하고, 일반 건물에는 네모난 기둥을 사용하기 때문이다.

　아무리 축소지향의 창경궁이라 해도 이는 단지 재료를 아끼는 차원을 넘어 처음부터 의도한 것으로 보이기에 굳이 격을 낮춰 가며 편전의 기둥을 네모난 기둥으로 세운 이유가 궁금하다. 이와 관련해, 평소 문정전의 네모난 기둥을 못마땅하게 여기던 광해군이 둥근 원통형 기둥으로 변경하려 했으나 이런저런 반대에 부딪히는 바람에 결국엔 뜻을 관철시키지 못했다고 한다. 망나니로 평가받는 광해군도 뜻대로 하지 못한 일이 있었다는 사실이 놀라울 따름이다.

　그리고 문정전은 조선 왕조의 비극적인 사건 중 하나가 벌어졌던 역사적인 장소이기도 하다. 바로 영조의 아들인 사도세자가 뒤주에 갇혔던 장소가 바로 이 문정전 앞뜰로, 뒤주에 갇힌 뒤에는 '선인문' 앞마당으로 옮겨졌고, 8일 후 그곳에서 사망하고 말았다.

　지금도 문정전 월대에 올라 앞뜰을 내려다보고 있자면 눈부시게 화창한 햇살 아래에서도 이 넓은 뜰 한가득 왠지 모를 서늘함과 비정함이 스멀스멀 피어오르고 있는 듯한 섬뜩한 망상에 빠져들게 된다. 조금만 더 머물다가는 어디선가 희미한 절규마저 들릴듯해 서둘러 망상에서 빠져 나오도록 한다.

05 학문을 논하다, 숭문당

숭문당

    망상에서 빠져 나와 문정전 좌측으로 돌아들면 바로 앞에 다섯 기둥마다 돌 신발을 하나씩 신고 있는 '누각형' 툇마루가 달린 건물이 눈에 들어오는데, '숭문당崇文堂'이다.

    숭문당은 임금이 신하들과 정사를 논하거나 학문을 토론하던 장소이다. 국사를 논하는 것 외에도 '문文을 숭상한다'는 의미에서 수시로 신하들과 고전 해석에 대한 경연을 펼치기도 했으며, 성균관 유생들을 불러 대화를 통해 지식을 나누고 때로는 잔치를 벌여서 격려해주기도 했다(◐ 창덕궁에도 같은 용도로 건축된 '숭문당'이 있었는데, 연산군 때 불에 탄 것을 재건한 뒤 '희정당'으로 이름을 바꾸면서 용도 역시 편전으로 변경된 바가 있다).

이름이나 용도로 보아서는 누각과 별 연관성이 없는 건물이지만 평지가 아닌 비탈진 곳에 지었기에 앞부분만 누각 형태를 띠고 있다는 점도 창경궁이기에 가능한 특징이라고 할 수 있겠다.

건물 내부에는 '하늘이 항상 살펴보고 있으니 공경하는 마음을 잃지 말라'는 의미의 '일감재자日監在玆'가 쓰인 현판이 있다는데, 아쉽게도 문이 잠겨있는 까닭에 볼 수는 없다. 영조가 창경궁에 머물 당시에 숭문당을 편전으로 사용하면서 숭문당과 일감재자의 현판을 썼다고 하는데 법전이나 편전처럼 문이라도 개방해서 내부와 더불어 현판이라도 볼 수 있게 하면 좋지 않을까 싶다.

명정전과 문정전에 이어 숭문당을 봤다면 이제 창경궁의 내전 공간으로 넘어갈 차례다. 그 전에 숭문당을 등지고 돌아서서 잠시나마 주변 전망을 한 바퀴 둘러보기 바란다.

앞서 말했듯 명정전과 문정전은 상당히 가까워서 두 건물의 지붕이 서로 맞닿을 정도이고 처마 밑으로는 바로 연결되는 회랑도 있는데 이 회랑에도 지붕이 있어서 그 좁은 공간에 처마가 오밀조밀 모여 있다. 그리고 명정전 뒤편에서 내전으로 들어가는 빈양문 사이에 있는 복도각에도 처마가 있어서 전체적으로는 빈양문에서 명정전을 거쳐 문정전까지 줄줄이 이어진 처마가 겹치고 겹치고 또 겹쳐서 포개진 채 이어져 있다. 그 모습이 그냥 일직선으로 주욱 연결된 것이 아니라 오르락내리락하며 들쑥날쑥한 굴곡을 그리고 있어 마치 기와비늘로 뒤덮인 거대한 흑룡이 이제라도 곧 비상할 태세의 형상이다.

홍화문에 이어 두 번째로 처마의 아름다움에 감탄하게 되는 장소이 므로 숭문당에 들렀다면 절대 잊지 말고 감상하기 바란다.

06 계절을 즐기다, 함인정

함인정

창경궁의 외전과 내전을 구분하는 빈양문을 지나 내전 방향으로 한 걸음 들어서면 넓은 뜰 한복판에 마치 경비초소처럼 외로이 뚝 떨어진 정자 하나를 만나게 된다. '함인정涵仁亭'이다.

함인정은 임금이 과거 시험에 급제한 인재들을 접견하던 곳으로, 때로는 신하들과 고전을 읽으며 경연을 나누던 장소다.

그런데 '정자'로서의 용도를 생각해보면, 지금의 위치가 그다지 적합해 보이지 않는다. 굳이 창덕궁 후원의 정자들과 비교하지 않더라도 모름지기 정자란 주변 경관이 탁월한 곳에서 놀거나 쉴 목적으로 설치하기 마련인데 함인정은 평지에 있는 데다가 멀리 내다 볼만한 것도 거의 없기 때문이다. 게다가 《동궐도》에 그려진 함인정은 남향을 제외한 세 방향이 모두 담장으로 둘러싸여 있다(◉ 1830년의 화재로 소실된 전각을 재건하면서 남아있던 담장을 철거한 것이 지금의 모습이다).

담장에 둘러싸인 정자라니 참 이상한 노릇이다. 담장 안에 충분한 볼거리가 있었던 경복궁의 경회루와는 다른 경우이기에 의아할 수밖에 없다. 그런데 알고 보면 원래 이 자리는 '인양전'이 있던 곳이다. 광해군 재위 시절에 건설하다가 인조반정 이후로 중단된 인경궁仁慶宮의 '함인당'을 그대로 옮겨다 지은 것이 지금 있는 함인정이다. 애당초 정자의 자리가 아닌 곳에 어찌 된 사연인지 모르겠으나 뜬금없게도 정자를 짓는 바람에 다소 어정쩡한 모습이 된 것이다.

그래도 관람객이 잠시 쉬었다 갈 수 있도록 마루 일부가 허락(?)되었으니 잠시 쉬었다 갈 겸 정자에 앉아 주변을 둘러보며 정자로서의 용도를 느껴 보는 것도 좋다. 이미 창덕궁 후원의 취규정에서 느꼈듯이 정자의 용도는 굳이 경치 관람이 아니어도 좋지 아니하던가!

함인정은 주변 풍경보다는 내부 천장에 걸려 있는 현판이 더 유명하다. 내부 구경도 할 겸 계단을 오르면 정자 마루 한가운데에 또 다른 정자 마루가 솟아오르듯 튀어나온 것이 보인다(◉ 정자치고는 마루가 꽤 넓은 편인데 저것 때문인지도 모르겠다). 바로 '임금의 자리'로, 과거 시험을 주관하거나 합격자들한테 연회를 베푸는 등의 행사가 함인정 앞마당에서 벌어질 때면 이곳에 어좌와 일월오봉도를 미리 설치해서 임금을 맞이할 준비를 했던 것이다.

감히 정자 내부에 발을 들여놓을 수는 없으나 정자 마루 끝에 걸터앉는 것은 허용되기에 잠시 앉아 천장을 둘러보면, 동서남북 네 방향으로 각각 하나씩 사계절의 아름다운 풍경을 노래한 시구가 적혀있다. 동쪽 천장부터 읊어보면 다음과 같다.

春水滿四澤(춘수만사택) : 봄 날의 물은 사방의 연못에 가득 차고

夏雲多奇峰(하운다기봉) : 여름 하늘의 구름엔 기이한 봉우리가 많구나

秋月揚明輝(추월양명휘) : 가을 밤의 달은 밝은 빛을 휘날리고

冬嶺秀孤松(동령수고송) : 겨울 산의 고개에는 한 그루 소나무가 당당하도다

중국 동진의 시인 도연명의 작품집 『사시四時』에 실린 것을 근거로 오래전부터 도연명의 작품으로 알려져 왔으나 뒤늦게나마 진 나라의 문인이자 화가인 고개지의 작품을 인용한 것으로 밝혀졌다.

사계절을 한 번에 경험할 수는 없는 노릇인지라 계절마다 한 소절씩 쓴 것인지 아니면 특정한 계절에 '꽂혀서' 나머지 계절에 대한 것까지 상상력을 발휘해 쓴 것인지가 궁금하다. 어찌 됐든 '시적 상상력'은 참으로 뛰어난 시다.

기왕 앉아서 쉬는 김에 주변의 전각들도 둘러보자면, 함인정의 후

면에 위치한 건물은 창경궁의 대전인 '환경전'이다. 병자호란 이후 청나라에 볼모로 잡혀갔다가 귀국한 소현세자가 갑작스러운 죽음을 맞이한 곳이며, 중종이 승하한 곳이기도 하다.

좌측 대각선 방향으로 있는 건물은 원래 대비를 위한 내전 공간이었으나 후에 왕비들의 처소로 주로 이용된 '경춘전'으로, 희빈 장씨의 간계로 폐위당하고 쫓겨났다가 복위한 숙종의 계비 인현왕후가 승하한 곳이다. 정조가 태어난 곳이기도 하고 어머니 '혜경궁 홍씨'가 승하한 장소이기도 하다.

07 품격을 지키다, 통명전

통명전

함인정에서 충분히 쉰 뒤 내려와 정면에 보이는 환경전과 좌측의 경춘전 사이를 지나다 보면 저만치 앞으로 띄엄띄엄 있는 여러 채의 전각이 보이는데, 그중 맨 왼쪽의 전각이 바로 창경궁의 침전이자 중궁전인 '통명전通明殿 (보물 제818호)'이다.

조선 시대 궁궐의 중궁전 중에서 가장 오래된 건물인 통명전은 창경궁의 여러 침전 가운데 가장 격식 높은 건물이다. 통명전 서쪽 뒤편 마당의 열천에서 끌어온 물길을 이용해 작지만 정교한 연못을 세심하게 조성했고, 중궁전으로는 보기 드물게 앞마당에 박석이 깔려 있는 것으로 보아 대규모 궁중 의식이나 행사를 통명전의 주인이 직접 주관했음을 알 수 있다. 두 개나 되는 현판 역시 드문 일이다. 정면의 처마 밑에 있는 외부 현판 외에 대청마루 상단에 걸려 있는 금빛 휘황찬란한 내부 현판은 순조의 어필로, '금빛'정도가 아니라 실제 금가루로 쓴 글씨이다.

통명전이 중궁전 중의 중궁전이었기 때문인지 이 공간을 둘러싼 암투 역시 심상치가 않았는데, 통명전의 주인 자리를 놓고 왕비에 맞선 궁녀의 음모가 벌어진 곳이기 때문이다.

바로 1689년(숙종 15년)의 기사사화에서 비롯돼 1694년 갑술옥사를 거쳐 1701년 무고의 옥으로 결말지어진 '피바람 삼부작'이다. 숙종의 성은을 받아 후궁이 된 희빈 장씨가 아들을 낳은 것을 계기로 인현왕후를 폐위시키고 왕비가 되었다. 이후 인현왕후가 복위하면서 다시 희빈이 되자 취선당에 사당을 차리고 통명전 섬돌 아래에 짐승의 뼈를 비롯한 각종 흉물을 묻어 인현왕후를 저주한 것이 발각돼 결국 사약을 먹고 죽게 된다. 결국 무모한 권력욕은 반드시 화를 불러일으킨다는 누구나 다 아는 지극히 평범한 진리를 죽음으로써 가르쳐주는 역사적 교훈의 장소이다(◐ 이 사건과 관련해 다시는 궁녀가 왕비가 되지 못하도록 하는 일종의 '장희빈 법'이 만들어졌다).

통명전 굴뚝

　창경궁은 굳이 화재나 전란 외에 건물 곳곳에서 흉물들이 발견되었
다는 이유로 천장부터 바닥까지 샅샅이 뜯어내고 건물을 다시 짓는
일도 있었다고 하니 주술을 이용해 누군가를 시기, 저주하는 일이 후
궁들 사이에서는 일상다반사였던 모양이다(⦿ 희빈 장씨의 행각이 발각된
것도 무수리로 궁에 들어왔다가 숙종의 간택을 받았던 영조의 어머니 숙빈 최씨가
희빈 장씨의 사당을 고발한 것에서 비롯되었다).

통명전은 화재로 소실된 것만도 무려 네 번이나 된다. 우선 임진왜란 때 한번 불에 탔고 이후 이괄의 난 때 다시 한번 불에 탔다. 그리고 정조 때에 이어 순조 때 또다시 불에 탄 것을 재건한 것이 지금 남아있는 통명전이다. 특히 정조 때 불에 타버리는 바람에 '청기와로 장식된 통명전'을 볼 수 없게 된 점이 가장 큰 아쉬움으로 남으며, 순조 때 제작된 《동궐도》에서는 불에 탄 통명전의 '흔적'을 찾아볼 수 있다(◐ 지붕의 잡상이 몇 개 사라졌는데 화재 때문인지는 정확히 알 수 없다).

이렇듯 고난을 겪고 살아남은 통명전임을 생각하면 특히나 아끼고 보전해야 할 텐데 놀랍게도 내부가 개방되어 있다. 대청마루에 올라 구석구석 관람하고 방안도 이리저리 살펴볼 수 있도록 한 것이다(◐ 하지만 방 안으로는 들어갈 수 없다). 함인정에서 휴식을 취하지 못했다면 통명전이 다시 찾아온 절호의 기회이니 놓치지 말기 바란다. 중궁전에 들어가 볼 수 있는 기회는 두 번 다시 없기 때문이다(◐ 절대 없다. 장담한다). 대청마루를 통과해서 통명전 뒤편으로도 갈 수 있으니 두 발 뻗고 편히 앉아, 옛 시절의 중전마마가 궁중생활의 고단함을 달래며 바라봤을 화계와 굴뚝도 반드시 감상할 것을 적극 권한다. 하지만 아무리 편하다 해도 눕는 것만큼은 곤란하겠다(◐ 눕는 사람이 얼마나 많았으면 '눕지 말라'는 안내판이 있을 정도다).

궁궐에 있는 건물들은 대부분 닫혀 있고, 일부는 내부를 들여다볼 수 있도록 문만 개방되어 있기에 '들어가도 된다'라는 팻말이 있으면 일단 무조건 들어가서 관람하는 것이 좋다.

08 치욕을 삼키다, 양화당

양화당

통명전의 오른쪽으로 처마를 나란히 하고 있는 건물은 창경궁의 대
비전이자 편전이자 침전인 '양화당養和堂'이다.

원래는 대비의 침전으로 지어진 건물이지만 임금의 편전이었다거
나, 왕비의 생활공간이었다거나, 아니면 후궁의 처소로 주로 사용되
었다거나 하는 등 건물의 주인과 사용 용도에 대해서는 자료별로 의

견이 분분하다. 다만, 굴뚝이 있다는 점에서 생활공간인 것은 확실하다. 전면을 장식한 난간이라든가 통명전에서 시작된 화계를 공유하고 있다는 점 등으로 보아 아무래도 궁중 여인들을 위한 침전이었을 것으로 추정해 볼 뿐이다(◑ 임금이나 왕대비가 거처했다는 기록도 보인다).

하지만 양화당은 이곳에 거처했던 어떤 임금 때문에 사람들에게 두고두고 기억되며 역사의 한 페이지를 차지하고 있는데, 그 임금은 바로 16대 임금 인조가 되겠다.

1627년(인조 5년)의 정묘호란으로 조선과 강제로 형제 관계를 맺은 후금(훗날 청나라)은 10여 년이 흐른 1636년에는 군신 관계를 요구했으나 단박에 거절당하자 자존심이 상할대로 상한 청태종은 직접 20만 대군을 이끌고 조선을 침략하면서 병자호란을 일으켰다.

임금으로서의 체통도 잊고, 체면도 잊은 채 한양을 버리고, 더불어 백성도 버리고 남한산성까지 피난 갔던 인조는 결국 삼전도(지금의 잠실 석촌호수 일대)에서 청태종 앞에 무릎 꿇은 채 세 번 절하고, 머리가 땅에 닿도록 아홉 번 조아리는 삼배구고두三拜九叩頭의 예를 올리는 굴욕을 당한 뒤에야 한양으로 돌아올 수 있었다. 그때 머물던 곳이 창경궁의 양화당이다.

인조는 이미 이괄의 난 때에도 한양을 버리고 피난 간 전력이 있다. 또 호란으로 두 번이나 한양을 버렸기에 조선의 임금 중 유일하게 세 번이나 도성을, 더불어 백성을 버린 임금이 되었는데, 인조는 직접 나라를 세우고 왕위에 오르는 '개국開國'은 물론 선왕이 살아있을 때 왕위를 물려받는 '수선受禪'이나 선왕이 승하한 뒤에 후계자로서 왕위에 오르는 '사위嗣位' 등의 방법으로 임금의 자리에 오른 것이 아니다. 반란을 일으킨 세력의 추대에 의한 '반정反正'으로 임금의 자리에 올랐기 때문에, 어쩌면 실제로는 원치 않던 왕위였을지도 모른다. 그렇다면, 팔자에도 없는 임금 노릇 하느라 적으로부터 피난 다니고, 백성으로부터는 비난받는 등 재위 기간 내내 고난만 겪었다고 한탄하지나 않았을지가 궁금해진다. 하지만 역시 반정으로 왕위에 오른 중종의 경우야말로 반정 세력에 떠밀려 어쩔 수 없이 임금이 된 경우이고, 인조는 동생과 가문의 복수를 위해서 주도적으로 반정에 참여해서 임금이 된 경우이기에 정작 임금이 된 뒤에 보여준 책임감과 결단력 부족에 대해서는 여러모로 아쉬움이 클 수밖에 없다.

삼전도에서 사실상 항복을 한 뒤에 맺은 정축화약丁丑和約에는 '조선은 청에 대해 신하의 예를 행할 것', '조선 임금의 장남과 차남, 그리고 대신의 아들을 볼모로 청에 보낼 것' 등의 굴욕적인 내용이 11가지나 된다. 그뿐만 아니라 청태종은 이를 기념하고자 자신의 공적을 찬양하는 비석을 다른 사람도 아닌 우리 손으로 직접 세우게 했으니 이것이 바로 '삼전도비'이다.

흔히 '삼전도의 치욕비'라 일컫지만 정식 명칭은 '대청황제공덕비'로, 현재 송파구 석촌동에 남아있는데 예전에 매몰했다가 누군가가 복구한 것을 해방 후인 1956년에 '국치의 기록'이라는 이유로 다시 매몰했건만 우연히 발견된 뒤에 또다시 세운 것이다. 세운 것도 모자라

1963년에는 사적 제101호로 지정까지 했다.

　보존하려는 측의 입장은 '우리의 자존심에 상처를 줄 만큼 수치스러운 역사조차 우리 역사의 일부로 인정해야만, 앞으로의 역사에서 이런 수모를 되풀이하는 일이 없도록 냉정하면서도 객관적인 자세를 취할 수 있다.'는 길고도 지루한 역사적 교훈을 얻기 위함이라며 한마디로 "부끄러운 역사도 역사다. 그러니 아픈 상처도 남겨둬야 한다."라는 주장이다. 이미 머리가 기억하고 있고 문자로도 기록되어 있는 상처를 굳이 신체에 새겨두면서까지 기억되도록 해야 하는지는 저마다 생각의 차이가 아닐까.

09 행각을 합치다, 집복헌

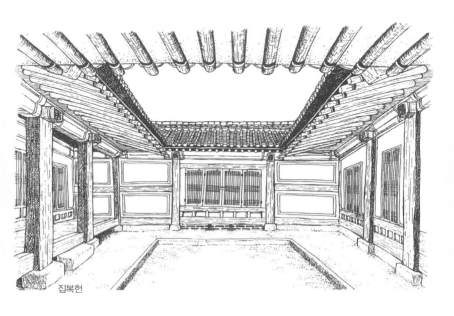

집복헌

양화당 우측의 넓적한 바위 언덕 너머로 두 채 같은 한 채, 한 채 같
은 두 채의 건물이 붙어있다. '집복헌集福軒'과 '영춘헌迎春軒'이다. 바위
언덕 가까운 곳의 정사각형 모양 건물이 집복헌이고, 그 뒤편으로 돌
출된 건물이 영춘헌이다(◑ 알고 보면 영춘헌이 ㅁ자 형태의 건물이고, 집복헌
은 ㄷ자 형태의 건물로, 사실상 영춘헌의 부속 건물에 가까운데 이 때문인지 집복헌
을 단지 영춘헌의 서쪽 행각 정도로 보는 의견도 있다).

집복헌은 1735년(영조 11년)에 영조의 둘째 아들인 사도세자가 태어난 곳이다. 첫째 아들 효장세자를 병으로 잃고 마흔두 살이 되어서야 얻은 아들이었기에 그 기쁨을 표현하기 위해 생후 3개월이 되자마자 신하들을 몽땅 집복헌 앞마당으로 불러 모아 원자(아직 왕세자에 책봉되지 아니한 임금의 아들)를 자랑했었는데, 그로부터 30여 년 뒤에는 그 귀한 아들에게 자결을 명령하고 이를 거역하자 뒤주에 가두라 하였고 결국 죽음에 이르게 하였다.

당시의 궁궐 내 정치 상황에 대해서, 그리고 사도세자가 저질렀던 극단을 넘는 행동에 대해서는 분명 여러 가지 다양한 의견이 있지만, 그렇다 한들 부자간의 갈등으로 인해 아버지가 자식을, 그것도 살아 있는 상태에서 죽을 때까지 기나긴 시간을 방치하고 방관했다는 것은 어찌 됐든 비극적인 일임에 틀림없다(◐ 세자가 필요했던 임금과 아버지가 필요했던 아들의 어긋난 기대감이 부른 궁중 잔혹사라 할 수 있겠다).

정확한 건립 연대 없이 단지 숙종 말에 건축되었을 것으로 추정하는 집복헌은, 영조의 후궁인 영빈 이씨가 사도세자를 생산한 기록 외에도, 이곳에서 순조를 낳은 수빈 박씨 역시 후궁이라는 것을 생각해 볼 때, 후궁의 처소로 사용되었을 것으로 추정한다.

영춘헌의 경우, 일반적으로는 내전으로 알려진 한편 임금의 침전인 대전으로도 알려져 있다. 수빈 박씨와 아들을 아꼈던 정조가 독서를 핑계로(?) 영춘헌에 자주 머문 기록이 있기 때문으로, 그 외에 정확한 용도는 알려지지 않았다.

이와 관련하여 영춘헌과 집복헌 전각의 일부에서 정조 관련 물품을 전시하기도 했었다.

　집복헌의 겉모습은 그다지 끌리는 매력이 없다 해도 일단, 내부로 한 번 들어가 볼 만한데 통명전에서도 이야기했듯 내부 관람이 가능한 곳은 될 수 있는 대로 빠뜨리지 말고 들어가 보는 것이 소위 '남는 것'이다. 다시 말하지만 언제 또 궁궐에 들어가 보겠는가?

　집복헌에 들어서면 그 내부 모습이 마치 일반 가정의 한옥과도 흡사한 것이 참으로 정감 넘치는 분위기를 연출하기에 아늑함을 느낄 수 있다. 사방으로 빙 둘러가며 연결된 처마의 모습이나 그 사이로 보이는 하늘의 풍경을 보는 것도 재미있다. 햇볕 쨍쨍한 맑은 날도 좋지만 비 내리는 한가로운 오후에 툇마루 한쪽에 등 기대고 앉아 처마선을 따라 '툭, 툭' 흘러내리는 빗방울을 바라보다가 땅에 떨어져 '톡, 톡' 튀어 오르는 빗방울 소리를 듣고 있노라면 이만한 운치가 따로 없다. 여기에 따뜻한 차 한 잔이면 금상첨화요, 좋아하는 사람까지 옆에 있다면 여기가 무릉도원이다.

10 / 바람을 살피다, 풍기대

괴석

    집복헌과 영춘헌까지 관람했다면 창경궁의 웬만한 전각은 다 살펴보았다. 이제 남아있는 건물이라고는 하나뿐이다. 그것을 보려면 '춘당지' 쪽으로 가야 한다. 그전에 좀 색다른 것을 살펴보기로 하자. 일단 바로 앞 바위 언덕 위로 올라가본다.

    계단 앞의 너럭바위가 보기보다 미끄러우니 조심해서 올라가야 한다(⊙ 예전에는 이 넓은 바위 위에 '정일재'라는 임금의 서재가 있었다). 계단을 다 오르면 뒤돌아 사방을 둘러본다. 바로 아래 집복헌과 양화당, 통명전부터 저 멀리 환경전과 경춘전, 그리고 함인정이 있는 주변 경치까지 한번 둘러본다. 궁궐 내부 전경을 이렇게 높은 위치에서 바라볼 수 있는 곳이 드물기 때문에 반드시 둘러보며 감상해야 한다(◐ 이만한 전경을 볼 수 있는 곳은 창덕궁 낙선재 뒤편의 '상량정' 정도다. 그곳은 일반인 출입금지 구역이니 아예 없는 것과 같다). 주위에 의자도 있으니 잠시 쉬었다 가도 좋은데, 경치를 생각하면 충분히 쉬어갈 만하다. "아니, 함인정이 쉴만하다 해서 쉬고, 통명전이야말로 쉴만하다 해서 또 쉬고, 이제 막 집복헌에서 또또 쉬었는데 계단 몇 개 오르자마자 또또또 쉬라고?" 그렇다. 또또또 쉬어도 된다. 거듭 말하지만 언제 또다시 궁궐에 올지 모르니까(◐ 볼 것 다 보고, 쉴 곳 다 쉬기 위해서라도 궁궐 관람할 때는 충분한 시간적 여유를 두어야 한다).

창경궁 창건 당시에 성종이 직접 명을 내려 만든 환취정이란 정자가 바로 옆에 있었음을 생각해보면 이곳의 경치가 좋았음은 더 말할 것도 없겠다. 맘껏 쉬며 경치를 감상했다면 언덕길을 따라 띄엄띄엄 놓여있는 괴석까지도 하나하나 살펴볼 만하다. 괴석을 제외하면 주변이 휑한 것이 아무것도 없는 보통 언덕바지 같지만 잘 살펴보면 지금은 사라진 건물의 흔적을 알려주는 안내문을 찾을 수 있다. 해당 건물은 바로 '자경전慈慶殿'이다.

경복궁에 있는 자경전은 신정왕후를 위해 고종이 만든 것이다. 그러나 창경궁의 자경전은 정조가 어머니 혜경궁 홍씨를 위해 만든 것으로(당연히 이쪽이 원조다) 규모가 웬만한 한 중궁전이나 대비전보다도 컸다. 본채만 정면 9칸에 측면 4칸이고 본채에서 이어진 행랑이 삼면을 감싸는 것은 물론이요, 바깥쪽으로 넓게 담장이 있었는데 정문인 자경문 외에 담장을 따라 사방으로 문이 하나씩 세 개가 있고, 납청문이라는 별도의 출입문도 있었다. 남편을 떠나보내고 긴 세월을 눈물과 회한에 보내야 했던 어머니를 애처롭게 여기고는 이를 위로하고자 아버지의 신주를 모셔놓은 '경모궁景慕宮'이 잘 보이는 높은 곳에 방대한 규모로 자경전을 만든 것이다(◉ 경모궁은 '서울대학교병원' 장례식장 건물 뒤편에 있던 사당으로, 헌종 5년인 1839년에 소실되어 지금은 터만 남았다).

정조의 효심은 어머니에게만 향하지 않았으니, 돌아가신 아버지에게도 공평하게 효심을 분배했다. 창경궁 내전에서 경모궁까지의 거리는 500미터 남짓. 짧은 거리임에도 정문을 통해 돌아가는 시간을 줄이고자 경모궁까지의 직선 거리상에서 가장 가까운 담장에 문을 만들어 매달 초하루마다 아버지를 찾아뵈며 참배했다. 이 문이 '월근문月覲門'이다(◉ 지금의 '국립어린이과학관' 좌측에 있는 정면 2칸짜리 솟을대문이 그것이다). 이름부터가 '매달 찾아뵙다'는 뜻이니 그 효심이 남달랐음을 알 수 있다. 때로는 1년에 50회가 넘게 참배했을 정도이고 보면 '주근문週覲門'이라 해도 지나치지 않았을 것이다.

아무튼 어머니를 애달프게 여긴 정조의 마음이 고스란히 표현된 자경전이 해체되어 더 이상 볼 수 없게 된 것은 크게 아쉬운 일이다. 창경궁은 효심을 바탕으로 지어진 궁궐이기에 창경궁에 지어진 모든 전각의 상징이자 '역대급 효심의 끝판왕'이라 할 수 있는 자경전이 사라진 것은 창경궁 최대의 손실이 아닐까 싶기에 창경궁 복원대상에 포함된 자경전이 옛 모습대로 복원되기를 바라는 마음이 크고도 넓으며 깊은 만큼 간절하기까지 하다.

풍기대

주변 경관과 더불어 자경전 없는 자경전 터를 살펴봤다면 이제는 춘당지를 보도록 한다. 가는 길에 단연 눈에 띄는 키 큰 괴석(?)이 하나 보일 텐데, 이것이 '풍기대風旗臺'다.

풍기대는 바람을 이용해 풍속과 풍향 따위를 알아보는 장치다. 바람을 연구하는 이유는 당연히 농사에 도움을 주기 위해서다.

그 사용법은 돌기둥 위에 있는 구멍에 천을 묶은 기다란 봉을 꽂아 놓고 바람이 어느 방향에서 불어오는지를 살펴보는 것이다. 바람이라는 것이 일정 시간 동안, 균일한 세기로, 같은 방향에서 부는 것이 아니라 예측할 수 없는 변화무쌍함을 보여준다는 점에서 막대기에 천쪼가리 하나 묶은 것 가지고 바람에 대해 얼마나 많은 정보를 파악할 수 있으며 그것이 과연 농사에 얼마나 도움이 될 수 있을지 의구심이 들 수 있다. 그러나 농본주의를 건국이념으로 삼고 농사를 천하지대본으로 여긴 농경 국가에서 농사에 도움을 주기 위해 기후를 살피는 것은 백성들의 생존과 관련된 중요한 일이고, 나아가 왕권을 확립, 강화하고 유지하는 데에도 절대적으로 필요한 일이기에 결코 소홀히 할 수 없었다. 결국 풍기대를 이용해 '바람을 안다'는 것은 농사에 실질적인 도움을 준다기보다는 임금이 백성을 위해 이런 노력도 하고 있다는 일종의 애민정신을 널리 알리는 효과를 노린 것이다.

살짝 허탈한 것은, 창경궁에 있는 풍기대는 일제가 이왕가박물관을 꾸미기 위한 구색용 소품, 즉 장식품의 차원에서 가져다 놓은 것이기에 백성들의 농경을 위한 것이라기보다 단순히 관람객의 구경을 위한 것이라는 점이다. 하지만 창덕궁과 경희궁에도 풍기대가 있었다는 기록이 있는 것으로 보아 백성을 생각하는 애민정신만큼은 진정성 있어 보이고, 실제로 경복궁에는 지금도 풍기대가 남아있다. 경복궁 경회루 앞 서쪽 잔디밭에 있는데, 원래 위치는 경복궁 향원정 남쪽의 흥복전 권역이지만 현재 그 일대가 복원공사 중이라 경회루 앞의 잔디밭으로 임시 이전해 놓은 상태다.

11 조각을 모으다, 태실비

성종대왕태실비

　자경전 터에서 춘당지까지 가는 길은 제법 거리가 있지만 풍기대 왼쪽의 숲길을 따라 계속 내려가면 되므로 크게 힘든 일은 없다. 내려 가는 길 양쪽으로 길게 펼쳐진 숲길은 예전에 전각이 있던 자리다. 그 많던 전각을 일제가 몽땅 철거한 뒤 벚나무를 무더기로 심었고 해방 후 일제의 잔재를 없앤다며 이곳의 벚나무를 죄다 뽑아내고 전각을 복원하는 대신 임시방편으로 숲을 조성한 것이 지금까지 남아있는 것이다. 얘기인즉슨, 창경궁을 완전하게 복원하기 위해서는 숲에 있는 이 많은 나무를 다시 뽑아내야 한다는 것인데, 생각만 해봐도 이래저래 손실이 말이 아니다(◐ 일제로부터 비롯된 일이지만, 따지고 보면 우리의 무관심과 무책임도 제법 많은 부분에서 기여했음을 부인할 수 없다).

가는 길에 한 가지 살펴볼 것이 있다. 내리막길을 따라 40미터가량 걷다가 왼쪽의 오르막길 끝부분에 나오는 것으로, 바로 '성종대왕태실비成宗大王 胎室碑'다.

태실비는 역대 임금들의 태와 태반을 항아리에 넣어 봉인한 뒤에 그 장소를 표시하기 위해 세운 푯돌이다. 그중 조선의 역대 왕조 중에서 특별히 성종대왕의 것을 창경궁에 가져다 놓은 것이다. 숲속 외진 곳에 홀로 있는 모양새가 한편으로는 처량해 보인다. 그러나 당연한 얘기지만 여기가 제자리는 아니다. '경기도 광주廣州'에 있던 것으로, 일제가 창경궁을 창경원으로 강등시키면서 '구경거리'가 될 만한 것들을 끌어모으던 와중에 임금의 태실비를 구경시킬 목적으로 설치한 것이다.

당시에는 임금뿐 아니라 왕실 가족이라면 너나 할 것 없이 태실비를 세웠던 까닭에 전국에 셀 수 없을 만큼 많은 수의 태실비가 있었다. 그중에 유독 성종의 것만 창경궁으로 이전시킨 이유는 아직 명확히 밝혀지지 않은 상태다(◐ 역대 임금들의 태실비 중 겉모양의 상태가 가장 좋은 것을 가져다 놓은 것이라는 주장도 있지만, 그보다는 창경궁을 건립한 임금이 성종이기 때문이 아닐까 싶은 것이 개인적인 생각이다).

성종대왕태실비를 본 후 되돌아 나와서 가던 길을 따라 숲길을 내려와 평지에 도달할 즈음에 좌측 앞으로 연못이 보이는데, 이것이 그토록 얘기했던 '춘당지春塘池'다.

　연못 가장자리를 따라 좀 더 들어가면 좁고 짧은 다리를 경계로 크고 작은 연못이 붙어 있는데 앞쪽에 있는 것이 몸통 부분에 해당하는 대춘당지이고 뒤쪽에 있는 것이 소춘당지다. 그런데 대춘당지는 연못치고는 상당히 크다. 경회루가 있는 경회지가 면적은 훨씬 더 크지만 그곳은 처음부터 넓고 편평한 곳에 조성된 연못이니 춘당지와는 비교 대상이 아니다. 언덕과 비탈길로 이루어진 창경궁의 지형을 생각하면 지나치게 크기에 뭔가 이상하다고 느낄 수밖에 없는데 그도 그럴 것이 대춘당지는 연못이 아니었기 때문이다. 대춘당지가 있는 자리는 원래 내농포라는 논이었다. 내농포는 궁궐에서 사용할 목적으로 궐문 밖에서 채소 따위를 심어 기르던 밭인 '내포'에서 유래한 것이다. 그것을 궁궐 안으로 들여와서 논에 모 심는 모습을 임금이 구경하거나 때때로 몸소 농사일을 체험하기도 하는 말하자면, 창덕궁 후원에 있는 청의정의 확장판으로 볼 수 있다. 그런데 일제가 '창경궁 공원화 계획'에 따라 이곳에 물을 끌어들여 거대한 연못을 만들어 버린 것이 아직까지 유지되고 있는 것이다(◉ 창경원이었을 때는 보트도 띄우고, 연못 위를 지나는 케이블카도 설치했었으며 연못 중앙의 인공섬은 1984년에 조성한 것이다).

　안쪽에 있는 소춘당지가 원래의 춘당지로, 관람 동선에 따라 이미 대춘당지를 본 뒤에 소춘당지를 보기 때문에 상대적으로 볼품없고 초라하게 느껴진다는 점이 소춘당지 입장에서는 소위 '원조'로서의 정통성과 자부심에 상처를 받아 상당히 억울할 듯싶다. 게다가 관람객 대부분은 춘당지 입구 쪽에서 한 번 쓱 보고 돌아가거나, 대춘당지 둘레로만 한 바퀴 거닐 뿐이기에 사람들의 관심을 기대했던 소춘당지 입장에서는 정말 여러모로 억울할 수밖에 없다(◉ 춘당지라는 이름에서 창덕궁 후원의 부용지에서 본 영화당 앞마당인 춘당대를 떠올리지 않을까 싶은데, 바로 그 춘당대의 명칭은 이곳 춘당지에서 비롯된 것으로 이를 통해 창경궁과 창덕궁이 연결되어 있었음을 알 수 있다).

춘당지 입구에서 좌측으로 걷다 보면 작은 규모로 조성한 쉼터 바로 옆에 7층짜리 석탑이 하나 나온다. 바로 팔각칠층석탑(보물 제1119호)'이다.

막연히 불탑이겠거니 생각했는데 불탑치고는 워낙 특이한 모양새라서 불탑인지 아닌지 헷갈리는바, 안내판을 유심히 보니 티베트에서 만들어진 '라마 탑'으로 추정된다(◉ 영어를 원체 못하기도 하지만, story의 뜻에 '층계'라는 의미가 있는 것을 엉뚱하게도 중국 석탑 안내판을 통해 알게 되었다).

산 넘고 산 넘고 또 산 넘은 뒤 산맥 넘고 산맥 넘고 어쩌면 바다까지 건너 머나먼 조선의 궁궐에 들어와 있는 참으로 이질적으로 생긴 탑이지만 그렇게 원형 그대로의 모습에 오랜 역사성을 지녔다는 점에서 가치를 인정받아 보물로 지정되었다(◉ 국내 유일의 티베트풍 탑이니 춘당지에 들렀다면 한번 구경하고 볼 일이다).

팔각칠층석탑

　그런데 티베트의 불탑인 라마탑을 창경궁에 세운 이유는 뭘까? 더
구나 굳이 중국 상인을 통해 구입하면서까지 창경궁에 세워야 할 필

요가 있었나 싶은데, 억지로라도 이유를 생각해보면 결론은 하나다. 석탑이 만들어진 시기가 창경궁을 건립한 '성종 원년'이라는 점이다 (◑ 창경궁 안에 있는 모든 '장식품'은 결국 성종으로 귀결된다? 오옷! 이런 놀라운 우연의 일치가!). 성종대왕태실비의 경우와 마찬가지로, 이것저것 가져다 '창경원을 장식'하려던 일제가 기왕이면 창경궁을 창건한 임금과 연관(?) 있는 것으로 모아보자는 생각에 저지른 일이라는 것이 짧은 생각 끝에 나온 단순한 결론이다(◑ 고백하자면, 결론에 이유를 억지로 끼워 맞췄다. 그것 외에는 다른 이유를 생각할 수가 없다).

창경궁에는 성종대왕태실비와 팔각칠층석탑처럼 제자리를 떠나 애먼 창경궁에 안착한 구조물들이 꽤 있는데 예상대로 일제가 저지른 일들이다. 이미 두 가지나 찾아봤으면 됐지 싶지만 원래 우리 민족은 뭘 해도 '삼세판 주의'이기 때문에 말 나온 김에 딱 하나만 더 얘기하기로 한다.

함인정에서 주변을 살펴볼 때 발견했을 수도 있는데 환경전 우측으로 저만치 떨어진 곳에 웬 석탑이 하나 있다. 아무런 설명 한 줄 없는 5층짜리 무명 탑으로 석탑은 석탑이되 사실은 불탑이다.

처음 불탑을 봤을 때만 해도 '옛 건물이 있는 곳이니까 불탑이 있을 수도 있겠다'라고 생각했는데, 다시금 생각해 보니 여기는 고려가 아닌 조선의 궁궐이다. 이성계가 무학대사의 도움을 받았다고는 해도 건국이념으로 억불숭유 정책을 펼친 국가라는 점을 떠올려보면 '유교 국가의 궁궐에 불교의 석탑은 영 아니올시

오층불탑

다.'가 되겠다. 그러면 어찌 된 일일까?

누차 말했듯 답은 정해졌다. 아니나 다를까 이 역시 일제의 만행인 것이다. 우리 궁궐을 관람하다가 뭔가 이상한 점을 발견하면 일단 일제의 만행을 의심해보면 된다. 애초에 일제의 만행이었거나, 일제의 만행임을 알면서도 계속 방치했거나, 일제의 만행인 줄도 모르고 있었는데 알고 보니 일제의 만행이었거나. 어찌 됐든 결국, 일제의 만행인 것이다.

창경궁에 동물원, 식물원, 유물전시관, 그리고 놀이공원까지 만든 것도 모자라 어디선가 불탑까지 가져와 세워놓은 것인데, 그걸 또 우리는 국권을 회복한 이후에도 지금껏 방치하고 있었던 것이다(◉ 최근에야 불탑의 정체가 '일부' 밝혀졌는데. 고려 시대 중엽에 만들어진 것이라 하니 이쯤에서 일제가 노렸을 창경궁 장식품의 '기―승―전―성종'의 법칙은 깨지고 만다. 충청도의 사찰에 있던 사리탑일 가능성이 높다는 것인데 그나마 탑의 양식이 유사하다는 것일 뿐 그 외에 알려진 것은 아무것도 없는 상태이기에, 조금 과장해서 고려의 불탑 양식을 좋아한 조선의 석공이 만들었을 가능성도 배제할 수는 없는 셈이다).

비록 어디서 온 것인지는 모른다 해도 여기에 놓일 목적이 아니었다면, 그리고 어울리는 곳이 있다면 그리로 떠나보내야 하는 것이 순리일 터, 이제는 보내야 한다. 어디로? 그야 당연히 사찰 아니겠는가? 불탑을 원하는 사찰이라면 얼마든지 나올 테니 '어디로' 보낼지는 문제 될 것이 없다. 어디로든 보내는 것이, 아니 놓아주는 것이 중요하다(◉ 이와 관련해. 국립중앙박물관 등 적정한 장소를 협의해 2013년 말까지 이전할 예정이라는 발표가 있었으나 아직 시행되지 않은 상황이다).

성경에 "카이사르(시저)의 것은 카이사르에게, 하나님의 것은 하나

님에게 돌려주어라(마태복음 22장 21절)"하는 말씀이 있다. 창경궁 안에 있는 구조물 중에서 원래 창경궁에 있던 것이 아닌 것은 이제라도 돌려보내는 것이 합당한 일이다. 제자리가 아닌 곳에 있는 것들은 하루 빨리 자기 자리로 돌려보내는 것이, 그래야 원래 그 자리에 있던 것을 되찾아 제자리에 복원할 수 있을 것이다.

'유교' 국가의 궁궐에 있는, '불교' 석탑 운운하는 이야기에, '기독교' 성경을 비유하는 것은 적절치 않을 뿐 아니라 상대 종교에 대한 배려도 없고 종교적 예의에도 어긋난 행동이라며 불평하는 사람이 있을 것 같아 부처님 말씀을 인용하는 것으로 춘당지 관람을 마치도록 한다.

"환지본처!還至本處 (본래의 자리로 되돌아간다)"

12 상처를 남기다, 대온실

대온실

    소춘당지와 대춘당지가 만나는 지점에서 숲을 등지고 앞의 공터 쪽으로 나오면 공터의 한쪽으로 마치 눈으로 지어진 듯한 순백색의 건물이 하나 보이는데, 이것이 바로 '창경궁 대온실大溫室'이다.

    온통 새하얗게 칠해진 철제 구조물과 천장을 포함한 사방이 모두 유리창으로만 이루어져 있어 멀리에서도 눈에 확 띄는 건물인데 우리나라 최초의 식물원이기도 하다. 건립 당시의 명칭은 '서양식 온실', 설계는 일본 황실의 식물원 책임자가 했고 시공은 프랑스 회사에서 했는데 당시만 해도 동양 최대 규모의 식물원이었다.

우리나라에서는 좀처럼 보기 힘들었던 남국 열대지방의 관상식물을 감상할 수 있다는 점 때문에 큰 관심을 끌기는 했지만, 대온실이 세워진 원래 목적은 따로 있었으니 조선의 궁궐을 격하시켜 왕실의 권위와 민족의 자긍심을 땅바닥에 내팽개쳐 처박은 뒤 깊숙이 파묻기 위한 '창경궁 공원화'의 일환이었던 까닭이다. 헤이그 특사 파견을 평계로 고종을 폐위시킨 일제가 순종을 억지로 황제 자리에 앉혀 창덕궁에 가두다시피 유폐시키고는 순종을 위로한답시고 창경궁에 식물원을 건립한 것이 당시에 내세웠던 명분이다. 이때 함께 건설된 것이 동물원과 유물전시관이었으니 순종을 위한(?) 위로용 위락시설들이 하나둘 늘어날수록 창경궁은 궁궐의 지위를 잃은 채 창경원이라는 유원지로 한없이 추락하게 된 것이다.

그런데 도통 이해할 수 없는 점은 이때가 1910년경인데 창경궁의 지위와 이름을 되찾은 것은 일제에서 벗어난 1945년 무렵이 아니라 그로부터 40여 년이 더 지난 1983년이라는 점이다. 당시까지 남아있던 동·식물원 일부를 남서울대공원에 인계하고 빈 건물들을 철거할 때만해도 굴욕적이었던 '창경원'의 흔적을 싹 다 지우는가 싶었는데 식물원만큼은 여전히 살아남았다. 그 이유는 식물이 동물보다 생존력이 뛰어나서가 아니라 '우리나라 최초의 유리 건축물로, 대한제국 말기의 서양 건축양식을 살펴볼 수 있는 유일한 유산'으로 인정받았기 때문이란다. 일제강점기 시절에 세워진 수많은 건축물에 대한 변명 또는 합리화의 대표적인 것이 '역사적 가치'나 '건축사적 의미'를 내세우는 것이다. 우리나라 궁궐에 다른 나라의 건축 양식이 자의도 아닌 타의에 의해 도입된 것이 어떻게 우리의 역사성을 띨 것이며, 해당 건축물의 설립 의도가 불순할진대 어찌 건축미를 운운하는 것인지 이해할 수가 없다. 그렇게까지 '의미'를 두자면 세상 모든 것 중에 저마다의 의미 하나 없는 것이 어디 있으랴.

건물 자체가 그토록 의미 있는 것이라면 적당한 곳으로 옮기면 되지 않을까 싶다. '우리나라 최초의 유리 건축물'이라든가 '대한제국 말기의 유일한 서양 건축양식'이라는 점 등이 중요하다 할지라도 그것이 창경궁 안에 있어서 중요한 것은 아닐 터, 굳이 궁궐 안에 두고 볼 이유도 없는 것이다.

물론 대온실 자체는 희귀한 식물을 볼 수 있다는 교육 효과가 있을 수도 있는 데다가 인정할 수밖에 없는 것이 대온실 건물 자체는 아름답기까지 하다. 어디 한군데 흠을 잡아 깎아내리려 해도 일단, '보기 좋다'는 것만큼은 사실이다(◑ 그런 까닭에 웨딩 촬영을 비롯한 연인들의 촬영으로 대온실 내부는 분주하기까지 하다).

그럼에도 불구하고 대온실은 우리에게는 여전히 '상처'의 상징이다. 아무리 예뻐도 상처는 결국 상처인 것이다. 비록 지금은 더 이상 아프지 않다고 해도 절대 아물지 않는 상처고, 볼 때마다 지난날의 고통이 떠오르는 상처, 예쁜 상처이자 아픈 상처인 것이다.

양화당 관련 글에서도 이미 한번 말했지만 상처, 그거 남기는 거 아

니다. **미련처럼(◉** 정조가 어머니를 위해 만든 자경전 터에 일제는 왕실도서관
인 장서각을 세웠다. 해방 뒤에도 그대로 남아 있던 것을 결국 '국치의 상징으로 남
아있는 오욕의 건물'로 평가해서 1992년 2월 3일 철거한 사례가 있다는 것을 생각
해 봐야 한다).

한편, 대온실은 2004년에 등록문화재 제83호로 지정된 뒤에는 지
속적인 관리에 들어갔다. 지난 2013년의 '국가지정 등록문화재 특별
종합점검' 시행 결과에 따라 2016년부터 2017년까지 관람을 중단시
키고 대대적인 보수공사를 실시한 뒤 재개관한 상태다.

13 / 시위를 당기다, 관덕정

관덕정

　춘당지와 더불어 대온실까지 둘러봤다면 드디어 창경궁에 남아있는 '마지막 전각'을 살펴볼 차례이다. 마지막 전각은 산속에 꼭꼭 숨겨져 있는 까닭에 찾기가 쉽지 않으므로 눈을 크게 뜨고 잘 찾아봐야 한다.

　대온실을 정면으로 마주하고 서면 두 그루의 반송과 분수대가 바로 앞에 놓이는데, 여기서 우측으로 조금 걸어 나와 언덕 위를 바라보면 저만치 숲속 나무 사이로 보일 듯 말듯 기와지붕 하나가 숨겨져 있는 것이 보일 것이다(◐ 숨겨져 있지만, 분명 보인다). 언덕 좌측의 수풀 사이에 숨어있는 좁은 샛길과 우측의 넓은 길 중에서 편하다 싶은 길을 하나 골라서 올라가면 숨어있던 기와지붕의 정체가 나타나는데, 그것이 바로 '관덕정觀德亭'이다.

궁궐 안에 왕비를 비롯한 왕실 여인들을 위한 공간으로 화계를 조성했다면, 임금과 왕자 등 왕실 남성을 위한 공간으로 조성한 것이 궁궐 안에서 활쏘기를 할 수 있는 '사정射亭'이라 할 수 있다. 1642년에 춘당지 위쪽 산 중턱에 활터를 조성하고 정자를 하나 만들어 '취미정'이라 이름 붙였던 것을 1664년에 이르러 그 이름만 바꾼 것이 지금의 '관덕정'이다.

관덕정의 예전 이름인 '취미翠微'는 '산 중턱'을 일컫는 말이다. 사실이 정도 높이는 산 중턱은커녕 언덕이라 하기에도 민망할 정도로 낮은 높이이다. 굳이 여기까지 올라오기가 귀찮기 때문인지, 아니면 바로 아래에 있는 대온실에서 이미 볼만한 것은 다 봤다고 생각하는 관람객들의 눈길과 발길을 이곳으로 이끌만한 요소가 없기 때문인지 관덕정까지 올라오는 이는 매우 드물다. 아마도 둘다 일듯 싶은데, 숲속에 있기 때문인지 굳이 찾으려 들지 않으면 공터 쪽에서는 사실 잘 보이지 않는다.

막상 관덕정에 올라 사방을 요리조리 둘러봐도 현판 하나 없어 허전해 보인다. 게다가 정자 앞에는 주춧돌로 보이는 돌덩어리 네 개가 마치 살덩어리를 잃은 뼈처럼 덩그러니 놓인 채 원래의 모습을 잃고 있다. 그 헐벗은 모습을 보자니 쓸쓸함마저 느끼게 되는데, 나무가 앞을 가로막고 있어 전망도 그다지 좋지 않다.

하지만 관덕정이 지금은 비록 이렇듯 허접해 보여도 한때는 제법 잘나가던 시절이 있었다. 숙종을 비롯한 여러 임금이 관덕정 주변의 단풍나무가 울긋불긋 곱게 물든 모습을 좋아해서 '관덕풍림'이라 하여 창덕궁 후원에서 언급했던 '상림십경'에도 포함했을 정도였다. 이를 근거로 창경궁과 창덕궁이 후원을 통해 연결되어 있었음을 다시한번 알 수는 대목이다(◉ 또 다시 숙종이 언급됐는데. 혹시라도 '궁녀랑 놀러 다니면서 술 마시고 시나 읊는 임금'으로만 인식될까봐 한 마디 덧붙이자면. 대동법 확대실시 및 토지사업 완결, 상평통보 주조, 영토회복을 위한 축성 등 국방 강화에도 힘을 쓰는 등 나름 업적도 많이 있다. 하긴 재위기간이 50여 년 가까이 되는데 무엇인들 안 했으랴).

일단 '올라왔으니' 관덕정에 걸터앉아 정면을 바라보면 눈앞으로 넓은 공터가 펼쳐진다(나무 때문에 가려지지만 분명 넓은 공터가 있다). 지금은 저 넓은 공터를 대온실과 분수대 따위가 차지하고 있지만 예전에는 뽕나무를 심어 누에를 키우는 '잠단蠶壇'이 있어 이곳 관덕정에서 왕비가 직접 주관하는 '잠례蠶禮(길쌈 등의 행사)'라는 누에 치는 시범을 보이기도 했다. 지금은 창경궁 춘당지와 창덕궁 후원 춘당대 사이에 담장을 둘러쳐서 두 궁궐의 경계를 나누고 있지만 담장이 없던 예전에는 창덕궁 후원의 춘당대에서 활쏘기 등의 무과 시험을 치를 때 임

223

금이 창경궁의 관덕정에서 그 모습을 관람하기도 했다 하니, 창덕궁과 창경궁이 하나 되던 그 시절이 왠지 그립기만 하다(◐ 대온실 입구에서 대온실을 등지고 우측을 바라보면 담장 너머로 창덕궁 후원의 부용지와 애련지 일대가 보인다).

　관덕정에서 주변을 둘러보며 옛 시절을 상상해 보는 것으로 창경궁의 모든 건물은 다 둘러본 셈이다.

　그런데 사실 아직 보지 않은 것이 하나 더 있다. 문제는 그것이 창경궁의 건물인 동시에 창덕궁의 건물이기도 해서 딱히 어느 한쪽으로 소개하기가 난처한지라 지금껏 미루고 있었다. 창경궁을 관람하든 창덕궁을 관람하든 결국에는 만나게 될 터, 게다가 창덕궁은 이미 관람이 끝났으니 그렇다면 일단 마지막 경로는 그 건물로 정해놓기로 한다. 그런데 그 건물 외에도 창경궁을 나가기 전에 반드시 봐야 할 것이 아직도 하나 남아있으니 우선 '그것'을 보러 가기로 하자.

14 / 용도를 밝히다, 관천대

회화나무

'그것'을 보러 가기 위해서는 일단 옥천교까지 가야 하는데, 대온실 옆 공터에서 춘당지를 오른쪽으로 놓고 계속 직진한다. 옥천교까지는 대략 500미터가량 된다. 걷는 동안 심심할 수 있으니 잠시 넋두리를 하도록 하겠다.

창경궁 안내 리플릿을 보면, 홍화문에서 옥천교를 지나 명정문, 명정전에 이르는 공간과 문정전부터 통명전이 있는 내전 공간까지는 각종 전각이 오밀조밀하게 들어차 있다. 하지만 그 좌우로는 이렇게 휑해도 되나 싶을 정도로 텅 빈 채 한두 건물만이 표시되어 있다. 실제 궁궐 안에 들어서면 상황은 더 심각하다.

또 창경궁 도착 후 홍화문을 들어서서 옥천교에 있을 때만 해도 정면으로는 활짝 열린 명정문 너머 뻥 뚫린 틈 사이로 명정전 일대가 보여 '아, 여기도 궁궐이구나'하는 생각이 든다. 그런데 좌우로 행각이 길게 둘러쳐 있어서 그 너머가 잘 보이지 않아 창경궁이 처한 현재 상황이 그다지 실감 나지 않는다. 좌측에 있는 이름 없는 문이든, 우측에 있는 광덕문이든 일단 한 쪽으로 들어서는 순간, 여기가 '궁궐 창경궁'인지 아니면 아직도 '공원 창경원'인지 분간이 가지 않는 살풍경이 펼쳐진다. 전각이 꽉 들어차 있어야 할 자리를 온통 수풀과 나무가 차지하고 있기 때문이다.

만약 태어나서 처음으로 방문한 궁궐이 창경궁이라면 아마도 모든 궁궐이 이런 식으로 '공원'처럼 조성된 것으로 착각할지도 모르겠다. 하지만 이미 경복궁이나 창덕궁을 관람하고 왔다면 이곳이 궁궐이라고는 도저히 믿기 힘든 참혹한 광경인 것이다(◉ 아마 이 얘기에 경복궁이나 창덕궁은 연신 고개를 끄덕이며 이해하겠지만, 경희궁만큼은 고개를 갸우뚱한 채 절대로 이해하지 못할 것이다).

분명 넓은 잔디밭은 앉거나 누워서 쉬는 공간, 혹은 뛰어노는 공간으로는 더없이 좋을지 모르나 사실상 우리 민족의 전통적인 생활공간에서 잔디가 사용되는 곳은 오직 한 군데밖에 없다. 바로 산소를 조성할 때뿐이다. 한마디로 잔디는 살아있는 사람의 공간이 아닌 죽은 사람의 공간이었다. 예를 들면, 왕릉이 있는 곳은 그 일대가 온통 잔디밭 투성이다. 하지만 궁궐은 왕릉이 아닌 왕궁이 있는 곳이니 잔디가 있을 까닭이 없다. 그런데 이곳에 왜 잔디가 있을까? 원래 이 자리에 있던 무언가를 치워버리고 그 자리에 잔디를 심은 것인데, 그 무언가란 바로 '전각'이다. 이 넓은 곳 구석구석 전각이 꽉꽉 들어차 있었는데 일제가 그것을 전부 철거해 버린 것이다. 흔적도 남김없이, 진정한 올 킬!

그후 뒤늦게나마 국권을 회복하고는 일제강점기 때 만들어진 것들을 모두 철거하면서 언제가 될지 모르지만 다시 궁궐의 모습을 복원하기 위한 일종의 증표로 전각이 있던 자리에 잔디를 심은 결과가 오늘날 창경궁이 잔디로 뒤덮인 놀이동산 같은 모습이 된 것이다. 물론 지금이야 시대가 바뀌고, 생각이 바뀌고, 많은 것이 바뀐 터라 잔디의 의미조차 바뀌었으니 이제 와서 굳이 잔디를 멀리할 것까지는 없다. 하지만 궁궐은 아니다. 이는 비단 창경궁에만 해당하는 것이 아니다. 경복궁, 창덕궁은 물론 경운궁, 경희궁 역시 궁궐 안에 빈 공터 혹은 잔디밭이 있는 공간은 모두 전각이 있던 자리로 보면 틀림없다.

그리고 오랜 세월을 견뎌낸 아름드리나무들은 그간의 모든 광경을 다 목격했을 것이다. 특히 여기저기 부러지거나 훼손된 채 버려지고 방치된 나무들은 그 기나긴 세월의 변화를 온몸으로 감내하고 버텨내며 지금껏 살아남은 것이다. 창경궁이 건립되면서 여기저기 전각이 들어서더니, 어느 순간 저기여기 불이 나고, 소실된 전각을 여기저기에 다시 짓고, 또다시 저기여기에 불이 나서 전각이 모두 타고, 그 자리에 다시 전각을 짓고, 이번엔 불에 탄 것도 아닌데 전각이 헐리고, 또다시 전각을 지을 줄 알았는데 각종 풀꽃과 도입종 나무들로 채워 심어놓고, 느닷없이 철창이 들어서더니 다양한 동물들이 나타나고, 박물관에 케이블카를 비롯한 놀이 기구까지 들어서면서 어느 순간부터는 수많은 사람이 쉴 새 없이 모여들고, 다시금 그 모든 것들이 해체되어 사라지고, 이번엔 잔디가 들어서는 것까지도.

그 모든 과정을 '고목'들은 말없이, 아무 말 없이, 그 어떤 말도 없이 묵묵히 지켜보고 또 지켜봤을 것이다.

'그것들'이 아득한 옛 추억을 떠올리며 편히 쉴 수 있도록 다시 한번 창경궁에 전각이 빽빽하게 들어서는 모습을 보여줬으면 좋겠다. 길어진 넋두리지만 사라진 전각의 넋을 대신해 말하자면 한도 끝도 없다.

넓은 벌판을 무성한 수풀이 가득 메우고 있는 이 구역에서 관람할 것이 딱 하나 남았다. 홍화문을 지나 옥천교 밑을 흐르는 개울을 오른편에 두고 계속 걷는다. 그러면 느닷없이 좌측에서 문이 하나 나타날 텐데, 놀랄 것 없이 이름부터 확인해 보자.

그러나 안타깝게도 여기는 궁궐 안쪽이고 현판은 당연히 문 너머 바깥쪽에 있기 때문에 해당 문의 이름을 알 수가 없다. 만약 원남동 사거리에서부터 걸어왔다면 길게 늘어선 담장 사이에서 이 문의 이름을 봤을 터, 희미한 기억을 떠올려 보면 이 문의 이름은 '선인문宣仁門'이다.

창덕궁의 경우에 신하들은 주로 금호문이나 단봉문으로 출입했다고 했는데 창경궁의 경우 신하들이 주로 사용하던 출입문은 선인문이다. 이 일대가 예전에 궐내각사가 모여 있던 장소이기 때문이다. 신하들의 문鬥인 까닭인지 공교롭게도 신하가 아닌 '왕실'과 이 문은 가히 상극이라 할 수 있다. 연산군이 중종반정으로 쫓겨나면서 유배를 떠날 때 지나간 문이 바로 이 선인문이며, 인현왕후를 모함한 희빈 장씨가 사약을 먹고 죽은 뒤 그 시신이 나간 문도 선인문이다. 그리고 앞서 말했듯 문정전 앞마당에서 뒤주에 갇혔던 사도세자가 죽음을 맞이한 장소도 이곳 선인문 앞뜰이었다.

다소 억지스러운 구석이 있는 인과관계이지만 아무튼 선인문을 바라보고 있자니 다시금 서늘함이 피어오르는 느낌이다. 본능적(?)으로 뒤도 보지 않고 가던 걸음을 재촉하게 된다.

여기에서 우측으로 꺾어 다시 걷는다. 길 양쪽으로 군데군데 자라난 나무들을 구경하며 걷다 보면 양 갈래 길이 나온다. 이번엔 좌측으로 꺾어서 걷는다. 조금만 걸으면 되는데, 사실 진작부터 저만치 앞으로 애타게 찾는 것이 보였을 것이다. 돌무더기처럼 보이지만 유심히 살펴보면 제단처럼 보이기도 한다. 이것이 바로 그 옛날 천체를 관측하던 '관천대觀天臺 (보물 제851호)'이다.

관천대 혹은 일영대

　이름 그대로 하늘을 보며 천체의 운행과 현상을 관측하고 이를 바
탕으로 계절의 변화에 따른 24절기를 정확히 예측해서 농사에 도움
을 주기위해 만든 시설물이다. 풍기대가 농사에 도움을 주고 싶다는
상징적인 도구라면, 관천대는 보다 구체적인 도구라 할 수 있다. 이름
은 그럴싸해도 '관천대'의 실제 모습을 보면 이 낮은 곳에서 어떻게 저
렇듯 까마득히 먼 곳에 있는 별을 관측했을지가 궁금해진다. 기단 위

에 올라 그냥 멀뚱멀뚱 하늘을 쳐다보는 것이 아니라 상단에 있는 중앙 돌기둥 위의 나무판 위에 '소간의'를 설치해서 관측하던 것이라 하니, 별도의 기구가 없었다면 시설물 자체의 쓰임새는 무용지물에 가까운 것으로 보인다(◐ '간의'는 장영실에 버금갈만한 조선 전기의 과학자 '이천'이 장영실과 함께 제작한 것으로, 천체의 운행과 현상을 관측하는 기구이다. 아울러 '소간의'는 휴대용 또는 이동식으로 추정된다).

1688년에 창경궁에 축조된 것을 일제강점기 때 창덕궁 후원에 있는 금마문 근처로 이전했다가 창경궁을 정비하며 다시 제자리로 옮겨 온 것이다. 조선 시대에 천문, 지리, 기후 관측 등을 맡아보던 '관상감'에서 관리했을 것으로 본다. 이 일대는 궐내각사가 있던 자리였던 까닭에, 활자의 주조를 관장하던 주자소와 활자를 보관하던 규영신부, 물시계인 자격루를 설치해 놓은 보루각, 그리고 궁궐 내의 수비와 호위 등의 군사 업무를 담당하는 도총부, 임금의 말과 수레를 관리하던 내사복시 등이 있었으나 일제가 동물원을 만든답시고 모두 철거해 버려 지금은 흔적조차 찾을 수 없게 되었다(◐ 궐내각사 흔적은 없으나 이곳에 있던 자격루는 얼마 전까지 엉뚱하게도 경운궁에 전시되어 있었다. 물론 일제의 소행이다).

그런데 여기에 그야말로 '깜짝 반전'이 있다. 관천대는 유형문화재인 '보물'로 지정되어 있다. 한 국가의 보물로 지정이 되었다는 것은 분명 보통의 물건이 아닐 것이다. 국보는 더하겠지만 보물로 지정되려면 역사, 예술, 기술 등의 측면에서 가치가 크다고 판단되는 것은 물론, 선정 과정에서 전문가들의 치밀한 조사와 논의, 그리고 철저한 검증이 있었을 터, '국보'가 되느냐, '보물'이 되느냐는 별개로 하더라도 그 과정이 허투루 넘어가지는 않을 것이다. 그렇다면 관천대 역시 그 내막을 정확히 알 수는 없지만 결코 쉽지 않았을 선정 과정을 거쳐 보물로 지정이 되었으니 정말 대단한 일이 아닐 수 없는데, 무려 보물로까지 지정된 이 관천대의 명칭과 용도에 대해 전혀 다른 주장이 있다는 점이다.

그것인즉 창경궁의 관천대가 '절기를 예측'하는 기구가 아니라, '시각을 측정'하는 기구라는 주장이다. 조선 후기에 기록한 내용과 받침으로 사용한 석대의 모습 등을 볼 때 창경궁에 있는 관천대는 소간의를 놓기 위한 받침대가 아니라 천체의 움직임을 통해 시각을 측정하던 기구인 '일성정시의日星定時儀'를 놓기 위한 받침대로 쓰였다는 것이다. 이미 오래전부터 이러한 주장 및 기사 등이 나오고 있었으며 그 명칭까지도 콕 집어서 '일영대日影臺'라고 알려진 상태이다(◑ 일영대는 일성정시의를 대臺 위에 올려놓고 낮에는 해 그림자로 시각을 살피고 밤에는 별의 일주운동을 관찰해서 시각을 측정하는 기구이다. 이 일대에 물시계가 설치돼 있던 보루각 터가 있었음을 생각해보면 시간과 관련된 기구일 가능성이 더 크다는 쪽이 보다 일리 있어 보인다).

관천대가 되었든 일영대가 되었든 어쨌든 별을 관찰하기 위한 기구를 설치한 것은 같으니 그게 그거 아니냐는 이의도 있겠으나 그게 그것이 아니다. 명칭도 다르고 용도도 다르니 엄연히 다른 것이다. 사실 이러한 주장은 3~4년 전부터 거의 기정사실로 되다시피 했건만 문제는 창경궁 관천대 앞의 안내판에는 지금도 '소간의를 설치하여 천체를 관측하던 시설'이라는 안내문과 함께 '관천대'로 소개하고 있다는 것이다. 설마 창경궁 관리소 측에서 이런 내용을 아직도 모르고 있을 것이라고는 생각하지 않는다. 어쩌면 새로운 안내판을 제작해서 오늘 내일 중으로 교체할 준비를 하고 있는지도 모르겠다(● 그럴 경우 민망함은 오직 나의 몫이다). 잘못된 정보에 대해서는 굳이 '창경궁 복원계획' 등에 맞춰 진행할 것 없이 일단 홈페이지에라도 '별도의 안내'를 하는 등 신속 정확한 보완이 필요해 보인다. 혹여나 '창경궁 관천대가 사실은 일영대다'라는 주장이 아직 정식으로 인정받지 못한 것이라서 안내판을 바꿀 수 없다면 하루빨리 이에 대한 연구 및 조사가 다시 이루어져야 한다. 무려 국가의 '보물'과 관련한 문제이기 때문이다(● 물론 관천대가 아닌 일영대로 판정되더라도 이 돌무더기가 보물임에는 변함이 없을 것이다).

그렇다면, 실제 '관천대'는 어떻게 생겼을지가 궁금하다. 다행스럽게도 현재 남아있는 관천대가 있다. 그것도 참으로 우연히 창경궁에서 가까운 곳에 '진짜'가 있다. 창경궁 바로 옆의 창덕궁에서 안국동 방향으로 가다 보면 우측으로 현대빌딩 본관이 나오는데, 건물 오른쪽 주차장 구석으로 작은 첨성대와 비슷한 시설물이 하나 있다. 장대석 계단이 없는 것을 빼면 창경궁의 관천대(로 알려진 일영대)와 꽤 흡사한 모습으로 나란히 놓고 비교하지 않으면 똑같은 것으로 착각할 법도 한데 어쩌면 이 때문에 창경궁의 사실상 일영대를 지금처럼 관천대로 오인하고 있던 것인지도 모르겠다. 아무튼 이것이 바로 조선 시대에 별을 관찰하던 진정한 관천대가 되겠다(● 이것의 명칭이나 용도에 대해서는 그 누구도 이견이 없는 듯하다).

현대빌딩의 관천대는 그 위치가 다소 의외의 장소라 할 수 있는데, 원래 경복궁의 서운관에 있던 것을 옮겨 놓은 것이다. 이것의 정식 명칭은 '서울 관상감 관천대'이고 보물 제1740호로 지정되어 있다. 서운관은 조선 시대에 천문, 지리, 역수, 기후관측, 각루 따위를 맡아보던 관아로, 태조 원년인 1392년에 설치한 것을 1425년에 관상감으로 명칭을 변경했는데 이후 관상소와 측후소를 거쳐 지금의 기상청이 되었다.

계절을 보는 것인지, 시간을 보는 것인지 아직은 명확히 알 수 없는 관천대, 혹은 일영대(● 어쩌면 또 다른 것일 수도 있다).

주변에 있던 동궁 및 궐내각사와 관련한 수많은 전각이 모두 사라진 가운데 용케도 살아남기는 했지만 마치 허허벌판에 홀로 세워진 듯 어정쩡한 모습이 돼버렸다. 어쩌면 오늘을 사는 우리가 관천대, 혹은 일영대에서 봐야 할 것은 밤하늘의 별이 아니라 사라진 역사가 아닐까 싶다.

15 궁궐을 만나다, 함양문

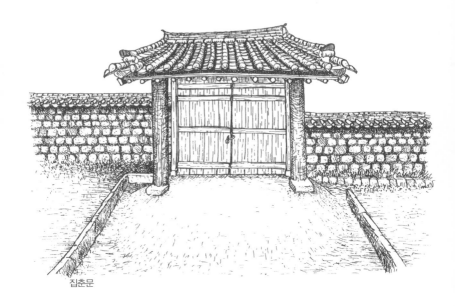

집춘문

　아직 명칭과 용도가 불분명한 관천대까지 봤다면 이제 창경궁에서 관람할 것은 거의 다 보았다. 관천대까지 걸어온 숲길을 그대로 거슬러 다시 옥천교 방향으로 돌아가서 홍화문 밖으로 나가는 것으로 창경궁 관람은 마무리된다. 그런데 경복궁이나 창덕궁보다 창경궁은 남아 있는 전각의 숫자가 얼마 안 되는 탓에 이대로 궁궐 관람을 마무리하기에는 뭔가 좀 아쉬운 구석이 있다. 부족한 전각을 대신해 태실비

235

나 석탑, 심지어 식물원까지도 '충분히' 관람했음에도 여전히 아쉬움이 남는 것은 사실이다. 아쉬운 마음에 뭔가 다른 것이 없을까 곰곰이 생각해보니 한 가지가 떠오른다. 바로 '문門'이다. 다른 궁궐과 마찬가지로 창경궁에도 정문인 홍화문 외에 출입문이 몇 개 더 있는데 하나씩 살펴보겠다.

우선, 대온실 뒤편의 관덕정에서 언덕 방향으로 계속 올라가면 후원의 동문으로 사용하던 '집춘문集春門'이 있다. 옛 성균관 터와 이어진 길로 지금은 물론 잠겨 있다.

다음으로는 집춘문과 월근문 사이에 있는 문으로 '과학의 문'이다. 혹시 세종 때 만들어진 문이 아닐까 싶겠지만 1972년에 만들어진 문으로, '국립서울과학관'이 중구 예장동에서 종로구 와룡동으로 이전한 후 출입문 용도로 만들어놓은 것이다(◐ 국립서울과학관은 리모델링 후 현재는 '국립어린이과학관'으로 운영하고 있다).

그리고 정조가 아버지 사도세자를 참배하러 갈 때 지나던 '월근문'이 있다. 창경궁 관리소 안쪽에 있다.

끝으로 좀 전에 이야기했던 '선인문'이 있다(◐ 월근문과 선인문 사이에는 정문인 홍화문이 있다).

이상 네 개의 문은 모두 창경궁의 동쪽 담장에 집결해 있는 문이다. 관덕정을 살펴본 뒤 홍화문까지 내려오는 길에 모두 볼 수 있다. 넋두리할 시간에 굳이 문 얘기를 하지 않은 것은 이 문들은 모두 '금문禁門'인 관계로 관람객의 출입이 통제됐을 뿐 아니라 접근조차 쉽지 않기 때문이다. 출입할 수도 없는 문을 무엇 때문에 마지막 관람 경로로 삼았는지 의문일 텐데 출입 가능한 문이 하나 더 있다. 창경궁과 창덕궁의 경계에 위치한 문으로 '함양문涵陽門'이다.

함양문

함양문으로 가려면 중궁전인 통명전까지 가야 한다. 관천대에서 가는 경우, 좌측길 따라 50미터가량 걷다 보면 좌측의 화장실 건물 앞으로 세 갈래 길이 나올 텐데 그중 가운데의 오르막길을 따라 100미터가량 계속 가다 보면 사계절을 읊은 현판이 있는 '함인정'이 나온다. 함인정에서 통명전까지는 금방이니 바로 찾아갈 수 있을 것이다. 통명전에 도착해서 좌측의 언덕을 보면 제법 급한 경사의 가파른 계단이 나타나는데 계단을 오르면 좌측으로 나오는 문이 함양문이다. 함양문은 낮은 담장 위로 머리 하나가 툭 튀어나온 솟을대문 형식의 문인데, 궁궐에서 나오는 문인 동시에 궁궐로 들어가는 문이기도 하다. 서 있는 위치에 따라 두 궁궐의 '입구인 동시에 출구'가 되기도 하는 것이다(◉ 물론 입장료는 별도로 지불해야 한다).

창경궁과 창덕궁은 서로 등을 대고 있을 만큼 가까운 사이지만 이 궁궐 정문에서 저 궁궐 정문으로 가려면 한참을 돌아 나와야 하는데(◉ 홍화문에서 돈화문까지의 거리는 대략 1킬로미터가량 된다) 얼마 안 돼 보이지만 이게 또 막상 걸으려면 만만치가 않다. 특히 몹시 더운 날이나 엄청 추운 날에는 더더욱 멀게 느껴질 터, 함양문을 이용하면 10분 이상의 거리를 단 1초면 넘나들 수 있으니 그야말로 순간이동 장치가 따로 없다(물론 함양문까지 가는 시간은 제외다).

의아한 것은 함양문에 관한 정보가 없다는 것이다. 예전의 창경궁과 창덕궁은 확실하게 경계가 구분되어 있지 않았기 때문에 지금처럼 출입을 목적으로 함양문을 만든 것은 아닌 듯 보인다. 아마도 조선 중기의 어느 시대쯤인가 창덕궁의 동궁 권역과 창경궁의 내전 일대를 구분하기 위한 목적으로 만들어졌다가 일제강점기 때 창경원으로 격하당한 후 창덕궁과 경계를 가르기 위한 담장을 설치하는 과정에서 함양문을 기준으로 삼은 것이 지금에 이른 것이 아닐까 하고 추정만해 볼 뿐이다.

　그럼 이상으로 창경궁 관람을 마치겠다.

샤택에서 궁궐로,

조선에서 대한제국으로!

짧지만 굵었던 존재감의

孤魂 경운궁

4장

고궁孤宮, 덕수궁 아니
경운궁을 생각하다

임진왜란 때 피난을 떠난 선조가 1593년에 한양으로 돌아왔으나
모든 궁궐이 불타버린 상황에서 딱히 거처할 곳이 없었다. 그러던 차
에 성종의 형인 '월산대군'의 후손들이 살고 있던 사택을 시어소(임금
이 임시로 지내던 궁궐) 삼아 거처를 정하면서 월산대군의 사택이 임금의
'행궁'이 되었고, 정릉동에 있다 하여 '정릉동 행궁'으로 불리게 되었
다. 그 후 주변 민가를 사들여 증축하면서 점차 궁궐의 모습을 갖추게
되었고, 선조의 뒤를 이어 정릉동 행궁에 머무르던 광해군이 1611년
에 수리를 마친 창덕궁으로 이어 하면서 이곳에 이름을 붙여주었으
니, 바로 '경운궁慶運宮 (사적 제124호)'이다.

　경운궁으로 돌아와 잠시 머물던 광해군이 1615년에 창덕궁으로 완
전히 이어 한 뒤에는 유폐된 인목대비가 경운궁에서 생활하게 되었
고 1623년 인조가 인목대비를 다시 창덕궁으로 모셔가면서 경운궁은
비어있는 상태가 되었다. 이후로 정릉동 행궁에서 승하한 선조의 '환
도어거' 3주갑(1773년)과 5주갑(1893년)을 맞이해 영조와 고종이 경운궁

을 찾은 것을 제외하면 무려 200여 년의 세월 동안 방치되다시피 한 상태로 남는다.

그리고 경운궁이 왕실 역사에 다시 등장하게 된 것은 을미사변 이후에 러시아공사관으로 피신해 있던 고종이 경운궁으로 환궁한 1897년부터이다. 경복궁은 물론 다른 궁궐들이 온전했음에도 그동안 잊혀있던 경운궁으로 굳이 환궁한 까닭은 러시아를 비롯한 세계열강들의 공사관이 모여 있는 이곳이 오히려 일제로부터 어느 정도 왕권의 안전을 보장받을 수 있으리라 예상했기 때문이리라.

고종이 경운궁으로 환궁하면서 그동안 잊혀가던 경운궁은 자신도 모르는 사이 역사의 소용돌이 한가운데로 들어서게 되었다. 그와 동시에 대한제국 선포, 을사늑약 체결, 헤이그 특사 파견 등 굵직한 사건에 휩싸이게 되었다. 조선왕조 500년 역사의 중간 즈음에 등장해 겨우 20여 년간 맺은 왕조와의 가느다란 인연의 끈이 장장 300여 년을 이어오다가 왕조 막바지에 다시 등장하자마자 '대한제국'이라는 화려한 불꽃을 터뜨리면서 존재감을 나타내는 것으로 민족의 운명과 관련한 가장 중요한 자리를 차지하게 된 것이다.

이쯤에서 경운궁과 관련해 한번은 짚고 넘어가야 할 것이 있으니 다름 아닌 '명칭'이다. 아마도 이 글이 경운궁에 대한 것인지, 아니면 덕수궁에 대한 것인지 헷갈리는 사람이 있을 것이다. 이 글은 경운궁에 대한 글인 동시에 덕수궁에 대한 글이다. 아울러 덕수궁이 아닌 경운궁에 대한 글이기도 하다. 덕수궁이냐, 경운궁이냐, 결론부터 말하자면 덕수궁의 이름은 여전히 경운궁이어야 한다.

경운궁이 덕수궁으로 불리게 된 까닭부터 알아보자. 1907년에 일제에 의해 황제가 된 순종이 아버지 고종에게 덕을 누리며 오래 사시기를 바라는 의미로 '덕수'라는 존호를 올린 것이 그 시작이다. 태조 이성계가 태상왕으로 물러난 뒤 정종(재위 1398~1400년)으로부터 존호를 받은 일이 있는데 한자까지도 똑같은 '덕수德壽'이고 보면 순종이 선례를 따라 한 것으로 보인다. 아무튼 이때 덕수라는 존호를 받은 고종이 머무는 궁궐이라 해서 별칭처럼 '덕수궁'으로 불린 것이 오늘에 이르러 굳어진 것이다. 즉 선왕의 존호를 궁궐 이름으로 사용하는 것이 과연 적법한 일인지 의문이 아닐 수 없다.

오히려 임금의 존호와 궁궐 이름이 중복된다는 이유로 아예 궁궐의 이름을 변경한 경우가 있다. '경희궁'이 그렇다. 광해군 때 건립한 '경덕궁慶德宮'은 후대 임금인 인조 아버지의 시호인 '공량경덕인헌정목장효대왕恭良敬德仁憲靖穆章孝大王'의 '경덕'과 단지 발음이 같다는 이유로 오히려 먼저 명명된 경덕궁의 이름을 경희궁으로 바꾼 것이다. 그런데 덕수궁의 경우는 거꾸로 아버지한테 올린 존호를 궁궐의 이름으로 사용하는 것이 맞는가 하는 것이다. 백 번을 양보해도 덕수궁이 '경운궁의 별칭' 정도로는 될 수 있을지 몰라도 정식 명칭이 되는 것은 문제가 있다는 지적이다. 아마 '석파石坡'라는 아호를 가진 흥선대원군이 머물던 별장 이름을 '석파정石坡亭'이라 부르는 것과 연계해서 그 아들인 고종이 머물던 궁궐을 덕수궁이라 부르는 것도 별 무리 없다고 여기는 듯하지만, 임금도 아닌 사람의 별장 따위를 궁궐과 비교하는 것은 어느 모로 보나 격에 맞지 않는다. 게다가 덕수궁이란 명칭은 진작부터 조선 왕조를 폄하하며 '이왕가'로 부르던 일제가 궁궐마저도 이씨 개인의 것으로 비하하기 위해 고종의 존호인 덕수를 적극적으로 이용했을 가능성도 있다. 생각해보면 군이 우리까지도 그에 편승해서 어엿한 이름이 있는 경운궁을 덕수궁으로 계속 불러야 하는가에 대한 회의가 들 수밖에 없다.

경운궁은 조선 시대 궁궐 중 유일하게 '궁궐 명칭이 적힌 현판'이 존재한다. 1905년에 제작한 것으로 고종의 어필이라는 점에서 경운궁에 대한 고종의 애착을 느낄 수 있는 부분이다(국립고궁박물관에서 소장 중이다).

사택에서 궁궐로, 조선에서 대한제국으로, 500년 역사에 단 두 번의 짧은 등장이지만 그때마다 그 어떤 궁궐 못지않게 확실한 인지도를 세운 '고궁孤宮' 경운궁.

빼앗긴, 아니 잃어버렸으되 잃어버린 줄도 모른 채 잊고만 지내던 그 이름을 찾아주기 위해, 그리고 잘못 불리고 있는 이름만큼이나 잘못된 것이 또 뭐가 있는지도 알아볼 겸 덕수궁, 아니 경운궁으로 들어가 보자.

01 / 궁궐문을 교체하다, 대한문

대한문

    시청 앞 서울광장에서 길 건너편의 돌담길을 쭉 따라가다 보면 끄트머리에 옛날 기와지붕의 3칸짜리 대문 하나가 우뚝 서 있다. 다름 아닌 경운궁의 정문 '대한문大漢門'이다.

    궁궐 정문이라 하기엔 꽤 초라하고 볼품이 없어서 바로 앞 세종대로를 따라 멀리에 떨어져 있는 광화문이 오히려 더 커 보일 정도인데 궐문이 이토록 작은 데에는 나름의 이유가 있다.

경운궁은 현대인의 생활공간에 가장 근접해 있는 궁궐이다. 시청 광장이 있는 대한문 앞 도로는 월드컵 같은 국제대회가 있을 때면 거리응원으로 유명했던 곳이다. 요즘은 다양한 계층의 집회나 시위로 주말과 휴일을 가릴 것 없이 수많은 사람으로 붐비는데 100년 전의 고종 황제 장례식과 3·1운동 때 수많은 인파가 대한문 앞으로 운집했던 것으로도 사람들이 모이기 좋은 길목이라는 것은 이미 증명된 듯하다. 이와 같은 지리적 여건 덕분에 대한문이 경운궁의 정문 자리를 대신한 셈이 됐는지도 모르겠는데 여기서 '출생의 비밀'을 밝히자면, 사실 경운궁의 정문은 대한문이 아니었다.

지금껏 소개했던 조선 시대 궁궐의 정문 이름을 하나둘 떠올려보자. 경복궁은 '광화문光化門'이요, 창덕궁은 '돈화문敦化門'이며, 창경궁은 '홍화문弘化門'이고, 다음에 소개할 경희궁의 정문은 '흥화문興化門'이다. 각 정문 이름에 모두 '될 화化'자가 들어가는 것을 눈치챘다면 '경운궁은 왜 다르지?' 하는 생각에 궁금해질 만도 한데, 원래 경운궁의 정문은 '인화문仁化門'이었다.

인화문은 러시아공사관에 머물던 고종이 경운궁으로 환궁할 때 이용했던 남쪽 문으로, 예전부터 경운궁의 정문 역할을 톡톡히 하고 있었다. 그런데 경운궁의 동쪽 문이었던 대한문 앞으로 큰 길이 나면서 주변 거리가 개발되었고, 그로 인해 사람들이 붐비고 번창하면서 도심이 형성되었다. 그래서 대한문이 자연스럽게 정문 아닌 정문 역할을 하다가 중화전 건설 등 궁궐 확장공사로 담장을 늘리는 과정에서 인화문이 아예 해체돼 버린 뒤로는 대한문이 사실상 경운궁의 정문 역할을 하게 된 것이다. 이런 까닭에 다른 궁궐들의 정문에 비해 경운궁의 정문 크기가 작았던 것이다(● 그나마 대한문의 원래 위치는 지금 자리에서 30미터가량 동쪽으로 진출한 곳이었는데, 1970년대에 태평로 일대 확장공사를 하는 과정에서 지금의 자리까지 밀려나고 말았다).

그런가 하면 대한문의 이름도 원래는 대안문大安門이었던 것을 1906년에 '대한문'으로 현판을 고쳐 달면서 변경되었는데, 이름이 변경된 정확한 이유는 알려져 있지 않았다. 이와 관련해 일부에서는 사뭇 진지한 농담처럼 '대한'제국의 이름과 연관이 있는 듯 얘기한다. 하지만 고종이 1897년에 대한제국을 선포한 이후인 1899년에 대안문 현판이 걸린 데다가 '대한제국大韓帝國'과 '대한문大漢門'은 한자마저 다르니 전혀 근거 없는 이야기다.

그러면 경운궁의 원래 정문이었던 인화문은 어디에 있었을까? 지금은 그 흔적조차 찾기가 힘들다. 하지만 그동안 보아왔던 '궁궐의 건물들은 남쪽을 향한다'는 궁궐 배치 원칙에 따라 경운궁의 법전인 '중화전'과 전문인 '중화문'을 직선으로 연결했을 때 중심선이 연장되는 아래쪽 부분, 즉 지금의 '서울시의회 별관' 앞 돌담길의 중앙 부분쯤에 위치했을 것으로 추정할 뿐이고 정확한 위치는 알 수 없다.

시중에 나온 일부 책과 몇몇 자료는 대한문에서 '서울시립미술관' 방향의 돌담길을 따라가다가 길이 꺾어지는 부분에 불쑥 튀어나온 돌출 담장이 옛 인화문 자리라고 뻔뻔스러울 만큼 '당당하게' 밝히고 있다. 하지만 옛 독일공사관 영역과 연결됐던 '운교雲橋'가 있던 흔적일 뿐이고, 인화문이 있던 자리는 담장으로 감쪽같이 대체된 상태이다(⊙ 인화문의 현판은 남아있는데 이 역시 '국립고궁박물관'에서 소장하고 있다).

운교 터

참고로 경운궁에는 운교(구름다리)가 두 개나 있었다. 그중 하나는 지금의 캐나다대사관 오른쪽 언덕의 정동공원에 있는 옛 러시아공사관 위치에서 경희궁과 직접 연결했었다고 하니 경운궁의 옛 권역이 얼마나 컸었는지 대충이나마 짐작할 수 있다.

그리고 경운궁 돌담길과 관련해서 웃어야 할지 울어야 할지 모를 일화가 몇 가지 있다.

하나는 "연인이 덕수궁(경운궁) 돌담길을 걸으면 이별한다."라는 속설 아닌 속설이다. 돌담길 끝에 있는 서울시립미술관 자리가 예전에 대법원과 가정법원이 있던 곳이었는데, 가정법원에서는 아무래도 이혼 사건을 주로 처리하다 보니 말하기 좋아하는 사람들이 농담처럼 얘기하던 것이 퍼져서 회자된 것으로 보인다. 물론 가정법원에서는 실제로 이혼사건도 판결했으니 전혀 틀린 말도 아닌 듯싶다. 지금은 법원도 옮겼고, 근처에 미술관과 극장도 있고, 가끔 장터도 열리는 등 오히려 연인들의 산책과 데이트, 그리고 관광명소로 적극 활용하고 있는 모습이다.

다른 하나는 박정희 군사정부 시절에 경운궁 내부를 들여다보게 한 답시고 시청 방향의 궁궐 담장을 죄다 철거하고 대신 철책을 세운 적이 있었다. 이에 오히려 비난 여론이 거세지자 다시 담장을 세우기도 했다. 한마디로 '궁궐'의 의미도 모르는 높으신 양반(놈)들이 그저 탁상공론으로 처리한 그야말로 보여주기식 행정의 대표적인 사례라 할 수 있겠다(담장 이야기가 나온김에, 지금은 흔적도 없지만 경운궁에도 동쪽 끝과 북쪽, 그리고 서쪽에 하나씩 모두 세 개의 망루가 설치되었던 기록이 있다).

02 하마비를 발견하다, 금천교

금천교

정문 앞에서 너무 오래 머물렀는데 이제 그만 경운궁으로 입장하도록 하자. 대한문을 들어서자마자 역시나 바로 앞에 짧은 다리가 하나 나온다. 경운궁의 금천을 건너는 '금천교錦川橋'이다.

창덕궁의 금천교는 '금천교錦川橋'인데 반해 경운궁의 금천교는 자료에 따라 달라서 금할 금禁자를 쓴 '禁川橋'라는 곳이 있는가 하면, 비단 금錦자를 쓴 '錦川橋'라는 곳도 있고, 심지어 쇠 금金자를 쓴 '金川橋'

251

라는 곳도 있다. 문화재청 홈페이지에 있는 '錦川橋'가 그나마 신빙성이 있어 보이나 어찌 됐든 경운궁만의 고유 명칭이 없는 것은 아쉽다.

지금의 금천교는 길이가 10미터도 안 될 만큼 짧다. 개울마저도 대부분 복개된 상태라 예전 모습을 생각하기 힘든데, 금천교 오른쪽 50미터 정도 위치에 연못이 하나 있는 것으로 보아 아마도 이곳까지 연결되었을 것으로 추정한다(◉ 그나마 1986년에 발굴해서 정비한 것이 이 정도 모습이다).

난간에 서수 조각상이 하나도 없는 데다가 홍예 사이에 귀면상은 물론 연꽃문양 하나 없는 등 다리 자체의 세밀함마저 떨어져 다른 궁궐의 금천교에 비해 여러모로 초라해 보인다. 사실 경운궁의 금천교는 모양뿐 아니라 위치도 다소 엉뚱한 면이 있다. 원래 경운궁의 정문은 대한문이 아닌 인화문이었다는 것을 생각해보면 금천교가 지금의 위치에 있었을 리도 없고, 오히려 금천교의 꺾어진 왼쪽 물길을 따라 한참 올라가다가 중화문이 있는 뜰 앞의 중간쯤에 '진짜 금천교'가 있지 않았을까 추측되는데, 문화재청 홈페이지를 확인해보니 경운궁에는 두 개의 금천교가 존재했었다. 원래의 금천교 위치는 '중화전 정전 정4품 품계석 옆 뚫린 구멍 아래로 추정'된다고 한다. 하지만 궁궐의 정문(인화문)과 법전의 정문(중화문) 사이가 아닌 법전(중화전)과 법전의 정문(중화문) 사이에, 그것도 조정의 한복판에 금천교를 설치한다는 것은 조선의 궁궐 배치를 떠나 쉽게 이해할 수 없는 일이다.

하마비

　금천교를 요모조모 봤다면 다음 코스로 가기 전에 한 가지 더 살펴
볼 것이 있다. 바로 금천교 우측 옆에 세워져 있는 허름한 비석이다.
일부러 찾지 않으면 지나치기 쉬우니 숨은그림찾기라도 하듯 잘 살
펴야 한다. 찾았다면 한자를 한번 유심히 살펴보자. 흐릿하기는 해도
어려운 한자가 아니니 아예 못 읽을 정도는 아닌데 다음과 같이 적혀
있다. '대소인원개해마大小人員皆下馬'. 이것이 해태 관련 글에서 언급했
던 '하마비下馬碑'가 되겠다. 해태와 모양은 확연히 다르나 이것이 하마
비의 일반적인 모습이다(◐ 궁궐 중에 유일하게 경운궁에만 있으며, 종묘 앞 종
묘 광장공원에도 하나 있다).

　금천교 좌측에 있던 것을 2018년 말에 지금의 자리로 옮긴 것이다.
예전이나 지금이나 하마비 위치는 잘못된 것이다. 하마비의 의미를

살펴보자면, 하마비에 적힌 한자 중 '개皆'자는 '모두, 함께, 다 같이'를 의미하는 글자이다. '대소인원개하마'는 신분이 높은 사람이든 낮은 사람이든 가릴 것 없이 모두 말(또는 가마)에서 당장 내리라는 말이다. 제아무리 신분이 높은 고관대작이라 할지라도 하마비를 지날 때면 그 자리에서 내려 걸어와야 했다. 궁궐 안에서 말이나 가마를 탈 수 있는 사람은 임금 내외밖에 없었으므로 궁궐 안에 들어온 뒤에야 말에서 내린다는 것은 있을 수 없는 일이기에 하마비는 당연히 궁궐 밖에 설치되기 마련이었다.

그렇다면 하마비의 원래 위치는 어디일까? 지금으로서는 예를 들어 확인할만한 대상이 경복궁의 하마비, 즉 해태밖에 없다. 해태의 원래 위치가 광화문으로부터 80미터가량 떨어진 곳이라는 점을 생각해볼 때 대한문 앞에서 서울광장으로 건너는 횡단보도의 끝지점 정도가 되는 셈이다(◐ 인화문을 기준으로 하면 서울시청 별관 뒤쪽에 있는 공원의 한복판 정도가 되겠다).

궐문 밖에 있어야 할 하마비를 굳이 궁궐 안으로 옮겨 놓은 것은 하마비가 있던 자리에 도로가 생겼고, 그대로 놔두면 파손될 가능성이 크다는 판단에 하마비를 온전히 보존하기 위해 궁궐 안으로 가져다 놓았을 것이다. 다만 이런 전후 사정을 모르는 사람은 하마비가 어찌하여 이 자리에 있냐고 관계기관을 탓할지도 모르겠다. 혹여나 그럴 때를 대비해 적당한 안내문 하나 정도 설치해주는 성의가 필요하지 않았을까 하는 마음이다(◐ 답답한 것은 지금 있는 하마비가 원래부터 경운궁에 있던 것인지에 대한 공식 기록도 없다는 것이다).

03 담벼락을 철거하다, 중화전

중화전

금천교를 건너 150미터가량 곧장 직진하다 보면 오른쪽으로 행각
이나 행랑도 없이 '중화문'이라는 현판을 단 문 하나가 서 있는데, 이
문이 경운궁의 법전 '중화전中和殿 (보물 제819호)' 정문이다.

궁궐의 삼문 법칙에 따르면 경운궁의 '전문'이 되는 셈으로, 경운궁
도 창경궁처럼 정문과 전문 사이에 있어야 하는 '대문'이 없는 셈이다.
대문뿐 아니라 중화문 좌우에는 담장도 없지만 군이 격식을 지키고자

중화문으로 통과하면 저 앞에 중화전이 보이는데 법전 주위가 사방으로 뚫린 모습은 썰렁함을 느낄 만큼 생경한 풍경이라서 다소 혼란스러울 지경이다. 행각이나 행랑은커녕 담장도 없이 문만 있다니, 어이없는 노릇이다. 일제강점기 때 시작된 조선 궁궐의 공원화가 아직도 진행되고 있는 느낌에 서글픈 심정이다.

당연한 이야기지만 처음부터 행각이 없었던 것은 아니다. 고종이 러시아공사관에서 경운궁으로 환궁했을 당시는 마땅한 법전이 없었던 관계로 지금의 중화전 뒤편에 있는 '즉조당'을 승격시켜서 '태극전'이라 명명한 뒤 대한제국의 임시 법전으로 사용하다가 정식 법전의 필요성을 느껴 중층 건물로 중화전을 지으면서 주변을 둘러싼 행각도 함께 세웠었다. 그러나 1904년의 '경운궁 대화재'로 내전 일대가 모두 불타버렸는데 재건하는 과정에서 2층 규모였던 중화전이 1층 건물로 축소된 것이다. 그리고 경운궁에 머물던 고종이 승하한 뒤에는 행각 일부가 헐리기 시작하더니 급기야 일제의 '경운궁 공원화 계획'에 따라 1933년에 일반 시민들에게 개방하는 것을 계기로 남아있던 행각까지 전부 헐린 것이다. 결국 지금 남아있는 행각이라고는 중화전을 정면으로 놓고 뒤편인 동남쪽에 있는 건물뿐으로, 흡사 휴게실 같은 모양새인지라 행각의 일부였다는 생각은 전혀 들지 않는다.

대한문 관련글에서, 조선 시대 궁궐 '정문' 이름의 공통 특징에 대해 말했는데 궁궐의 '법전' 이름 역시 공통된 특징이 있다. 경복궁의 '근정전勤政殿', 창덕궁의 '인정전仁政殿', 창경궁의 '명정전明政殿', 다음에 나올 경희궁의 '숭정전崇政殿'과 같이 모든 법전의 명칭에는 '정사 정政'자가 들어간다는 것이다. 이는 '편전'에도 동일하게 적용되는데 경복궁의 '사정전思政殿', 창덕궁의 '선정전宣政殿', 창경궁의 '문정전文政殿', 그리고 경희궁의 '자정전資政殿' 등에서 확인할 수 있다.

그런데 유독 경운궁만 법전이나 편전의 이름에 '정政'자가 들어가지 않은 것이다. "원래 경운궁의 법전은 중화전이 아니라 '중정전中政殿'이었다."는 농담을 할 만한 일은 아니고, 그 이유를 알아보자면, '서구 열강들에 둘러싸인 상황에서 대한제국이 중심을 잃지 않고 독립과 평화를 유지하고자 하는 바람'을 담기 위해 '중화中和'라는 명칭을 사용한 것이다. 그리고 이미 '대한제국'을 선포한 상태였기에 더 이상 조선의 임금이 아닌 대한제국의 황제로서 권위를 강조하고자 하는 목적도 있지 않았을까 싶다(◐ 새로운 대한제국에서 굳이 옛 조선의 궁궐 명칭 체계를 따를 이유도 없는 것이다). 이는 법전의 답도나 내부 천장에 봉황 대신 장식한 두 마리의 황룡을 통해서도 짐작할 수 있는 부분이다(참고로 답도에 용조각이 새겨진 궁궐은 경운궁이 유일하다).

지금 남아있는 중화전의 행색은 초라할지언정 '대한제국의 초대 법전'이라는 의미를 높이 샀음인지 중화전은 중화문과 함께 보물로 지정되어 있다. 되도록이면 중화전 주변의 행각도 복원시켜 그 의미까지도 보호했으면 하는 마음이다.

04 정체성을 논의하다, 향로?

정 혹은 향로

중화전에서 내려오기 전에 한 가지 살펴볼 만한 것이 있다. 바로 법전 좌우의 양 끝에 하나씩 놓여있는 '청동제 기물'이다.

법전에 있는 청동제 기물이라면, 방화나 길상의 의미로 월대 가장자리에 놓인 '드므'와 '부간주'가 있는데 그것들과는 완전히 다른 형태를 지닌 데다가 월대가 아닌 법전 앞 가장자리에 놓인 이 청동제 기물의 정체를 두고 학계의 상반된 의견이 팽팽하다.

이 청동제 기물을 처음 본 곳은 경복궁의 근정전으로, 당시만 해도 당연히 향로香爐라고 생각했다. 향로치고는 규모가 엄청났지만 궁궐에 있으니만큼 남다르겠거니 여기고는 창덕궁과 창경궁에서는 볼 수 없어서 잊고 있다가 경운궁 중화전에서 다시금 이 청동제 기물을 발견하고는 반가움에 '향로처럼' 그렸다. 그러나 그 후 여기저기 자료를 접하면서 알게 된 것은 향로가 아니라는 것이다.

분명 향로처럼 생겼는데 향로가 아니라면 뭘까? 향로가 아니라는 측의 주장은 바로 '정鼎'이라는 것이다. 그러고 보니 예전에 국립중앙박물관에서 본 고대 중국의 '삼족정'과도 닮았다. '정'은 고대 중국 하나라의 우 임금이 통치하던 아홉 지역의 금속을 모아 만든 아홉 개의 솥에서 명칭이 유래됐다. 다만 정은 주로 '무언가를 삶을 때' 사용한다는 점에서 궁궐의 법전에는 어울리지 않는다. 그러고 보면 역시 향로가 맞는 것 같다. 그런데 가만 생각해 보면 향로 역시 향을 피우는 것이 주된 용도로, 규방에서 혹은 제사 지낼 때 사용하는 것이다. 반면에 정은 국가나 왕위, 제업을 이어받아 계승하는 권위의 상징으로 일종의 '보기寶器'를 뜻한다는 점에서 아무래도 정이 맞는 것 같다(◯ 천성이 고집불통이라 팔랑귀도 아니건만 이쪽저쪽으로 팔랑팔랑 흔들린다. 혹시라도 전생에 코끼리였던 것은 아닐까?).

이때, 한 손에 『조선왕조실록』을 펼쳐 든 전문가가 나타난다. 경복궁의 근정전에서 향로를 사용했다는 기록이 실록에 있다며 정이라는 주장에 일침을 놓는다. 실록을 근거로 들었으니 강력하다. 아프겠다.

읽는 내가 다 따끔하다. 전문가를 의심하는 것은 아니지만 확실히 하기 위해 실록을 찾아보니, 다음과 같은 기록이 있다.

> 예조에서 종묘에 배알한 뒤에 조하하는 의식을 다음과 같이 아뢰었다. 유사가 인정전 한가운데에 남향하여 왕좌를 배설하고, 향로 두 개를 전 앞 기둥 밖에 놓고,
>
> 『세종실록 1권, 세종 즉위년(1418년) 9월 27일』

신하들이 임금한테 하례하는 의식의 절차를 설명하는 내용이다. 위의 기록에 이어 임금이 법전에 나갈 때 큰북을 치던 의식을 진행하는 과정에서 향로의 연기가 피어오른다는 대목도 나온다.

> 북을 쳐서 삼엄을 알리면,
> 향로의 연기가 오르고 상서관이 어보를 받들고 전도하며,

법전 앞에 향로를 설치했을 뿐 아니라 향까지 피운 것이다. 이보다 명확할 수가 없다. 중화전에 있는 청동제 기물의 정체는 '향로'임이 증명된 순간이다. 실록을 좀 더 찾아보니 임금이 공신들에게 문서나 녹봉 등을 나누어 주는 의식을 할 때도 향을 피운 기록이 있는 등 경복궁, 창덕궁, 경운궁 가릴 것 없이 여기저기에서 나타난다. 정이라는 주장은 따끔을 넘어 이제는 뜨끔한 지경까지 이르렀다.

그런데 여기에 또 다른 전문가가 나타난다. 이쪽도 만만치 않다. 무려 궁궐박사급이다. 법전이 비록 사당은 아니어도 궁중 의식에 향로가 사용되었다는 점은 인정하지만, 법전에서 향로를 '사용'하는 것과 법전에 향로를 '설치'해 놓는 것은 별개의 문제란다. 그러고 보니 '향로 두 개를 전 앞 기둥 밖에 놓고'라든가, 또 다른 기록에 '향안 2개는 전 외에 설치하였다'라고 적힌 것으로 보아 원래부터 법전에 있던 것이 아니라 의식이 있을 때마다 가져다 놓았을 가능성이 있다.

그리고 향로를 사용한 장소도 중요한데 경운궁과 경복궁에 있는 청동제 기물은 법전 바로 앞에 있다. 그것도 '단단히 고정'되어 있다. 이른바 빌트인(Built-In)이다. 이동시키지 말고 가만 놔두라는 것이다. 즉, 향로일 수도 있고 정일 수도 있는 이 청동제 기물은 필요에 따라 그때그때 가져다 놓는 것이 아니라 '늘, 항상, 언제나, 변함없이' 그 자리를 지키고 있어야 하는 것이다. 그런데 수많은 목조건물들이 복도각을 통해 줄줄이 연결된 조선의 궁궐들은 하나같이 화재의 뜨거운 맛을 수도 없이 겪은 아픔이 있다. 그래서 방화를 상징하는 기물을 법전 앞 월대에 설치했는데, 월대도 아닌 법전 바로 앞에 불을 피우는 도구를 놓는다?

물론 향로는 불을 피우는 도구가 아니다. 그저 희미한 불씨가 있을 뿐인 향을 꽂는 용도로 쓰이니 이 정도를 가지고 '불이야!'하며 호들갑 떠는 것은 이만저만한 과대망상이 아닐 수 없다. 피워놓은 향이 바람에 날아가거나 부러진다 한들 화재로 연결될 가능성은 희박하거니와 다른 곳도 아닌 궁궐에서, 그것도 수많은 사람이 지켜보는 가운데에서 의식을 치르니만큼 오죽 신중하게 향을 피우겠느냐만, 그래도 세상일은 모르는 법이다. 의식을 치르던 중 바람에 불씨 하나가 잘못 튀어 전각에 옮겨붙으면 그 뒷감당은 어찌하려나? 더구나 향에 불을 붙이기 위해서는 근처에 반드시 불이 있어야 한다. 화재로부터 약간의 가능성조차 배제하기 위해서라도 향로는 법전에서 될 수 있는 한 멀리 떨어져야 한다. 즉, 분명히 법전에서 향을 피우는 의식을 했으나 이때 사용한 향로가 지금 법전 앞에 있는 청동제 기물이라는 증거는 없다는 것이다. 하긴 내가 임금이라면 향로를 설치할 때는 법전 바로 앞이 아닌 월대 한가운데의 답도가 있는 계단 쪽에서 사용했을 것 같다. 그게 상대적으로 안전해 보인다(◑ 아니라고? 그래서 임금이 못 된 거라고? 오호, 통재라. 향로인지 정인지 알 수 없는 쇳덩어리 하나 때문에 임금이 될 수 없다니 원통. 분통. 침통할 뿐이로세).

05 신문물을 장식하다, 덕홍전

덕홍전

중화전 앞에 있는 청동제 기물의 정체에 대해 나름대로 판단을 내렸다면 다음 장소로 발걸음을 옮기도록 하자. 중화전에는 주변을 둘러싸는 행각이 전혀 없기 때문에 중화전을 둘러본 뒤에는 동서남북 사방팔방 아무 곳으로나 마음 내키는 대로 발걸음을 돌릴 수 있다. 중화문을 들어설 때부터 눈길이 가던 왼쪽의 분수대 방향으로 가면 '국립현대미술관 분관'이 있고, 왼쪽 대각선 방향으로는 경운궁 최초의 서양식 건물인 '석조전'이 있다. 그리고 중화전 바로 뒤편으로는 준명당과 즉조당, 그리고 석어당이 나란히 있어 선택지가 여럿인 셈인데 가진 것이 열 개면 고민도 열 개인 법이다. 이것저것 고민 말고 방금 법전을 봤으니만큼 지금까지 궁궐을 관람하던 순서대로 편전을 보러 가는 것이 합리적일 것이다.

중화전을 정면으로 바라볼 때 오른쪽 계단을 따라 내려오면 넓게 펼쳐진 뜰 옆으로 행각이 길게 늘어선 가운데 홀로 떨어져서 외로운 전각이 하나 있다. 경운궁의 편전인 '덕홍전德弘殿'이다.

경운궁의 경우에도 창경궁처럼 편전 역할을 했던 전각이 제법 많았던 터라 덕홍전은 '제1 편전' 정도로 볼 수 있다. 예전에는 주위를 둘러싸고 있었을 행각이 모두 사라진 지금의 덕홍전 모습은 바로 옆에 있는 함녕전의 행각 모퉁이에 슬그머니 얹혀있는 듯한 초라한 모양새로, 실제로 덕홍전 일대, 아니 함녕전 일대를 위에서 내려다보면 덕홍전은 마치 함녕전의 사랑채, 아니 행랑채 정도로밖에 보이지 않는다. 이래서는 임금의 집무실이었던 편전의 위엄이 서지 않는다. 법전인 중화전도 그렇지만 덕홍전을 둘러싸던 행각은 물론 함녕전과의 연결 고리인 복도각까지도 언젠가는 복원시켜야 할 듯싶다.

덕홍전은 비록 지금의 행색은 초라해 보이나 한때는 임금이 외국 사신들과 고위 관료들을 만나 업무를 보는 접견실로서의 역할을 톡톡히 해냈던 건물이다. 그냥 보기에는 별다른 것 없어 보이지만 요모조모 뜯어보면 여러모로 특이한 점이 많다. 정면이 3칸인데 반해 측면은 4칸인 것도 특이하고 그러함에도 위에서 보면 거의 정사각형에 가까운 형태인 것도 특이하다.

1906년에 건립했다가 1911년에 개조하면서 내부를 서양식으로 꾸몄다. 천장에는 샹들리에를 달고 벽면에는 커튼을 치고 바닥에는 카펫을 깔았는가 하면, 널빤지로 만든 서양식 판문板門을 이용해 정면과 양쪽에 여닫이문을 설치한 것도 특이한 점이다.

덕홍전은 경운궁에 있는 건물 중 가장 늦게 건축된 것으로, 원래는 이 자리에 '경효전'이 있었다. 경효전은 명성황후의 빈전과 혼전으로 사용하였는데, 1904년의 경운궁 대화재 이후 지금의 중명전이 있는 선원전 영역으로 이전하면서 그 자리에 덕홍전이 세워졌다.

06 중궁전을 생략하다, 함녕전

함녕전

덕홍전 바로 옆으로 길게 늘어선 행각의 중심에 있는 건물이 바로 경운궁의 유일한 침전인 '함녕전咸寧殿'이다.

궁궐에는 임금의 침전인 대전과 왕비의 침전인 중궁전이 별개로 존 재했는데, 함녕전을 '유일한 침전'이라 한 것은 경운궁에는 중궁전이 없기 때문이다. 중궁전이 없으면 왕비는 어디에서 생활하는지 의아할 수 있겠으나, 왕비가 없으면 의아할 것도 없다.

왕비가 없다? 을미사변으로 명성황후를 잃은 고종은 생명의 위협을 느끼고 아관파천을 단행했다(◎ 임금이 도성을 떠나 다른 곳으로 피란하던 일을 '파천播遷'이라 하고, '아관俄館'은 러시아공사관의 줄임말이다). 부인을 잃었다는 슬픔과 부인이 살해당했다는 분노, 그리고 부인을 지키지 못했다는 수치심마저 들었을지 모르는 고종의 입장에서는 복수를 하기는커녕 자신의 목숨마저 어찌 될지 모른다는 불안감에 다른 곳으로 피신해야 했으니 심정이 어떠했으랴. 그런 상황에서 새 왕비를 맞이하기란 결코 쉽지 않은 일이었다. 그래서 러시아공사관에서 경운궁으로 환궁할 때 새로운 국가인 대한제국의 건설을 준비하고 새로운 건물들의 설계를 지시하면서도 중궁전의 필요성만큼은 느끼지 못해 침전 하나만 만든 것이다(◎ 고종의 순애보에 찬물을 끼얹은 것 같아 송구스러운데 왕비가 없다고 해서 후궁마저 없었던 것은 아니다).

1897년에 건립된 함녕전은 1904년 '경운궁 대화재'의 발화점이 된 장소이다.

경운궁 대화재는 함녕전의 온돌방을 수리하던 중, 구들 공사를 마치고 점검을 위해 시험 삼아 피운 불이 순식간에 주변 행각으로 옮겨 붙으면서 계속 번지고 번지고 또 번져서 결국은 경운궁 안에 있는 거의 모든 전각을 태워버린 사건이다. 당시에 불이 번지게 된 명확한 원인이 밝혀지지 않은 상태에서 온돌방 수리와 관련한 책임자들을 교수형에 처하거나 종신형, 또는 태형을 가하는 것으로 사건이 마무리되었다. 의심스러운 것은 화재가 발생한 당일에 경운궁 밖에 일본 군인들이 대기하고 있었다는 것이다. 발생하지도 않은 불을 끄기 위해 일본군이 출동하지는 않았을 터, 당시 분위기로 보아 뭔가 음모가 있었을 것 같은 느낌적 느낌? 그런 느낌이 강하게 드는 상황이다. 이미 다른 나라의 왕비를 도륙하듯이 살해한 전력이 있는 그들이기에 그 대상이 임금이라고 해서 그다지 망설였을 것 같지는 않다(◑ 이것과 관련해 1917년에 발생한 창덕궁 대화재 역시 뭔가 음모스럽다는 '합리적인 의심'이 들 수밖에 없다).

함녕전은 대화재가 발생한 해에 바로 재건하였으며, 대화재 이후에도 경운궁에서 머물던 고종은 1919년 1월 21일 결국 이곳 함녕전에서 승하했다. 고종의 죽음과 관련해 독살설이 제기되었는데 이는 3·1운동이 일어나는 결정적인 원인을 제공하기도 했다.

2019년은 종로 탑골공원에서 독립선언서를 낭독하고 자주독립을 선언했던 3·1운동이 일어난 지 100주년이 되는 해이다. 독립선언서에 서명하고 종로구 태화관에서 독립선언식을 가졌던 민족대표 33인 중에 변절한 친일파가 있다느니, 술판을 벌이고 자수했다느니 하는 논란이 있지만 일제의 총칼 앞에서도 굴하지 않은 채 목숨 걸고 만세 삼창을 외쳤던 우리 민족의 독립정신만큼은 예나 지금이나 변함이 없다. 전국으로 퍼져나갔던 용맹했던 민족정신을 다시금 되새겨볼 때가 아닌가 싶다.

07 가배향을 음미하다, 정관헌

정관헌

덕홍전과 함녕전을 둘러본 뒤 바로 뒤편의 계단을 따라 오르면 궁궐의 기존 건물과는 상당히 이국적인 모습을 한 건물이 나오는데, 이것이 바로 서양식 정자라 할 수 있는 '정관헌靜觀軒'이다.

이국적이기는 해도 어딘가 낯익은 느낌이 든다. 그러면서도 동시에 어딘지 낯선 느낌이 드는 까닭은 지붕만 팔작지붕 형식을 취하고 있

을 뿐 건물 자체는 서양식 차양과 난간으로 꾸며져 있는가 하면, 난간
에는 소나무, 당초, 박쥐를 비롯한 우리의 전통 문양이 조각된 동서양
의 양식을 혼합하고 있기 때문이다.

1900년경 건립된 것으로 추정하는 정관헌은 경운궁 안의 서양식
건물 건축을 담당했던 러시아 건축가 '아파나시 이바노비치 세레딘-
사바틴'의 작품이다. 사바틴은 경복궁 건청궁에서 명성황후가 살해당
하는 장면을 직접 목격하고 외부에 알린 서양인으로도 알려져 있다.

이름은 있되 현판이 없는 정관헌은 건물의 정체성과 마찬가지로 명
확한 용도가 따로 없이 사용됐다. 어진을 보관하는 진전으로 사용되
기도 했고, 외교관을 접대하는 접견실로 사용하였는가 하면, 고종이
아들인 순종과 '가배咖啡'를 마시며 음악을 듣는 휴게실로도 사용하였
다. 가배는 커피의 음역어(한자음을 가지고 외국어의 음을 나타낸 말)이며, 이
외에도 색이 검고 맛이 쓴 것이 탕약과 비슷하다 하여 서양에서 들어
온 탕약이라는 의미로 '양탕국'이라 부르기도 했다.

정관헌에서 마시는 가배 한 잔이, 일제를 비롯한 서구 열강에 둘러
싸여 하루하루가 위태롭고 혼란스러웠던 당시 시대 상황에서 나라와
백성을 책임져야 하는 임금의 공적 신분을 잠시나마 내려놓고 개인으
로서 망중한을 느낄 수 있는, 어쩌면 유일하게 자유로움을 만끽하게
해 준 사치품이었을지도 모른다는 생각을 해보니 고종이 느꼈을 가배
맛은 한층 더 달곰쌉쌀하지 않았을까.

고종의 가배 사랑은 유명했는데 자칫 위험한 순간을 초래할 뻔했었다. 뇌물수수 혐의로 유배를 떠나게 된 역관 김홍륙이란 자가 고종에게 앙심을 품고는 지인을 시켜 가배에 아편 성분을 탔는데, 이를 알 리 없던 고종은 평상시와는 뭔가 다른 냄새와 맛에 이상한 점을 느끼고 한 모금 마시자마자 그 즉시 뱉어버려 화를 면했다. 하지만 함께 있던 순종은 맛의 차이를 못 느낀 채 가배를 거의 다 마셔버리고 만 것이다. 이 사건으로 순종은 다행히 목숨은 건졌으나 대신 치아를 상당수 잃게 되었다고 한다. 마치 소설에서나 나올법한 일화 같은 이야기로, 고종으로서는 가배 맛을 알았기에 위험에 처했으나, 가배 맛을 알았기에 위험에서 벗어날 수도 있었던 사건이 아닐 수 없다.

오늘날의 정관헌에서는 가배 서비스가 안 되지만, 상상의 가배 한 잔 음미하듯 천천히 둘러보는 것으로 정관헌 관람을 마친다(◐ 정관헌은 준비된 슬리퍼로 갈아 신으면 실내를 관람할 수가 있다. 이곳 외에도 경운궁은 슬리퍼를 신고 내부를 둘러 볼 수 있는 곳이 여러 군데 있으니 되도록 신고 벗기 편안한 신발 차림을 권장한다).

08 백골집을 교훈삼다, 석어당

유현문

가배 향을 상상하며 정관헌을 둘러본 뒤 바로 옆의 창신문으로 나와서 좌측으로 조금 걷다 보면 담장을 따라 세 개의 문이 줄줄이 나타나는데 그 중 첫 번째 문이 '유현문惟賢門'이다.

덕홍전 서쪽 담장의 네 개의 문 중에서 유일하게 입구 상단 부분이 홍예문 형식으로 되어 있어 단연 돋보인다. 전서체로 한껏 멋을 낸 현판과 양쪽에 새겨진 봉황 문양, 그리고 아치 형태로 촘촘하게 쌓아 올린 전돌 등 세심하게 공들인 흔적이 역력하기에 일부러라도 내려가서 문을 통과했다가 다시 나오는 수고를 기꺼이 감수할 만하다(◉ 유현문 뒤쪽에는 봉황 대신 용 문양이 새겨져 있다).

유현문 아래에는 용덕문이 있고 대각선으로 마주 보는 담장 끝부분에는 석류문이 있는데 기왕 내려간 김에 문마다 한 번씩 통과해보는 것도 재미있다. 멀찌감치 떨어져 감상하는 것도 좋지만 가까이에서 보면 더욱 좋기 마련이다. 궁궐의 전각 내부에 들어갈 수 있는 곳은 다 들어가 봐야 남는 것이라고 했듯이, 문도 마찬가지다. 들어가 보고 싶어도 닫혀 있는 문이 많기 때문에 열린 문이라면 일단 들어가 보는 것이 남는 것이다. 문을 개방한 데에는 다 이유가 있기 때문이다.

이렇듯 정관헌에서 덕홍전에 이르는 담장 및 출입문 4종 세트를 감상하고 나면 바로 오른쪽으로 전각이 하나 보이는데, 특이하게도 단청이 없다. 뒷면만 단청이 없나 싶어 앞으로 돌아가 봐도, 한 바퀴 빙 둘러봐도, 눈 부신 햇살 때문에 쓰고 있던 선글라스를 벗고 봐도, 이리로 보나 저리로 보나 무결점 무보정, 아니 무단청 무채색 건물로 소위 '백골집'이다.

창경궁의 낙선재에 이어 궁궐에서 만나는 두 번째 무단청 건물로, 후원의 연경당까지 포함하면 세 번째가 되겠다. 궁궐은 담장조차 가지가지 무늬나 여러 가지 빛깔로 채색을 해서 최대한으로 화려한 자태를 뽐내기 마련이다. 그런데 단청을 전혀 입히지 않아서 처음에는 어딘가 칙칙할 정도로 밋밋해 보이지만, 보면 볼수록 참으로 수수한, 어쩌면 그래서 더욱 빛나 보이는데, 바로 '석어당昔御堂'이다.

석어당 후면

석어당은 임진왜란 때 의주까지 피난 갔던 선조가 한양으로 돌아왔으나 궁궐이 모두 불타버려 마땅히 갈 곳이 없었지자 이에 당시 월산대군의 저택(지금의 경운궁)으로 이어 하면서 임시로 거처를 정한 곳이다. 어찌 보면 경운궁의 모태가 된 장소라고 할 수 있다. 석어당이란 이름도 '옛날 임금', 즉, 선조가 머물던 집이란 의미이다.

일반 저택이었던 곳이 임금이 머무는 행궁이 되면서 그에 걸맞은 다양한 부속 건물이 세워졌다. 더불어 화려한 단청도 입혔는데, 그 과정에서 유독 석어당만 단청을 입히지 않은 이유는 임진왜란의 고통과 교훈을 잊지 않겠다는 반성과 각오에서 비롯되었다. 실제로, 후대의 임금들은 이곳에서 선조를 추모하며 임진왜란을 상기했다고 한다. 하지만 이로부터 30년도 채 되지 않아 정묘호란(1627년)과 병자호란(1636년)이 발발했으니 두 차례의 호란을 모두 겪어야 했던 인조의 입장은 참으로 난처했을 듯하다. 소 잃고 외양간 고친 격이 아니라, 외양간을 고치고도 또다시 소를 잃은 격이라고나 할까. 선조가 머물 당시에는 낮에는 편전으로, 밤에는 침전으로도 사용하였는데 매일매일 잠들 때마다 와신상담의 자세로 지냈다면 이후의 호란은 물론이고 나아가 일제의 식민지가 되는 수모를 겪을 일도 없지 않았을까 하는 부질없는 생각을 뒤늦게나마 해본다(선조는 이곳에서 승하한 것으로 '추정'하고 있다).

석어당은 또 다른 역사적 현장이기도 하다. 광해군에게 쫓겨나 경운궁에 유폐된 '인목대비'가 갇혀 지내다시피 하던 곳이다. 인조반정 이후 경운궁으로 끌려온 광해군을 뜰 앞에 무릎 꿇리고 인목대비가 친히 문초한 곳이다(◉ 문초한 장소가 즉조당 앞뜰이라는 주장도 있다).

이토록 유서 깊은 장소였던 이곳 역시 1904년의 경운궁 대화재 때 소실되면서 수백 년을 이어 온 역사성도 같이 재가 되어 사라진듯해 안타까울 따름이다. 지금은 그로부터도 어느새 100년이 훌쩍 넘었다는 점에서 희미해진 역사성을 어느 정도는 되찾을 수 있으리라 본다.

2층 규모의 전각에 걸맞게 현판도 층마다 하나씩 2개나 있는데 그중 1층의 현판은 고종이 직접 쓴 어필로, 경운궁 대화재로 소실된 석어당을 중건한 이후에 쓴 것이다.

09 / 계급장을 주고받다, 즉조당

즉조당

석어당 왼쪽으로는 비슷하게 생긴 두 채의 건물이 어깨를 나란히 하고 있는데, 그중 오른쪽에 있는 건물이 '즉조당卽阼堂'이다.

즉조당은 반정에 성공한 인조가 인목대비의 승인을 얻은 뒤 광해군이 지니고 있던 옥새를 전해 받고 즉위한 곳이다. 훗날 영조가 경운궁을 찾았다가 인조의 즉위를 기념하고자 '계해 즉조당'이란 현판을 달게 하면서 비로소 지금과 같은 이름이 붙여졌다.

인조 이전에 광해군도 이곳에서 즉위했는데 자신이 즉위한 바로 그 장소에서 반란을 일으킨 무리한테 옥새와 함께 임금의 자리도 넘겨야 했던 광해군의 심정이 어떠했을지 평민 출신의 백성으로서는 가히 짐작조차도 어렵다. 광해군도 이곳에서 즉위했다고 했는데, 광해군 즉위 당시에는 아직 '경운궁'이란 이름이 붙기 전이었던 까닭에 광해군과 인조 모두 같은 곳에서 즉위했지만 광해군이 즉위한 곳은 '정릉동 행궁'이 되고, 인조가 즉위한 곳은 '경운궁'이 되는 것이다.

여기서 잠깐 건물의 명칭에 관해 이야기할까 한다. 조선 시대에는 사람만 신분에 서열이 있는 것이 아니라 건물에도 신분 서열이 있어서 그 이름만으로도 해당 건물의 지위를 알 수가 있었다. 대략 8등급 정도로 나뉘어 있다. 지금까지 소개된 전각 및 건물들은 모두 ○○전이나 ○○당, 또는 ○○각 등으로 끝난다. 건물 이름 끝에 쓰이는 명칭은 조선 시대 건물의 지위를 나타내는 것으로 전 → 당 → 합 → 각 → 재 → 헌 → 루 → 정의 순서로 서열이 정리된다. 가령 임금과 왕비가 지내는 곳에만 ○○전이라는 이름을 붙일 수 있다. 임금과 왕비의 거처를 제외하고는 그 누구도 함부로 ○○전을 쓸 수 없는 것이다 (◑ 순간적으로 사찰의 '대웅전'을 떠올린 사람이 있다면 불심이 그대와 함께하기를 나무아미타불).

얘기 꺼낸 김에 궁궐 건물의 서열을 대략 살펴보면 다음과 같다.
'전殿'은 가장 격식이 높은 건물로, 규모와 장식 면에서 으뜸이 되며 국가적 공식 행사가 이루어진다.

'당堂'은 규모와 장식이 '전'과 비교한 수준으로, 여러 부속 건물의 중심 건물을 일컫기도 한다.

'합閤'은 '전'이나 '당'의 부속 건물로 주로 사용하며, 사적 용도로 사용하다 보니 규모는 다소 떨어진다.

'각閣'은 '합'과 마찬가지 용도로 사용되는데, 역시 규모도 떨어지고 주로 중층 건물에 붙여진다.

'재齋'는 주로 왕실 가족이 사용하는 개인적 용도의 건물로, 숙식이나 독서, 사색의 공간으로 사용한다.

'헌軒'은 왕실 가족의 공무적 기능을 수행하는 건물로, 일반적으로는 마루가 딸린 형태로 되어있다.

'루樓'는 바닥이 지면에서 떨어져서 사방이 개방된 다락 형식의 공공건물에 사용되었다.

'정亭'은 '루'와 비슷한 개념의 휴식 및 작은 규모의 연회 장소로, 일반적으로 '정자'를 의미한다.

지나온 궁궐의 전각들을 잠시 돌아보면, 창덕궁 성정각의 누각에는 두 개의 현판이 붙어있다고 했는데 각각 '보춘정報春亭'과 '희우루喜雨樓'였음을 생각해 볼 때, '긴 겨울 끝에 봄이 온 것報春'보다 '긴 가뭄 끝에 단비가 내리는 것喜雨'을 더 반갑게, 그리고 더 가치 있게 여긴 것으로 보인다.

그리고 창덕궁 후원에 있는 '기오헌寄傲軒'의 경우에는 '의두합倚斗閤'

과 '이안재易安齋'로도 불렸다고 했는데, 기오헌으로 시작해서 이안재를 거쳐 의두합으로 점차 승격한 것이 아닐까 추정한다.

이와 같은 이유로 법전이나 편전, 대전, 중궁전 그리고 선왕의 부인이 지내는 대비전의 이름에는 ○○전이나 ○○당이 붙게 된다. 정조가 승하한 곳으로 평소에 독서실 겸 집무실처럼 이용하며 자주 머물렀던 창경궁 내전에 있는 건물의 이름이 겨우 '영춘헌迎春軒'에 머물렀음을 생각해보면 정조의 검약 정신은 비단 물질에만 해당하는 것이 아니었음을 알 수 있다.

뜬금없이 건물의 명칭에 대한 얘기를 꺼낸 것은 다름 아니라 즉조당의 이름과 관련된 사연 때문이다. 즉조당의 경우, 이름으로는 건물 서열에서 두 번째가 되는 셈인데 한때나마 서열 1위에 등극한 적이 있었으니 바로 고종 때이다. 누차 이야기했듯 경운궁은 처음부터 궁궐로 지어진 건물이 아니었기에 궁궐에 걸맞은 부속 시설을 지었다고 해도 각 건물의 용도가 그때그때 상황에 따라 변경되곤 했다. 선조가 월산대군의 사택에 거처를 마련했을 때만 해도 즉조당은 편전의 기능을 했었다. 그 후 고종이 러시아공사관에서 경운궁으로 환궁하면서 새로 법전을 짓는 동안 즉조당을 임시 법전으로 사용했다. 그런데 아무래도 궁궐 최고기관인 법전 이름이 '○○전'이 아닌 '○○당'이면 궁궐의 권위마저 떨어질 수 있는 관계로 즉조당의 격을 한 단계 올려주는 동시에 이름까지도 태극으로 변경해 '태극전太極殿'이 된 것이다.

즉조당은 태극전이 된 지 반년도 못 되어 '중화전中和殿'으로 한 번 더 명칭이 변경되며 잘 나가는가 싶었으나 '진짜' 법전인 중화전이 완공된 뒤에는 다시 즉조당으로 원상 복귀되는 우여곡절을 겪게 된다. 이와 관련한 '즉조당 명칭변경 우여곡절 연대기'를 짧게 소개하면 다음과 같다.

> 조령을 내리기를, "즉조당의 편액을 '태극전'이라고 새겨 걸도록 역소에 분부하라."하였다.
>
> 『고종실록 36권, 고종 34년(1897년) 10월 7일』

> 조령을 내리기를, "태극전을 중화전으로 개호하라."하였다.
>
> 『고종실록 37권, 고종 35년(1898년) 2월 13일』

> 조령을 내리기를, "이제 법전을 지으면 전호를 중화전이라 하고, 이전 중화전은 도로 즉조당이라 부르라."하였다.
>
> 『고종실록 42권, 고종 39년(1902년) 5월 12일』

도로즉조당, 아니 즉조당에 대한 얘기가 길어지고 있는데 길어진 김에 한 가지 덧붙일 것이 있다.

그다지 중요한 것은 아니지만 굳이 한마디 하자면, 즉조당이란 명칭의 유래가 경운궁에서 인조가 왕위에 오른 것을 기념해 영조가 지어준 것이라는 점 때문이다. '왕위에 오른다'는 뜻의 '즉위卽位'와 같은 의미로 쓰이는 '卽祚(즉조)'를 사용해서 '卽祚堂(즉조당)'이라고 표기하는 경우가 종종 있는데(〇 심지어 문화재청 홈페이지와 조선왕조실록 홈페이지도 마찬가지다), 영조가 직접 써서 새기도록 명한 글자는 '계해 즉조당癸亥 卽阼堂'으로 '卽祚'가 아닌 '卽阼'이다.

'祚(복 조)'자와 '阼(동쪽계단 조)'자 두 글자 모두 '임금의 자리'를 의미하지만 되도록 정확한 글자를 사용하는 것이 더욱 의미가 있을 것이다. 무엇보다도 즉조당에 걸려있는 현판이 '즉조당卽阼堂'으로 되어있으니 이에 맞는 한자를 쓰는 것이 당연한 일 아닌가 싶다. 어쩌면 한자 '阼(조)'자가 컴퓨터에서 기본적으로 지원하는 한자가 아니라는 점도 한몫했을 것으로 보이는데, 그렇다고 해서 전혀 쓸 수 없는 한자도 아니니 기왕이면 맞게 쓰도록 해야겠다.

역사가 깊은 즉조당 역시 화마는 피할 수 없었으니 1904년 경운궁 대화재로 소실된 것을 1906년에 중건한 것이 지금의 건물이다. 석어당과 같은 시기에 쓰인 고종의 어필이 즉조당의 현판에도 남아있다. 화재 이후 재건된 경운궁의 수많은 건물 중에서 유독 즉조당과 석어당에만 고종의 어필 현판이 있다는 것으로 보아 두 건물에 대한 고종의 애정이 남다르지 않았나 추측해 본다.

10 / 유치원을 개설하다, 준명당

준명당

즉조당 왼쪽으로는 운각(다락형식의 복도)으로 연결된 건물이 하나 있는데, 이것이 '준명당浚明堂'이다.

즉조당 관련 글에서 '석어당 왼쪽으로는 비슷하게 생긴 두 채의 건물이 어깨를 나란히 하고 있다'고 했다. 사실 이 정도면 비슷한 정도가 아니라 똑같다고 봐도 무방하다. 경복궁에서 시작해 창덕궁과 창경궁을 관람하며 살펴본 무수히 많은 궁궐의 건물은 얼핏 흡사해 보여도 가만히 보면 제각각의 특징이 있기 마련인데 주요 전각 두 개의 모습이 이토록이나 흡사한 경우는 전혀 없었다. 이는 뒤에서 살펴볼 경희궁의 경우를 포함해도 마찬가지가 되겠다.

유심히 살펴봐도 즉조당은 정면 7칸이고, 준명당은 정면 6칸의 차이가 있을 뿐이다. 준명당은 뒤쪽으로 한 채가 더 붙어 있지만 운각에 가려서 정면에서는 보이지 않는 까닭에 앞에서 본 모습만 가지고는 쌍둥이 전각이라 불릴만하다. 이렇듯 준명당은 즉조당과 지나치게 닮은 외형 때문에 비슷한 시기에 지어진 건물로 자칫 오해받을 수 있다. 즉조당은 인목대비가 경운궁으로 쫓겨난 1615년 이전에 세워져 그야말로 유구한 역사와 전통이 있는 건물이지만, 준명당은 고종이 러시아공사관에서 환궁했을 때인 1897년에 지어진 전각이다(◐ 아쉽게도 1904년의 경운궁 대화재로 수백 년의 역사와 전통이 한 번에 소멸한 뒤에 다시 지어졌기에 지금은 시기적으로 동률인 상태가 되겠다).

이렇듯 지어진 시기가 다름에도 모습이 비슷한 것은, 일반 가옥을 궁궐로 개조하려다보니 새로 건립할 건물들은 많은데 시간은 충분치가 않았던 탓에 '한 채 정도는 쉽게 가도 되지 않을까?'하는 생각에 바로 옆 즉조당을 그대로 모방한 것이 아닐까?하는 멋대로 추측을 해본다(◐ 두 건물이 닮은 이유는 물론 일반적인 복도각이 아닌 운각으로 연결된 이유조차 알 도리가 없다).

준명당은 함녕전이 지어지기 전까지 침전으로 사용하다가, 외국 사신을 접견하는 편전으로도 사용하였으며, 61세의 늦은 나이에 얻은 고명딸을 끔찍이 아낀 고종이 덕혜옹주의 교육을 위한 유치원으로도 사용하는 등 그 쓰임새가 참으로 다양했음을 알 수 있다(◎ 계단 위에 파여 있는 홈 자국에서 당시에 난간도 만들었음을 확인할 수 있다).

준명당은 즉조당과 외관만 흡사한 것이 아니라 이름에 사용한 한자의 특이함도 흡사하다. 일단 현판을 눈여겨보면 준명당의 '명'자가 우리가 흔히 사용하는 '明'이 아닌 '眀'이라는 것을 확인할 수 있다. '明'과 '眀'이 비록 한자로는 다르지만 같은 음에 그 의미도 '밝을 명明'자와 '밝게 보는 명眀'자로 비슷해서인지 많은 자료에서 그냥 '浚明堂'으로 표기하고 있다. 심지어 '明이 아닌 眀이라고 표기해야 한다'라고 지적하는 책에서조차 '明'으로 표기한 경우가 있는 것을 보면, 몰라서도 틀리고, 알면서도 틀리고, 어쩌면 귀찮아서 일부러도 틀리는 등 많이들 혼동하고 있는 듯하다(◎ '眀'자가 컴퓨터에서 기본적으로 지원되는 한자가 아니라는 점 역시 앞의 경우와 같다).

이에 대해, 의궤나 실록과 같은 '문서'에는 일반적으로 사용하는 '明'을 사용하되, 현판 같은 입체적인 '조형물'의 경우는 균형감 있고 아름답게 보이도록 일부러 '眀'을 사용한 것으로 보인다는 의견도 있다. 뭐 그럴듯하기는 해도 기왕이면 현판에 적혀있는 것과 같이 '眀'으로 표기하는 것이 합당하다고 보인다.

경운궁에는 외관뿐 아니라 한글 이름이 비슷한 건물도 있는데, 실록에 '준명전'이 등장하는 것과 관련해서 준명당이 준명전으로 승격되어 사용된 것이라는 자료도 있을 정도이다. 하지만 준명전의 한자는 '濬明殿'으로 준명당浚明堂과는 전혀 다른 건물이 되겠다. 준명전 뿐 아니라 경운궁에는 '중명전'도 있었음을 생각해보면 준명당과 준명전과 중명전 때문에 당시 사람들도 종종 혼동을 일으켰을 것으로 보인다.

11 / 서양식을 수용하다, 석조전

석조전

즉조당에 이어 준명당까지 관람했다면 이제 좀 색다른 건물을 살펴
볼 차례이다. 준명당 좌측으로 거대한 석조건물이 하나 보일 것이다.
경운궁을 대표하는 서양식 건물인 '석조전石造殿'이다.

석조전은 중화문을 들어서는 순간, 정면의 중화전과 함께 좌측으로
눈에 띄는 건물이다. 창경궁 대온실 못지않은 화려함을 자랑하는 데

다가 일단 멋스럽다. 지금껏 보던 궁궐의 전각에 비해 단연코 특이하다. 하지만 거기까지. 그게 전부다. 처음엔 신기해서 보게 되지만 보면 볼수록 우리 궁궐과는 어울리지 않는 건축물이라는 느낌이다. 여기에 또 다른 서양식 건물인 석조전 서관과 분수대까지 한몫 거들며 사정없이 튀는 것이 오히려 '유럽 어딘가에 우리 궁궐을 전시해 놓았구나'하는 느낌마저 드는 것이다. 우리 궁궐에는 이래저래 안 어울리는 건축물이다(◐ 게다가 규모도 엄청나서 한 덩치 한다고 소문난 창덕궁 희정당의 두 배 크기일 뿐 아니라, 창경궁의 대온실, 심지어 경복궁의 경회루보다도 크다).

그러함에도 불구하고 석조전이 일제강점기에 지어진 여느 서양식 건물과 '한 가지' 다른 점은 조선의, 아니 대한제국의 자주적 근대화를 꿈꾼 고종의 의지가 고스란히 드러난 건축물이라는 점이다. 옛 나라 조선이 아니라 새 나라 대한제국의 근대화를 위해서라면 서양의 문물이라도 기꺼이 받아들이고 수용하겠다는 개방과 개혁, 그리고 개척 정신까지도 드러내는 상징물로서의 가치가 있다.

다만 아이러니한 것은 석조전을 설계했을 당시만 해도 고종이 생각한 석조전의 용도는 대한제국 황궁의 정식 법전으로서, 외국의 귀빈을 만나거나 집무를 보는 편전 기능까지도 겸한 공간이었다. 그러나 10여 년의 공사 기간을 거쳐 건물이 완공된 시점인 1910년에 대한제국이 일제에 강제 합병당하는 바람에 고종의 석조전 활용 계획은 산산이 무산됐을 뿐 아니라 분명 우리의 의지로 건설했음에도 일제 강점기에 완공되는 바람에 마치 일제가 만든 것처럼 오인될 소지마저 남기고 말았다(◐ 석조전은 영국인 건축가 하딩 J. R. Harding의 설계로 1900

년에 착공되었으며, 공사 과정에 영국인이나 미국인 뿐 아니라 일본인이 주요 관계
자로 참여하기도 했다).

정관헌과 준명당에 이어 석조전도 주된 용도는 접견실이었다. 천지
사방으로 러시아, 독일, 프랑스 등 외국공사관에 둘러싸인 채 그들로
부터 '호의적인 압박'을 받는 와중에도 대한제국의 자주성을 알리고
자 동분서주하며 애썼을 고종의 모습을 떠올려 보면 그 모든 노력이
허사로 돌아갔다는 점이 안쓰럽다.

석조전은 내부를 관람할 수 있는데, 인터넷을 통한 예약이 필수이
다(◉ 현장 예약도 있지만 65세 이상의 어르신과 외국인만 가능한 데다 회당 선착
순 5명 제한인 관계로 사전에 예약해야 한다. 별도 입장료 없이 경운궁 입장료만으
로 관람할 수 있다). 석조전은 정면의 계단을 끝까지 올라간 곳이 1층이
며, 위아래로 각각 2층과 지하층, 모두 3개의 층으로 구성되어 있다.

석조전의 내부 관람은 슬리퍼로 갈아 신고 입장하는 것부터 출발한
다. 입장했다고 해서 마음껏 돌아다닐 수는 없으며 창덕궁 후원과 마
찬가지로 반드시 해설사와 동행해야 한다는 점이 불편할 수 있지만
해설을 듣는 재미가 있으니 이 정도는 감수해야 할 듯하다.

1층 입구로 들어서면 중앙 홀이 관람객을 맞이하는데, 황실의 공식
업무공간이다. 정면으로는 접견실, 우측으로는 귀빈 대기실, 좌측으
로는 대식당, 그리고 접견실과 대식당 사이에 작은 식당이 하나 더 있
는 구조이며, 안쪽으로 '석조전의 건립'부터 '대한제국의 선포', '대한

제국 황제 폐현 절차', 그리고 '대한제국의 외교'와 관련한 내용의 전시실이 마련돼 있다.

황실 테이블

내부 모습은 석조전의 겉모습에서 연상될만한 화려함으로 장식되어 있는데, 테이블과 의자, 커튼, 유리, 거울, 그리고 난간까지, 영화에서 볼 법한 '장식용' 화려함이 실물로 전시돼 있다. 가히 황실에 어울리는 소위 '황제급' 가구들이 진열돼 있는데, 지금껏 보아왔던 조선의 궁궐에서 맞이하리라고는 전혀 예상치 못한 광경이기에 어색하고 낯설다. 겉모습을 보며 느꼈던 우리 궁궐과는 맞지 않는다는 느낌이 더 강렬하게 드는데, 어차피 석조전은 조선이 아닌 대한제국의 건물이기에 잘못된 일은 아닐 것이다.

황실 침대

1층을 구석구석 한 바퀴 둘러본 뒤에는 계단을 통해 2층으로 올라 간다. 2층은 황실 가족의 사적인 공간이다. 안쪽으로는 황제의 침실 과 서재, 그리고 황후의 침실과 거실 등으로 꾸며져 있으며 바깥쪽으 로는 '대한제국 황실 가계' 및 '명성황후와 순헌황귀비', '고종의 강제 퇴위', 그리고 '영친왕과 영친 왕비'와 관련된 내용이 전시되어 있다. 2 층에서 보면 1층의 중앙 홀이 천장까지 뚫린 구조로 되어 있는데, 그 주위를 난간이 두르고 있으며 난간의 안쪽 벽에 걸린 액자 속 사진들 은 하나같이 석조전의 옛 모습을 추억하고 있어 왠지 모를 씁쓸함만 을 고조시키고 있다.

그리고 석조전 지하(◐ 실제로는 1층에 있다)는 전시실로 사용하고 있는데 석조전 예약하는 것을 깜박하고 경운궁에 갔다고 해서 석조전 외관만 보고 돌아오면 안 된다. 지하층은 예약 없이 상시 개방하고 있는 데다가 의외로 잘 꾸며져 있기 때문에 반드시 둘러보아야 한다. 지하층은 관리사무실이 절반가량을 차지하고 있지만 얼마 안 되는 나머지 공간에 '경운궁 주변의 풍경'을 비롯한 '고종의 근대적 개혁'과 '대한제국의 신문물', 그리고 '석조전 복원기' 등에 관한 다양한 자료와 당시 모습을 복원해 놓은 미니어처 등 아기자기한 볼거리들이 제법 있다. 또한 옛 여권 양식에 스탬프를 찍어 기념품으로 소장할 수 있는 챙길 거리도 있으니 경운궁을 관람하러 갔다면 석조전 지하층도 빠뜨리지 말고 관람해 볼 만하다. 물론 석조전 1, 2층까지 관람하면 더욱 좋다.

한 가지 유감인 것은, 실제로 보면 더욱 거대한데다가 더더욱 튀는 이 건물의 이름이 겨우 '돌로 만든 건축물'을 나타내는 '石造殿'이라는 것인데, 그럼 나무로 만든 다른 전각은 몽땅 목조전으로 불러야 된다는 것인가? 대체 누가 이런 볼품없는 이름을 지어준 것인지 참으로 의아하다. 석조전이 지니고 있는 의미나 가치, 역사성 등을 생각해보면 좀 더 그럴싸한 명칭을 지어줬어야 하는데 너무 성의 없고 가벼운 이름이다(◎ 현재 석조전의 공식 명칭은 '석조전 대한제국역사관'이다).

그러고 보면, 겨우 '푸른 기와 집'이라는 의미의 '청와대靑瓦臺' 역시 국가를 대표하는 최상급 정부기관의 정식 명칭치고는 멋도 없고 성의도 없는 이름이 아닌가 싶다(◎ 외벽이 하얗다는 의미의 백악관白堊館 명칭 역시 시시하기로는 난형난제가 되겠다).

12 / 식민지를 기억하다, 미술관

국립현대미술관 덕수궁관

석조전 내부와 지하층을 둘러본 뒤 나오면 정면으로 분수대가 보이고 그 우측으로 또 하나의 서양식 건물이 있다. 이것이 한때는 석조전 서관으로 불렸던 '국립현대미술관 덕수궁관'이다.

이 역시도 분명 경운궁에는 어울리지 않는 건축물인데 일단 외관상 그럴듯하기는 하다. 옆에 있는 석조전과 제법 잘 어울리기도 하고 아찔할 정도로 유난히 높은 계단은 어딘가 웅장함을 주는 등 나름의 멋스러움은 있다. 하지만 어쨌거나 '아닌 것은 아닌 법'으로 이 건물의 경우는 석조전의 부속 건물로 지어졌지만 석조전과는 다르다. 달라도 아주 한참을 다른 것이 석조전은 비록 외관은 서양식이라 해도 우리의 것이라 할 수 있지만, 석조전 서관으로 만들어진 이 건물은 조선의 것도 아니고, 대한제국의 것도 아니기 때문이다.

그럼 누구의 것인가? 그걸 굳이 말할 필요가 있나 모르겠는데, 일단 건물이 제작된 시기를 보면 1936년 8월에 기공해서 1938년 6월에 준공했다. 일제강점기 때로, 조선의 순수한 의지로 지어진 건물이 아니라 일제의 불순한 의도로 지어진 건물임을 알 수 있다. 완공 당시 명명된 그 건물 이름으로도 증명되는바, 일제가 이 건물에 붙인 이름은 '이왕가미술관'이다. 이왕가미술관은 '이왕가박물관'의 후신 격이다. 즉 창경궁에 전시돼 있던 미술품을 경운궁의 석조전(◑ 당시는 '덕수궁미술관'으로 불렀다)으로 이전하면서, 석조전과 신관인 이 건물을 통합해서 이왕가미술관으로 부르게 된 것이다. 이왕가미술관이라는 이름만 놓고 보자면, 마치 이왕가라는 당대의 유명한 건축가가 만든 미술관이거나, 또는 당시 미술계에 큰 영향력을 끼친 이왕가라는 사람을 기념하는 미술관처럼 여겨질 수도 있다. 사실 이왕가는 일제가 조선을 비하하며 낮춰 부르는 명칭인 이씨조선, 즉 '이조'와 같은 의미로 사용된 말이다.

"하지만 지금은 일제와 상관없이 우리의 순수 의지에 의해 국립현대미술관에서 관리하며 정기적으로 전시회를 펼치고 있으니, 경운궁을 방문했다면 한번 들어가서 전시회도 관람할 만하지 않은가? 입장료도 저렴하니 부담도 없다. 도대체 언제까지나 피해 의식에 사로잡혀서 다 지나간 옛일을 들출 것인가? 과거는 과거일 뿐이다."

백 번을 양보해서 이렇게 생각해 볼 수도 있다. 그런데 어디까지나 생각만 해야 한다. 아울러, 생각한 것이라 해서 굳이 다 실천할 필요는 없다. 그럴 필요도 없고, 여전히 아닌 것은 아니기 때문이다. 창경궁에서도 여러 차례 얘기했지만 이런 것들이 다 상처인 것이다.

"어? 이건 하나도 안 아픈데 이게 무슨 상처야?" 하는 이도 있을 테지만 정신적 상처도 상처이다. 때에 따라서는 외상보다도 더 심각한 상처. 겉으로 보이지 않기에 치료가 힘들어서 더 위험한 상처. 굳이 남겨둘 필요까지는 없는 상처.

창경궁 대온실 관련 글에서도 언급했듯이, 그토록 역사적 가치가 있다면 차라리 철거해서 위치라도 다른 곳으로 옮기기를 바라는 마음이다. 진정 이 건물이 가치가 있다면 장소와 상관없이 어디에 있더라도 빛이 날 것이니 그리로 옮기면 된다. 그래도 필요한 만큼의 가치는 유지될 것이다(◐ 만약 이 땅에 그런 장소가 있다면 아마도 해당 장소는 '식민지 기억관'이 되지 않을까 싶다).

　궁궐을 비롯한 우리 것에 일제의 잔재는 더 이상 어울리지 않는다. 여기가 진정 독립국가라면 말이다.

13 / 제자리를 찾아가다, 광명문

광명문

석조전에 이어 국립현대미술관 분관까지 관람했다. 이제 경운궁은
다 본 것이나 마찬가지. 경운궁 안에서는 더 이상 볼 것이 없다. 미술
관에서 50미터가량 내려오면 화장실과 매점 건물이 있다. 그런데 매
점 왼쪽으로 혼자 뻘쭘하게 서 있는 이상한 전시관 하나가 있다(◉ 아
니, '있었다'. 불과 2018년 중순까지만 해도 이 자리에 '뭔가'가 있었던 것이다. 일
단 그 건물에 대한 이야기를 먼저 하겠다). 그동안 궁궐을 관람하며 이것저

것 살펴본 경험에 의하면 분명 문이건만 정작 그 안에는 문과 전혀 어울리지 않는 물건들이 들어있(었)다. 무엇인가 하면 '신기전기 화차'와 '흥천사명 동종' 그리고 '자격루'가 되겠다. 아니, 사람이 드나드는 문에 무기와 범종, 그리고 물시계라니, 이게 대체 무슨 조화란 말이더냐! 싶을 텐데, 팔자에도 없을 전시관 노릇을 하고 있던 이 문은 '광명문光明門'이다.

광명문은 경운궁의 유일한 침전이라던 바로 그 함녕전의 정문으로, '열등한 조선인들의 예술적 안목을 높여준다'는 명목으로 경운궁에 이왕가미술관을 만든 일제가 미술관 개관 행사의 일환으로 광명문을 떼어내 미술관 근처로 이전하고는 어울리지도 않는 물건까지 전시해 놓은 것이다.

우리 궁궐에서 뭔가 이상한 점을 발견하면 일단 일제를 의심하고 볼 일이라 말했듯이 일제가 이런 황당하고 어처구니없는 일을 벌인 것은 이제 놀랍지도 않은데, 일제의 만행 못지않게 기가 막힌 것은 우리의 행동이다. 일제가 옮겨놓은 광명문이 해방되고도 자그마치 70여 년이 지난 2018년까지도 고스란히 그 자리에 그대로 남아있었던 것이다. 이쯤 되면 '진짜' 뭔가 열등하다는 소리를 들어도 마땅한 민족성이 아닐까. 열등한 조선인을 개화시키려던 일제의 노력도 결국 허사인 셈이렷다?(● 그동안 대체 우리 정부는 뭘 하고 있던 것인지 따져 묻지 않을 수 없다. 또 문화재 관련 전문가들은 그동안 대체 뭘 하고 있던 것인지도 진실로 궁금하고 의문이 든다).

그런데 놀랍게도, 그리고 다행으로, 이 글을 쓰고 있던 시점에 세상 그 누구, 아니 그 무엇보다 함녕전이 기뻐할 만한 소식이 들려왔으니 바로 '광명문 복원' 소식이었다.

문화재청이 '경운궁 복원사업'의 첫 단계로 2018년 말까지 광명문을 원래 자리인 함녕전의 정문 위치로 이전하겠다며 2018년 6월 19일에 '경운궁 광명문 제자리 찾기' 기공식을 연 것이다(◐ 정식 명칭은 아쉽게도 '덕수궁 광명문 제자리 찾기'이다). 이와 함께 고종 즉위 40년을 맞이해 서양식 연회장으로 지었던 '돈덕전'과 어진을 봉안하던 진전도 원래 모습대로 복원할 계획이란다. 물론 언젠가는 복원되리라 생각했지만 막상 계획이 발표되니 나하고 직접 상관없는 일임에도 은근히 기대되었다.

"일제에 의해 변형·왜곡된 우리 궁궐의 위상을 회복하고 대한제국의 정체성을 확립하는 계기를 마련할 것"이라는 문화재청의 발표가 굳은 다짐이 되고 비장한 각오로 실천에 옮겨져서 결국엔 완벽한 복원으로까지 이어지기를 바랄 뿐이다.

그러고 보니 전문가들이나 해당 궁궐 관리자들, 혹은 국가가 마냥 놀고만 있던 것은 아닌듯해 뿌듯하다. 나 같은 사람들이 말로만 떠들 때 누군가는 뭔가 행동을 하고 있었다니 실로 든든하고, 기왕 일하는 김에 제대로 확실하게 해주길 바라 마지않는다.

그리고 '지금'의 경운궁 모습은 근래에 경운궁을 여러 차례 방문한 사람의 시선에서는 다소 낯설기까지 한 모습이 연출되고 있다. 대한

문을 통과해 금천교를 건너면 저 멀리 중화문에 이르기도 전에 우측으로 위풍당당한 문이 관람객을 맞이하고 있는데, 제자리로 돌아온 광명문이 되겠다(◐ 3·1운동 100주년이었던 지난 3월 1일에 경운궁 광명문 앞 일대에서 '광명문 제자리 찾기' 준공식 기념행사가 있었다. 문화재청장을 비롯한 관련 인사들과 서울시장이 참석한 가운데 축하공연도 벌이고 현판 커팅식도 진행했는데 행사를 참관하는 내내 이렇게까지 축하할 일을 왜 여지껏 미뤄왔는지 한편으로는 씁쓸한 마음이었다).

현재는 담장도 없이 문만 덩그러니 세워져 있지만 "내가 바로 함녕전의 정문이다!"라고 외치는 소리가 들리는 듯하다. 아직은 안내판도 없고 함녕전의 출입문과 동선이 일치하지 않는 점이 이상하기는 하지만 앞으로 경운궁을 관람하게 될 많은 사람이 '왜 경운궁에 있는 문들은 하나같이 담장이 없지?' 하는 궁금증을 가지고 더욱 더 관심을 기울이다 보면 언젠가는 든든한 담장도 세워지는 날이 올 것으로 믿는다. 물론 순서는 중화문이 먼저가 되겠지만 말이다(◐ 책이 나오기까지 상당히 오랜 시간이 걸렸는데 아마도 광명문 복원 소식도 함께 전하려 출간이 늦어진 것은 아닐까 위안을 삼아본다).

14 / 외교권을 빼앗기다, 중명전

중명전

기나긴 인고의 시간을 보낸 끝에 제자리로 돌아온 광명문까지 봤다면, 이제 정말 경운궁에서는 볼 것이 없다. 이것으로 경운궁 관람을 끝마치게 된다는 말인데 사실 경운궁에서 반드시 봐야하는 것은 따로 있었으니 바로 '중명전重明殿'이다.

앞서 전각 서열에 관해 얘기했듯 ○○전이라면 임금이나 왕비가 머물던 곳이라 했다. 중명전도 임금과 연관 있는 장소로 짐작이 가능할 텐데, 중명전의 원래 이름은 '수옥헌'으로 대한제국의 보물과 도서를 관리하는 황실도서관이었다. 더불어 황실 가족과 관련된 공무를 수행했는데, 경운궁 대화재로 대부분 전각이 소실되자 고종이 이곳으로 거처를 옮긴 이후 중명전으로 명칭이 바뀌면서 건물의 위상까지 덩달아 높아지게 된 것이다.

그런데 경운궁을 구석구석 꼼꼼히 살피며 돌아본다 한들 그림의 건물은 찾을 수 없다. "아니, 일제가 또?" 할지 모르겠는데 다행히도 중명전은 훼철되지 않고 남아있다. 단지 경운궁 안에 없을 뿐이다. 중명전이 경운궁의 진짜 볼거리라면서 정작 중명전이 경운궁에 없다니 이건 또 무슨 얘기인가? 싶을 텐데 중명전을 보려면 일단, 경운궁을 나와야 한다. 대한문으로 나와서 서울시립미술관 방향의 돌담길을 따라 계속 걷다가, 돌담길 끝부분에 회전교차로가 있는 사거리를 건너 직진하면 '정동극장'이 나온다. 여기서 바로 옆 골목길로 조금만 들어서면 막다른 길에 2층 건물의 서양식 건축물이 나온다. 이곳이 바로 '중명전'이다.

대한문에서부터 500미터가량 거리로 꽤 멀어 보이는데 일제의 손아귀로부터 피신한 것이 아니라 원래 위치가 이곳으로, 이를 통해 경운궁의 원래 구역이 어느 정도였는지 다시 한 번 가늠해 볼 수 있다(◐ 실제 영역은 지금의 3배 정도로 추정한다). 경운궁의 법전인 중화전의 경우 원래 2층 건물이었던 것이 화재로 소실된 후에 1층으로 축소되었다면 중명전은 반대의 경우로, 1층으로 지었던 것을 1901년의 화재로 전소된 것을(◑ 1904년의 경운궁 대화재와는 별개의 일이다) 이듬해에 회랑이 있는 2층으로 확장해서 지었다. 그리고 1925년에 또다시 화재가 발생하면서 내부가 전소됐으나 다행히 외벽은 본 모습을 유지할 수 있어서 근대건축의 가장 초창기 모습을 간직하게 된 점은 다행이라 하겠다.

걸모습으로도 이미 확인되듯이 중명전은 석조전과 더불어 경운궁에 지어진 대표적 서양 양식의 건물이다. 이 역시 서양 문물을 적극적으로 수용해서 근대국가로의 발전을 꾀하겠다는 고종의 의지가 반영된 것이다. 중명전은 이방자 여사의 소유였다가 한때 민간 회사에 팔려 사무실로 사용하던 것을 2005년에 국가가 다시 사들였으며, 이후 문화재청에서 2009년까지 복원공사를 진행해서 내부를 단장한 뒤 2010년부터 전시관으로 활용하고 있다.

'전시관'으로 활용한다니 한번 들어가 봐야 한다. 출입문이 닫혀있는 데다 외부에 별다른 설명이 없어서 외관만 구경하고는 그냥 돌아가는 경우가 있는데 중명전은 다른 전각과 달리 '내부 관람이 가능하다'는 것이 장점이니 반드시 들어가 볼 것을 권한다. 아니, 강요한다. 기껏 여기까지 왔는데 그냥 갈 수 없다. 반드시 내부를 관람해야 한다. 창덕궁은 후원까지 관람해야 제대로 관람했다고 할 수 있듯이, 경운궁은 중명전까지 관람해야 제대로 관람했다고 할 수 있다.

게다가 번거로운 예약도 필요 없고, 부담스러운 입장료도 없다. 입구에 비치된 슬리퍼로 갈아 신고 그냥 들어가면 된다. 조심스럽게 출입문을 열고 중명전에 한걸음 내디디면 오래된 느낌의 마룻바닥이 먼저 맞이하는데 낡은 마룻바닥을 밟는 느낌이 새롭고 묘하다. 2층 건물이지만 관람이 허용된 곳은 1층으로, 좌우로 네 개의 전시실이 있다. 우측으로는 각각 '덕수궁과 중명전', '을사늑약 전후의 대한민국', '대한제국의 특사들'이라는 주제로 1, 3, 4전시실이 나란히 있고, 좌측으로는 '을사늑약의 현장'을 다룬 2전시실이 있다. 내부에 들어서면 아마도 2전시실에 가장 먼저 눈길이 가겠지만 되도록 번호 순서대로 입장해서 관람하면 된다.

일단 1전시실에서 중명전의 역사적 배경을 대략 살펴본 후 좌측의 2전시실로 들어서면 마치 드라마 세트장 같은 장면이 연출돼 있다. 들어서기 전에는 2019년(◐ 혹은 이 책을 보는 미래의 어느 현재)이지만 전시실에 들어선 순간 1900년대 초반의 어느 날, 바로 그 역사의 현장으로 돌아가게 된다.

긴 탁자를 사이에 놓고 10여 명의 사람이 심각한 표정으로 회의를 하는 모습인데, 무슨 회의를 하는 걸까? 한 나라의 외교권을 두고 최종 결정권자를 배제한 채 벌어지고 있는 그들만의 회의, 답은 이미 정해졌으니 너희들은 닥치고 찬성만 하라는 일종의 거수기 회의가 되겠다. 건물 밖에는 총칼로 무장한 병력이 언제라도 중명전 안으로 들이닥쳐 누구든 끌어내거나 사살할 수도 있는 만반의 준비가 되어있는 상태였으니 여차하면 목숨을 걸어야만 하는 끝장 회의였다.

그렇다면?

그렇다. 이곳이 바로 을사조약, 아니 을사늑약이 체결된 1905년 11월 17일의 현장이다.

이완용   하야시 곤스케   박제순   이토 히로부미

을사늑약 체결 현장

고종이 자신들의 뜻에 순순히 따르지 않자 고종 대신 대신들을 집합시켜 협박을 하는 조선통감부 초대 통감 '이토 히로부미'와 주한공사 '하야시 곤스케', 그리고 대한제국의 각부 대신 여덟 명의 모습이 실사이즈 크기의 피규어로 제작돼 긴박했던 그 날의 하룻밤을 구성하고 있다.

이날 회의에 참석한 대신은 탁지부대신 민영기와 참정대신 한규설을 비롯해 법부대신 이하영, 농상공부대신 권중현, 외부대신 박제순,

군부대신 이근택, 내부대신 이지용, 그리고 학부대신 이완용 등 여덟 명이다. 이 중에서 늑약 체결에 적극적으로 반대한 사람은 민영기와 한규설 두 명뿐이다. 이하영은 소극적인 반대 의견을 냈고, 권중현 역시 처음에는 소극적인 반대 의견을 냈지만 결국 찬성 쪽으로 변경했으며 박제순, 이근택, 이지용, 그리고 이완용 등은 '약간의 수정'을 조건으로 늑약 체결에 찬성했다. 이렇듯 늑약 체결에 찬성한 5인을 '을사오적'이라 칭한다(◐ 그러나 민영기는 이후, 일제에 아부하여 동양척식주식회사의 부총재와 이왕직 장관을 거쳐 일본 정부로부터 남작 작위를 받기까지 했으니, 세상에 믿을 놈 없는 것이다).

당시 상황에서는 그 누구라도 똑같이 했을 것이라며 어쩔 수 없는 선택이었다 해도, 국가를 관리하고 책임지는 대신들의 처지에서 보다 결기에 찬 모습을 보여주지 못한 것은 두고두고 아쉬움으로 남을 일이다.

중명전은 고종이 을사늑약의 부당함을 알리기 위해 1907년에 헤이그에서 열린 '만국평화회의'에 이준, 이상설, 이위종을 특사로 파견한 장소이기도 하다. 볼 것도 많고, 읽을 것도 많아 한 바퀴 제대로 둘러보려면 시간이 제법 걸리니 충분한 시간을 확보하고 관람하기를 권한다.

15 / 황제국을 선포하다, 환구단

환구단

중명전과 더불어 '경운궁 밖의 경운궁'을 관람할 수 있는 또 하나의
관람 장소가 '환구단圜丘壇 (사적 제157호)'이다.

환구단은 러시아공사관에서 경운궁으로 환궁한 고종이 1897년 10
월에 대한제국 황제 즉위식을 거행하기 위해 옛 남별궁 터에 만든 제
단으로 하늘에 제사를 지내는 제천단祭天壇 역할을 했다. 더불어 하늘
의 최고 신인 '황천상제'와 땅의 최고 신인 '황지지'의 위패를 봉안하

는 '황궁우_{皇穹宇}'도 세워졌다.

남별궁 터는 조선을 방문한 청나라 사신들이 머물던 곳이다. 이곳에 황제국을 선포하는 제단을 만들었다는 것은 황제국인 중국의 속박에서 벗어남을 강조하고 싶었던 고종의 의지를 공공연하게 표출한 것이다. 그런데 중국의 상징적 속박에서 벗어난 지 10여 년 만에 일본의 실질적 속박을 받게 되었으니 이를 운명의 장난이라 봐야 할지, 아니면 운명의 장단이라 봐야 할지 실로 난감하다.

환구단을 찾아가자면, 이번에도 대한문 밖으로 나와야 한다. 중명전과 달리 환구단은 애당초 경운궁 밖에 세워졌기에 찻길도 몇 번 건너야 하는 등 좀 번거롭다. 이 때문에 환구단은 경운궁과는 별개의 건물처럼 여겨지지만 '대한제국'이라는 미세한 끈으로 연결되어 있기에 경운궁을 관람하러 왔다면 한번은 찾아볼 만하다. 환구단으로 가기 위해서는 우선 부속 건물인 황궁우를 찾아야 한다. 빌딩 사이에 꼭꼭 숨겨져 있지만 알고 보면 찾기 쉽다. 서울광장에서 대한문을 등지고 길 건너편을 보면 저만치 빌딩 사이로 기와지붕 모습의 세 칸짜리 문이 보이는데, 이 문이 환구단의 정문이다.

환구단 정문은 1967년에 조선호텔이 옛 환구단 자리에 들어서면서 철거된 이후 행방이 묘연해졌다가 2007년에 강북구 우이동에 있는 그린파크 호텔의 정문으로 사용하던 것을 발견하였다. 2009년에는 지금의 자리로 이전했는데, 빌딩 숲 사이에 문짝만 덩그러니 있는 모습은 어딘지 낯설고 어색하기 짝이 없다. 횡단보도를 건넌 뒤 환구단

정문과 우측의 서울센터빌딩 사이의 좁은 골목으로 40미터가량 들어가면 기와지붕을 한 웨스틴조선호텔 입구가 보인다. 왼쪽 계단을 따라 올라가면 작은 공원이 나오고 여기서 조금만 직진하면 팔각정 모양의 3층 높이 건물 '황궁우'가 나온다.

사실, 대한문 앞에서 서울광장 건너편을 바라보면 환구단 정문 너머로 황궁우 지붕도 보이니 못 찾을 것도 없다(◑ 행여 길 가는 사람에게 황궁우의 위치를 물어서는 안 된다. 거의 아무도 모르기 때문이다. 자칫 엉뚱한 곳에서 헤매다 길을 잃고 포기할 확률이 백 퍼센트다). 아무튼 어렵지 않게 황궁우를 찾았는데 그렇다면 환구단은 어디 있는 걸까? 이것 역시 길 가는 사람한테 물어서는 안 된다. 아무도 모를 뿐 아니라 사실은, 그 어디에도 없기 때문이다.

그 어디에도 없다니? 그렇다면 혹시? 그렇다. 이 역시 일제가 철거해 버렸기 때문이다(◑ 이쯤 되면 일제가 철거하지 않은 것이 뭔지 궁금해진다). 1910년의 '한일강제병합'으로 조선의, 아니 대한제국의 국권을 강탈한 일제는 1913년에 환구단을 철거하면서 그 자리에 철도호텔을 세웠다. 지금의 웨스틴조선호텔이 있는 자리다. 철거해서 이전한 것이 아니라 아예 해체해 버렸기 때문에 환구단과 관련해서 지금 남아있는 것이라고는 희미한 옛 사진 몇 장뿐 관련 자료도 거의 없다. 당시에 발행한 '문신립독', 아니 '독립신문'의 기록에 의하면 "3층으로 이루어진 원형의 단壇으로 전체 높이는 2.8미터가량 되고 단 주변은 돌원형으로 담장을 둘렀으며 동서남북으로 홍살문을 세웠다."고 한다.

황궁우

환구단을 재현한 모형이 서울역사박물관 3층에 있다. 바로 앞 본문 그림과 같은 모습이다. 서울역사박물관에 있는 모형은 그림과 같이 제단을 중심으로 2층과 3층만 만든 것이다. 원래는 같은 형태로 좀 더 넓게 만들어진 1층도 있어야 한다.

사라진 환구단에 대한 아쉬움은 남아있는 황궁우를 살펴보는 것으로 달랠 수밖에 없다. 환구단이 세워지고 2년 뒤에 세워진 황궁우는 겉모양은 3층처럼 보이나 실제는 2층 건물로 내부는 천장까지 뚫려 있다. 앞쪽 황궁우의 그림을 자세히 보면 1층과 2층의 지붕 높이와 2층과 3층의 지붕 높이가 다른데 실제로도 저렇게 되어 있다(⊙ 출입금지 표시가 있는데도 사람들이 거리낌 없이 드나드는 것으로 보아 관리가 제대로 되지 않는 듯하다. 입구에 환구단 입장 시간이 별도로 적혀 있지만 이것 역시 제대로 지키는 사람을 보기는 쉽지 않다).

그리고 황궁우와 웨스틴조선호텔 사이에 입구가 세 개 있는 작은 문이 있다. 지금은 마치 호텔 입구처럼 보이지만 이것이 원래는 환구단 입구였다. '삼문'은 자그마한 크기에 비해 제법 볼 만한 구석이 있는데, 각각의 문 천장에 있는 그림도 재미있고 삼문 아래에서 바라보는 황궁우도 색다른 모습이고 하니 요모조모 둘러볼 만하다. 여기까지 올라왔는데 호텔 커피숍에서 차 한 잔은 못 마시더라도 삼문 밑으로 내려가 답도와 소맷돌도 보고, 주위도 한번 둘러보고, 각각의 문을 통해 황궁우도 한 번씩 바라보는 것으로 사라진 환구단에 대한 아쉬움을 달래보기 바란다.

　그래도 좀처럼 아쉬움이 달래지지 않는다면, 아까 지나쳤던 공원 쪽으로 돌아가보자. 공원 한쪽에 거대한 돌로 만든 북 세 개가 나란히 놓여 있을 것이다. 이는 고종황제 즉위 40주년을 기념해서 1902년에 세운 것이다(◉ 고종 황제 즉위 40주년을 기념하는 것으로는 궁궐 답사의 출발점 이었던 세종대로 사거리의 '칭경기념비'도 있다). 왕실 최고의 도편수로 석조 전 기초공사에도 참여했고 환구단도 설계한 심의석의 작품인데, 석 고 역시 상당히 볼만한 것이 단순히 북 모양의 돌덩어리가 아니다. 잔 디밭 한가운데에 있어서 접근이 쉽지 않지만 멀리서 봐도 돌에 새겨 진 조각 솜씨가 예사롭지 않은 것이 매끈하게 다듬은 표면도 그렇고 몸통 부분에 새겨진 용문양이 꿈틀거리며 비상을 준비하는 모습이 지금이라도 북을 치면 당장에 돌을 깨고 튀어나와 하늘 높이 날아오 를 듯하다. 그냥 지나치기에는 너무 아까운 조형물이니 환구단을 보 러 여기까지 왔다면 내려가기 전에 황궁우와 더불어 삼문과 석고까 지 감상하기 바란다.

　중명전에 이어 환구단까지 봤다면, 경운궁은 이제 정말 다 본 셈이 다. 경운궁을 관람하는 또 다른 방법이 있다. 경운궁만 관람하러 왔다 가 예정에 없던 중명전과 환구단까지 관람하느라 피곤할 테지만 차 한 잔 마실 시간이 있다면 참고하기 바란다.

　경운궁 돌담길의 좌측으로는 서울시 관련 건물들이 여럿 있는데 그 중 '서울시 서소문청사' 13층에 카페형 '정동전망대'가 있다(◉ 대한문에서 돌담길로 진입할 때 좌측에 첫 번째로 나타나는 건물이다). 카페 유리창을 통해 경운궁 일대를 내려다보며 하루종일 관람했던 건물들의 모습과 이동 경로를 돌이켜보는 것도 재미있을 텐데 전망대 이용 시간은 오후 6시까지이다. 굳이 음료를 주문하지 않아도 전망대 이용에는 큰 문제 없으니 부담 가질 필요는 없다.

그리고 최근, 경운궁 관람 경로에 새로이 추가된 것이 하나 있다. 2018년 10월 말에 복원된 '고종의 길'이다(◉ 별도로 다룰만한 내용으로, 본문 구성에 포함되지 않았으나 궁궐 관련 중요한 소식이기에 첨부한다).

일단 고종의 길을 찾아가 보자. 서울시립미술관 앞의 회전교차로가 있는 사거리에서 경운궁 후문이 있는 북쪽의 돌담길을 250미터가량 올라가면 고갯길 끝부분 좌측에 작은 철문이 나온다. 이곳에서부터 옛 러시아공사관이 있는 정동공원까지 이어진 길이다. 이 일대는 경운궁의 진전 영역이었다가 광복 이후 경기여고와 미 대사관저 등의 부지로 사용하였는데, 2011년 한미정부의 합의에 따라 우리나라 소유가 되면서 고종의 길이 복원에 이르게 된 것이다.

거리는 120미터 정도밖에 안 되는 짧은 길이지만 굽이굽이 꺾어진 것이 아관파천을 할 수밖에 없었을 만큼 고난스러웠던 고종의 고생길을 간접 체험하는 기회 삼아 한번 걸어볼 만하다. 정동공원에 도착하면 지금은 건물 일부만 남아있는 옛 러시아공사관의 흔적을 볼 수도 있으니 경운궁 관람의 대단원으로도 추천하고 싶다(◉ 아무 때나 지나갈 수는 없고, 계절별로 개방 시간이 다르니 사전에 확인해야 한다).

다만 좀 이상한 것은, 보도 자료에 따르면 '고종의 길'은 경복궁에 있던 고종이 러시아공사관으로 거처를 옮길 때, 즉 아관파천 당시 고종이 사용했던 길인데 정작 '고종의 길'과 관련한 사항들을 경복궁이 아닌 경운궁에서 관리한다는 점이다. 바로 옆이 경운궁이니까 편의상 당연한 조치로 볼 수도 있지만, 자칫 아관파천을 경복궁이 아닌 경운궁에서 러시아공사관으로 거처를 옮긴 것으로 착각하는 사람들이 생기지 않을까 하는 염려에 어쩌면 쓸데없는 걱정이 드는 순간이다.

그런데 여기에 다소 황당하기까지 한 것이 '고종의 길' 안내문에는 "아관파천 이후 고종이 러시아공사관에서 덕수궁을 오갈 때 사용한 길로 추정된다."고 나와 있다는 것이다. 이뿐 아니라 '고종의 길' 복원에 참고한 대한제국 당시의 지도가 엉터리였다는 주장까지 나와 있는 상태이고 보면 정확한 조사와 확인도 없이 이렇게 대충대충 할 것을 도대체 뭐하러 세금 낭비하며 복원한 것인지 복원 책임자에게 따져 묻고 싶은 마음이다. 이에 덧붙여, 지난 2018년 12월 7일에는 그동안 일반인의 통행이 제한되던 영국대사관 앞 70미터 구간을 '일부' 개방함으로써 대한문 → 돌담길 → 미국대사관저 → 영국 대사관저 → 세종대로를 잇는 1,100미터에 이르는 경운궁 둘레길의 모든 구간이 개방되었지만 보안상, 또는 대사관 건물 부지 설계상의 이유로 여전히 특정 구간은 개방하지 않은 관계로 둘레길 일부는 경운궁 내부로 들어갔다가 다시 나와야 하는 다소 기이한 통행로가 만들어졌다. 이것 역시 복원이라 할 수 있는지 의문이 든다.

끝으로 서두에서 "덕수궁은 경운궁으로 불러야 한다."고 다소 강조해서 말했다. 이에 대해서는 이미 오래전부터 많은 사람이 지적하고 있는 부분이기도 하다. 나와 같이 아무것도 모르는 일반인들이나 하는 얘기가 아니라 전문가들 사이에서도 꾸준히 거론되고 있는 이야기라는 것이다.

실제로 지금 당장 조선과 관련된 책 몇 권만 살펴봐도 이 책에서는 덕수궁으로, 저 책에서는 경운궁으로 마치 편을 가르듯 나눠 부르고 있는 형편이다. 그리고 이 '논란'은 앞으로도 계속 이어질 것이기에 정부나 관련 부처에서는 전문가들과의 철저한 논의를 거치고 이와 관련된 증명 관계를 명확하게 밝혀서 계속 덕수궁으로 부를 것인지, 아니면 이제라도 경운궁이라는 원래 이름을 찾아서 불러줄 것인지 책임 있는 결정을 내려야 할 것이다.

그래서 이후로는 덕수궁이냐, 경운궁이냐를 놓고 벌어지는 불필요한 소모적 논란에서 독자들을, 그리고 관람객들을, 나아가 국민들을 벗어나게 해줘야 할 의무가 있다고 본다.

물론 경운궁을 위해서, 나아가 우리의 역사를 위해서도 말이다. 지난 3월 1일 '광명문 제자리 찾기' 준공식 기념행사에 참석한 정재숙 문화재청장도 축사 도중 "뜻깊은 오늘만큼은 덕수궁을 경운궁으로 부르고 싶다."고 한 데 이어, 3월 13일 발표한 '2019년도 주요 업무 계획'

에 따르면 "국민 누구나 문화재의 역사 문화적 가치를 쉽게 이해하고 즐길 수 있도록 국민 눈높이에 맞는 안내판을 마련해 관람 환경 개선을 지속해서 추진해 나갈 것"이라고 밝혔다. 드디어 의식 있는 기관장이 등장한듯해 앞으로가 기대된다.

그럼 이상으로 경운궁 관람을 마치겠다.

완전 해체된 상태로

사망선고를 받았으나

부활의 징조로 복원 중인

故宮 경희궁

5장

고궁故宮, 경희궁을
추억하다

조선의 궁궐은 크게 임진왜란 전과 후로 나뉜다고 볼 수 있다.

　1392년 이성계가 조선을 건국한 이래 임진왜란 이전까지의 200여
년을 경복궁(1395년 건립)과 창덕궁(1405년 건립)이 각각 법궁과 이궁으로
서의 역할을 해왔다면, 1592년 임진왜란 이후에는 전쟁 통에 소실된
경복궁의 지위를 이어받은 창덕궁이 법궁의 역할을 훌륭히 해내는 동
안 창덕궁이 해오던 이궁으로서의 역할을 묵묵히 수행한 궁궐이 있었
으니, 바로 '경희궁慶熙宮 (사적 제271호, 1617년 건립)'이다.

　경희궁은 임진왜란 당시 불에 타버린 창덕궁과 창경궁(1483년 건립.
성종 14년)의 재건에 힘쓰던 광해군이 인왕산 아래가 명당이라는 풍수
지리설을 듣고는 '인경궁'과 '자수궁'을 새로 짓던 중에 속칭 '왕암'과
관련한 왕기설이 떠돌자 이를 막기 위해 새문동(지금의 종로구 신문로 일
대)에 지은 궁궐로, 창건 당시의 명칭은 '경덕궁慶德宮'이었으나 그 후
1760년에 지금의 경희궁으로 개명하였다(경운궁 서두 부분 참고).

1617년 건립을 시작해 1623년에 완공한 경희궁의 처음 목적은 '피우처' 역할을 하는 이궁으로 지어졌지만, 법전인 숭정전과 편전인 자정전, 그리고 침전인 융복전과 회상전을 비롯해서 홍정당, 장락전, 태령전, 광명전, 단명전, 위선당 등 여느 궁궐 못지않은 120여 채의 전각 규모가 1500칸에 달했으며, 정문인 흥화문 외에 흥원문, 숭의문, 개양문, 무덕문이 각각 동서남북을 지키면서 그 위용을 과시했다.

경희궁 건립을 지시한 광해군은 인조반정으로 인해 경희궁에서 단 하루도 지내지 못하고 쫓겨났지만, 이후 1897년에 대한제국이 수립될 때까지 여러 임금이 경희궁에 머물렀다. 경종과 정조, 그리고 헌종이 숭정문에서 즉위하였고, 숙종과 영조 그리고 순조가 각각 융복전, 집경당, 회상전에서 승하한 것을 비롯해 공식적인 이궁으로서(◐ 때로는 법궁의 역할도 하면서) 활용되며 정사를 살피는 등 조선 후기 양궐 체제의 한 축을 굳건히 담당하며 명실공히 조선의 '5대 궁궐'로서의 위상을 드높여온 것이다.

이렇듯 조선 중기 이후 300여 년의 시기를, '동궐'로 불리는 창덕궁과 창경궁에 당당히 대응할만한 '서궐'로서 존속해 오던 경희궁이 수난의 역사를 맞이하게 된 것은 1910년부터 시작된 일제강점기 시절이다. 경희궁 자리에 일본인 학교가 들어선 것이 계기가 되어 궁궐의 전각은 하나둘 매각되거나, 철거 또는 용도 변경되는 과정을 거쳐 훼손되면서 국권 피탈 이후 불과 3년여 만에 완전 해체되어 흔적도 없이 사라지게 되었다.

엄밀히 따지자면, 경희궁의 훼손과 관련해서는 전적으로 일제에만 책임을 물을 수 없는 것이 고종 때인 1860년대 중후반에 흥선대원군이 경복궁을 중건하는 과정에서 경희궁에 있는 일부 건물을 해체해서 경복궁 복원에 사용한 사례가 있기 때문이다.

그렇다고 해서 일제의 책임이 사라지거나 가벼워지는 것은 물론 아니다. 상처를 입히는 것과 아예 생명을 빼앗는 것은 어떤 식으로든 비교 대상이 아니기 때문이다. 더구나 상대에게 피해를 준 이유까지 알고 보면 더더욱 용서되지 않는 것이다.

경희궁이 일제에 의해 파괴되고 역사의 뒤안길로 사라진 지도 벌써 어느덧 100여 년이 흘렀다. 그사이 텅 빈 경희궁 터는 서울중·고등학교가 들어섰다가 서초동으로 이전한 뒤 현대건설에 매각된 것을 1980년대에 수립한 〈경희궁지 복원과 시민사적공원 조성계획〉을 진행하기 위해 서울시가 매입하는 과정을 거쳤다. 그리고 1985년과 1987년의 두 차례에 걸친 경희궁 터 유적을 발굴 조사한 내용과 조선시대 문헌의 고증을 통해 본격적인 복원 사업에 들어간 결과, 1987년에 흥화문, 1991년에 숭정전, 1998년에 자정전, 그리고 2000년에 태령전 일대를 복원했으며 2002년부터 일반에 공개하였다.

하지만 현재는 궁궐로서 가장 기본적인 구색만을 갖춘 상태가 되었을 뿐 아직 갈 길이 멀다. 『조선왕조실록』을 비롯한 수많은 자료에 엄연히 '조선의 5대 궁궐'로 기록되어 있건만 이를 관리하고 책임져야 할 문화재청의 홈페이지에는 "서울에 남아 있는 조선 시대의 5대 궁궐은 경복궁, 창덕궁, 창경궁, 덕수궁(경운궁) 그리고 경희궁(경덕궁)이다."라고 언급하면서도 경희궁만 쏙 뺀 채 경복궁, 창덕궁, 창경궁, 그리고 (경운궁이 아닌) 덕수궁 홈페이지만 소개하고 있다(◐ 심지어 궁궐이 아닌 종묘는 4대 궁궐과 같이 소개하고 있는 상황이다).

이런 상황이다 보니 시중에 출간된 수많은 궁궐 관련 책자를 보아도 대부분이 경복궁, 창덕궁, 창경궁, 그리고 경운궁까지 4대 궁궐만을 소개하고 있는 실정이다.

2013년 야심 차게 발표된 〈경희궁지 종합정비계획〉이 수년째 지지 부진한 (◐ 적어도 겉으로 보기에는) 지금과 같은 상태이고 보면, 사실상 그 끝이 안 보인다고도 할 수 있겠다. 그러나 후손을 위해서도 우리가 기록하고 보존해야 할 선대의 역사라는 점을 명심하고 꾸준히 복원을 이어 나가야 할 것이다.

한때는 완전 해체된 상태로 사망 선고를 받았으나 이후 조금씩 부활의 징조로 복원되고 있는 '고궁故宮' 경희궁.

조선의 궁궐 역할을 충실히 해내며 서궐로서 당당히 위상을 드높이던 시절의 경희궁을 추억해내기 위해 이제 한번 들어가 보자.

01 / 궐문을 이전하다, 흥화문

흥화문 터 푯돌

경희궁은 일제강점기 때에 완전히 해체되었다. 그 후 몇몇 전각이 복원되는 과정에서 자기 자리를 찾지 못한 것이 있으니 그 대표적인 것이 정문인 '흥화문興化門'이다. 비록 복원은 했으나 원래 위치로 돌아오지 못했으니 이를 '복원'이라 할 수 있을지는 모르겠다. 일단 흥화문의 원래 위치부터 살펴보겠다.

궁궐 관람의 시작인 세종대로 사거리에서 서대문역 방향의 새문안로를 400미터가량 걷다 보면 산업은행 바로 옆 횡단보도 건너편으로 구세군회관이 있다. 그 앞을 지나다 보면 1층 카페 구석 쪽으로 벽에 기대다시피 세워진 비석이 하나 있는데, 이것이 바로 '흥화문 터'를 나타내는 푯돌이다. 뭐라 적혀있나 잠시 살펴보면 '경희궁慶熙宮 정문인 흥화문의 원래 자리'라고 새겨져 있다. 건물과 워낙 잘 조화(?)를 이루고 있는 까닭에 눈에도 띄지 않을뿐더러 얼핏 보면 카페 메뉴를 적어 놓은 세움간판처럼 보이는 터라 아쉬움이 남는다. 바로 옆 '서울역사박물관'에 갈 때마다 이 푯돌을 지나치면서 흥화문이 이 자리에 서 있는 모습을 상상하는 것으로 아쉬움을 달랠 뿐이다.

'흥화문 터' 푯돌을 지나 서대문역 방향으로 200미터가량 계속 걷다 보면 경희궁 공원을 지나서 경찰박물관 바로 옆 오르막길을 따라 담장 없는 정문이 홀로 자리 잡고 있다. 여기가 경희궁의 정문 '흥화문'이다.

모름지기 궁궐의 정문이라면 경복궁의 정문인 광화문이나, 창덕궁의 돈화문, 그리고 창경궁의 흥화문처럼 2층으로 조성할 만도 하건만 경희궁을 지을 당시는 이미 창덕궁과 창경궁, 그리고 종묘까지 중건 공사를 하느라 인적, 물적으로 국력을 많이 소비한 상태였다. 그런데 이것도 모자라 인경궁과 자수궁까지 새로이 건립하고 있었으니 더 이상의 궁궐 건립은 누가 봐도 무리한 공사로 보였을 것이다. 궁궐 영건에 대한 신하들의 반대가 극심했고 결국, 비용을 최대한으로 줄여서 짓다 보니 규모를 축소하게 된 것이다.

1616년에 세워진 이후 300여 년간 경희궁의 정문으로 이용하다가 1915년 8월에 경희궁의 남쪽 도로 확장공사로 인해 이전되더니 1932년에는 안중근 의사에게 피살당한 이토 히로부미를 추모하기 위해 일제가 남산에 세운 박문사의 정문으로 옮겨져 사용되는 수모를 당했다. 광복 후에도 별반 나아진 것은 없었으니 박문사 자리에 들어선 영빈관 정문으로 사용되다가 이후에는 신라호텔의 정문으로도 사용되었으며 1988년이 되어서야 당시 서울고등학교 정문인 지금의 자리로 복귀하게 되었다.

　그러나 이 또한 제대로 된 복원이 아니었다. 원래 위치는 지금의 구세군회관 자리에서 동쪽을 바라보고 세워졌으나 원위치에서 200미터 이상 뒤로 밀려난 데다가 방향도 남쪽을 향해 틀어졌으니 복원인 듯 복원 아닌 복원 같은, 그런 복원이 된 셈이다. 복원과정에서 새로 만든 것이 아니라 건립 당시의 모습 그대로라는 게 그나마 다행이라 할 수 있겠다(◆ 참고로 지금 경희궁 내에 있는 전각을 비롯한 구조물 중에서 '그 당시' 것은 흥화문과 여기저기에 섞여 있는 일부 돌덩어리들에 불과할 뿐, 모든 것이 '다시 만들어진' 것이다).

　하지만 명색이 궁궐의 정문인데, 철옹성처럼 굳건한 성벽은 아닐지라도 낮은 담장하나 없이 길바닥에 홀로 서 있는 모습은 '출입'을 담당하는 문으로서의 제 기능을 잃었다. 그뿐만 아니라, 왜 이 자리에 문이 있는지 영문조차 모르는 사람들이 보기에는 마치 사찰 입구에 있는 일주문으로 착각하게 할 소지도 있다. 그렇다고 해서 지금의 흥화문 옆에 담장을 만들 수도 없고, 결국 방법은 흥화문을 원래 위치로 돌려놓는 수밖에 없다는 결론이 나오게 되는 것이다. 물론 지금의 상황에서 흥화문이 구세군회관을 밀어내고 제자리를 찾기는 쉽지 않을뿐더러 사실상 불가능에 가깝다. 하지만 언젠가는 제자리로 돌아가 기왕이면 좌우 양쪽으로 담장까지 거느리고 과거의 영광을 되찾을 날이 오기를 기대해 볼 뿐이다.

그리고 그날이 오면, 검은 바탕에 흰 글자로 쓰인 '흥화문' 세 글자가 한밤중에도 빛난다 하여 '야주개夜珠峴 혹은 야조개夜照峴 대궐'로 불렸던 옛 시절의 명성도 되찾을 수 있을 것으로 본다.

흥화문

02 금천을 매몰하다, 금천교

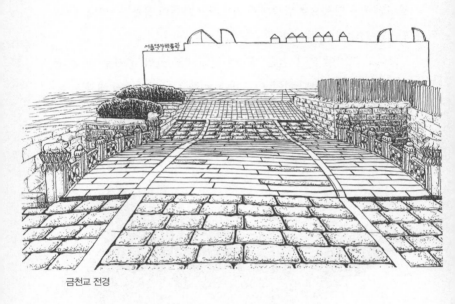

금천교 전경

앞에서도 몇 차례 이야기했듯이 조선의 궁궐 배치에 따르면, 정문
을 통과한 뒤에 법전으로 가려면 금천을 건너야 하는 것이 순리이다.
이에 따르자면 경희궁의 경우에 정문인 '흥화문'을 통과한 뒤 법전인
'숭정전'으로 가려면 우선 금천교를 건너야 한다. 그러나 지금의 경희
궁은 흥화문을 통과한 뒤 아무리 가고 또 간다고 한들, 결코 금천교를
건널 수가 없다. 금천교가 없어져서가 아니라 흥화문을 통과하기 전

에 이미 금천교를 지났기 때문이다.

"아니, 금천교를 지났다니? 근처에서 개울이나 개천을 본 기억이 없는데 무슨 소리인가? 혹시, 저 아래에 있는 청계천을 말하는 것인가?" 싶을지도 모르겠다. 세월이 흐르고 흘러 강산이 수십 번은 바뀌었을 지금, 당시의 금천이 온전히 남아있기를 기대하는 것은 무리지만 금천교는 분명히 지났다. 그렇다면 경희궁의 금천교는 어디 있는가?

경희궁의 금천교를 찾으려면 홍화문을 통과해서 지나가면 안 되고 홍화문을 다시금 돌아 나와야 한다. 홍화문을 등지고 좌측의 경희궁 공원을 지나 출발점인 세종대로 사거리 방향으로 내려가다 보면, 즉 구세군회관에서부터 올라오던 길을 거슬러 내려가면 서울역사박물관과 구세군회관 사이의 길바닥에 웬 난간이 설치되어 있는데, 자세히 보면 이것이 바로 '금천교禁川橋'이다.

현재의 위치는 홍화문이 원래 있던 자리에서 바로 안쪽, 즉 모든 것이 원래대로였더라면 정문을 통과하면 나타나는 금천의 다리가 맞는 것이다. 복원된 홍화문의 위치가 뒤로 밀려나는 바람에, 정문을 통과한 뒤 금천을 건너는 것이 아니라 금천교를 지난 뒤 정문을 통과하는 기이한 구조가 되어버렸으니 경희궁 복원은 시작점부터가 잘못된 것이라 할 수 있겠다.

"아니, 그러면 처음부터 금천을 먼저 보고 나서 홍화문을 봐야지, 왜 사람을 이리저리 왔다 갔다 훈련 시키냐!" 하는 불만의 소리가 분명 있을 수 있으나, 복원이 잘못되면 어떤 일이 발생하는지를 직접 몸으

327

로 경험하게 하려는 고육지책(?)이었다. 궁궐 복원이 단지 예전에 궁궐 안에 있던 전각들의 복제품을 만드는 것에 그칠 것이 아니라 되도록 그 당시의 시대상까지도 고스란히 되살려내는 것이기를 바라는 의미였으니 부디 불편하시더라도 이해를 바란다.

금천교 측면

1618년에 세워진 경희궁의 금천교는 흥화문 안쪽으로 흐르던 금천에 놓여있던 다리이다. 두 개의 홍예 사이에 귀면을 장식하고 귀면 위에는 장대석(섬돌 층계나 축대를 쌓는 데 쓰는, 길게 다듬어 만든 돌)과 머리만 내민듯한 서수(상서로운 짐승) 조각을 장식했다. 상판에는 편평한 돌을 깔아서 마감하고 다리 양쪽에 설치한 난간 기둥에는 연꽃 문양을, 난간 끝에는 서수를 조각했다.

현재의 금천교는 일제가 경성중학교를 설립하면서 땅속에 파묻은 것을 2001년에 발굴해서 새롭게 복원한 것으로, 궁궐의 '물건'치고는 너무 새것이라 낯설고 어색한 느낌이지만, 그래도 군데군데에서 옛 석재의 모습을 부분적으로나마 확인하는 재미가 있다.

경희궁 금천교의 이름은 경복궁의 '영제교'나 창경궁의 '옥천교'처럼 고유 명칭도 아닐뿐더러 그렇다고 해서 창덕궁이나 경운궁의 '금천교錦川橋'와도 다른 그냥 '금천교禁川橋'로 불린다. '금천禁川'을 건너는 다리로서는 사실상 이름이 없는 것과 마찬가지가 되겠다.

03 승천을 준비하다, 용비천

용비천 풋돌

　분명히 이 옆을 지나 흥화문까지 올라갔다가 여기까지 다시 내려
왔으니 왠지 억울한 마음이 드는 탓에 다시 흥화문까지 올라가기 전
에 아무 거나 한 가지라도 더 보고 가야겠다고 생각했다면, 마침 볼 만
한 것이 하나 있다.

　구세군회관을 등지고 선 채 서울역사박물관을 앞에다 놓고 금천교
좌측의 하단 부분을 유심히 보면 자그마한 사각형의 바위가 하나 있

는데 경희궁의 '옛 우물터'를 나타내는 푯돌이다. 이 자리가 바로 '용
비천龍飛泉'이다.

용비천은 '용이 날아간 샘'이라는 의미이다. 글자마저도 날아갈 듯
한 초서체로 적힌 탓에 글자를 알아보기 힘든데, 노파심에 얘기하자
면 '川(내 천)'자가 아니라 '泉(샘 천)'자가 되겠다.

특이한 것은 왼쪽에서 오른쪽으로 쓰여 있다는 것으로, 전통 한자
서법대로 오른쪽에서 왼쪽으로 적어나간 것이 아니라는 점에서 서양
문물의 영향을 받은 개화기 이후에 만들었을 가능성이 높아 보인다.
이 또한 언제 누가 쓴 글씨인지는 알 수 없다. 어쩌면 뒷면에 뭔가 정
보가 있을지도 모르겠으나 접근할 수 없어 확인조차 힘들다. 무엇보
다 멀리서 보기에도 너무 새것 티가 나서 부자연스러운 까닭에 바로
옆의 금천교 역시 비교적 새것이지만 서로가 어딘지 어울리지 않는
다는 점이 아쉽다(◐ 승천하는 용의 모습을 조각해 놓았더라면 보는 재미라도 있
었겠지만 아마 온전히 남아나지 않았을 것이다).

우물에 있던 용이 왜 날아올랐는지, 어쩌면 삼국시대부터 살던 이
무기가 천 년 동안 샘물을 마시다 용이 된 기쁨에 승천한 것은 아닌지
알 도리가 없으나 용비어천가, 아니 용비천에서 하늘 높이 날아올랐
던 용이 다시 우물로 돌아왔다가 바로 옆에 있던 홍화문이 사라지는
바람에 이를 찾아 하염없이 헤매고 있는 것은 아닐까 싶어 다시 한번
홍화문의 원상복구를 기원해 본다.

04 법전을 복제하다, 숭정전

숭정전

금천교와 더불어 용비천 폿돌까지 살펴봤다면 다시 흥화문으로 향
하도록 한다. 조금 전에 도로 쪽 길을 따라 흥화문까지 갔었다면 이번
에는 도로 안쪽의 '경희궁 공원'을 가로질러 가도록 하자. 이름만 거창
할 뿐 별 특징 없는 작은 공원이지만 아기자기하게 조성된 화단이 있
어 심심치는 않을 것이다.

흥화문을 지나 정면으로 난 길을 곧장 계속 걸으면 널찍한 공터가

나오고, 좌측으로는 서울특별시 교육청을, 우측으로는 서울역사박물관 주차장을 거느린 궐문이 정면에 나타나는데 이것이 바로 '숭정문'으로, 경희궁의 법전인 '숭정전崇政殿'의 정문이다.

경희궁은 너른 평지가 아닌 야트막하게 경사진 산기슭에 설계되었기에 북쪽에서 남쪽으로, 그리고 서쪽에서 동쪽으로 기울어진 지형의 앞뒤 좌우 균형을 맞추기 위해 세심한 노력을 기울인 흔적이 곳곳에 보인다. 숭정문만 하더라도 중앙 계단을 기준 삼아 양쪽으로 월대처럼 넓게 펼쳐진 공간이 좌측은 2단이지만 우측은 3단으로 조성해서 수평을 맞추고 있다는 것을 확인할 수 있다.

숭정문에서는 경종과 정조, 그리고 헌종의 즉위식이 이루어졌는데 즉위식을 마친 정조의 그 유명한 첫 마디 "오호! 과인사도세자지자야 嗚呼! 寡人思悼世子之子也(아! 과인은 사도세자의 아들이다)"는 아직도 회자되고 있을 정도이다. 사도세자의 죽음에 관여했던 노론 세력 가운데 이 이야기를 듣고 심장마비에 걸린 이가 없었을지 궁금한데, 아마도 밤 잠을 못 이룬 이는 제법 있었을 듯 싶다.

숭정문을 들어서면 정면의 숭정전을 중심으로 넓게 펼쳐진 행각이 보인다. 지형이 평탄하지 않고 들쑥날쑥한 까닭에 숭정전을 에워싸는 행각의 높이가 제각각이다. 숭정전을 중심으로 좌우 행각은 앞에서 뒤로 갈수록 높아지고 뒤쪽 행각은 좌측에서 우측으로 갈수록 계단처럼 높아진다는 것이 특징인데, 이로 인해 완벽함을 추구했던 다른 궁궐에서는 찾아볼 수 없었던 멋스러움을 주는 효과가 있다.

숭정전도 흥화문 못지않게 파란만장한 고난을 겪었다. 1869년에는 고종의 지시로 곡식 창고로 사용하다가 1926년에 일본의 조계사에 매각되면서 이전되었고, 광복 후에는 혜화불교전문학교(現 동국대)의 강의실과 체육관을 거쳐 1977년부터 현재까지 동국대 법당인 '정각원'으로 사용되고 있다.

그리고는 지금의 자리에 1985년부터 5차례에 걸쳐 발굴 조사가 시행된 후 1989년부터 6여 년에 걸친 공사 끝에 숭정문과 일부 행각까지 완성된 것이다. 즉, 현재 경희궁에 있는 숭정전은 '복제품'이다. 당시에 동국대의 정각원을 이전할 것을 검토했으나 너무 낡아 훼손이 우려되고 오랜 세월 동안 법당으로 사용되면서 불교적인 색채가 너무 짙어져 부득이하게 현 상태를 유지하기로 했다는 것이다.

하지만 이미 사라진 전각도 복구하는 마당에 건물이 낡았다느니, 내부가 변형됐다느니 하는 것은 그저 핑계로밖에 보이지 않는다. 더구나 경희궁 전각 중에서 가장 중요하다고 할 수 있는 '법전'이기에 제자리로 옮겨 원형대로 복구할 것을 다시 한번, 아니 두 번, 네 번 이상이라도 신중하게 검토하기를 바라는 마음이다.

그리고 지금의 숭정전은 복원 담당 기관이 어디였는지 모르겠으나 기껏 전각을 복원하고도 중요한 부분의 미흡함이 옥에 티로 남아 눈살을 찌푸리게 한다. 복원된 숭정전에서 가장 거슬리는 부분은 바로 저 멀리, 저 높이 보이는 어탑 위 천장의 황룡 조각상이다. 황제의 권위를 드러내기는커녕 그 먼 거리에서 보는데도 불구하고 조각품의 완성도가 너무나도 허름하고 조잡스러운 까닭에 혹여나 초등학교 앞 문방구에서 판매하는 싸구려 장난감을 사다가 붙여 놓은 것 같은 의구심이 들 정도이다(◐ 비아냥이나 농담이 아니라 진정 진심으로 하는 소리가 되겠다).

비록 원형이 파괴되고 내부 역시 변형되었지만 그러함에도 불구하고 복제된 숭정전은 17세기 건축 양식을 보여준다는 점에서 역사적 가치를 찾을 수 있다는 주장이 있다. 법전이 없는 궁궐은 도무지 위신이 서지 않는바, '이거라도 있는 것이 어디냐' 싶은 마음에 절반의 아쉬움을 담아 고개를 끄덕이며 주장에 동조하다가도 문득 천장의 황룡 조각상을 바라보면 당장이라도 사다리를 타고 올라가서 떼버리고 싶은 마음이 굴뚝같기에 정각원의 천장에 있는 황룡만이라도 떼어 왔으면 하는 마음이 간절하다. 이것도 진정 진심이다.

05 계단을 조각하다, 답도

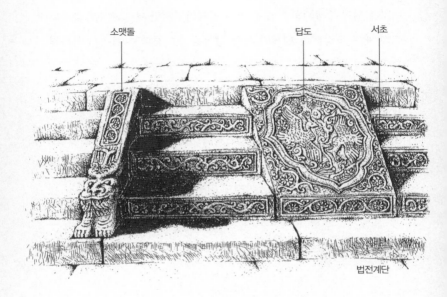

소맷돌   답도   서초

법전계단

숭정전에 오른 김에 그동안 법전의 계단을 오르내리며 바라보기만 했던 월대에 있는 장식물들을 살펴보도록 한다. 본문의 그림은 숭정전을 받치고 있는 2단으로 된 기단 중에서 상단 월대의 모습이다. 중앙의 '답도'를 기준 삼아 똑같이 생긴 '소맷돌'이 좌우에 하나씩 양쪽으로 놓여 있다.

우선, '답도踏道'는 궁궐 법전의 월대에 오르는 계단의 한가운데에 비스듬히 걸쳐있는 넓적한 '사각형 통돌'을 이르는 것이다. 계단 중앙에 경사진 판석을 설치하고 정교하게 새긴 용이나 봉황 등을 장식한 것인데 당연히 걸어서 올라갈 수는 없고, 오직 임금만이 가마로 오르내리는 특별한 '공간'이다.

2단으로 조성된 월대의 경우 보통은 상단과 하단의 답도에 새겨진 동물의 모양이 같은데, 경희궁 숭정전 월대의 경우는 상단 답도의 동물은 봉황이지만 하단의 동물은 공작인 것으로 최근 조사에서 밝혀졌다고 한다.

한 가지 의아한 것은 궁궐에 있는 법전 앞 월대의 답도에 장식된 조각과 법전 내부의 천장에 장식된 조각은 용이면 용, 봉황이면 봉황과 같은 식으로 같은 대상이기 마련인데 경희궁의 경우에 숭정전 월대의 답도에는 봉황(더불어 공작)이 장식됐지만 숭정전 내부 천장에는 황룡이 장식되어 있다는 점이다. 동국대에 있는 정각원 천장에도 황룡이 장식된 것으로 보아 숭정전 복원 당시의 실수는 아닌 듯 보이기에 더더욱 의문이다(❍ 경복궁의 경우에도 답도에는 봉황이 조각되어 있지만 법전 천장에는 황룡조각이 매달려 있다).

'소맷돌'은 계단이나 축대의 양쪽 귀퉁이에 설치하는 돌이다. 일매석이라 불리는 한 장의 큰 돌 윗부분에 각종 서수를 조각해서 짜 맞추는데 옆면에는 대부분 구름이나 화초 문양을, 아랫부분에는 주로 태극 문양을 조각하기도 했다.

그리고 월대 계단을 유심히 보면 챌판(계단의 발판과 발판 사이에 수직으로 댄 판)에 특이한 문양이 새겨져 있는데, 이것이 바로 상서로운 풀을 상징하는 '서초瑞草'이다.

서초는 태곳적 중국에서 그 유래가 시작됐다. 고대 중국의 전설 속 임금이자, 성덕을 갖춘 최초의 이상적인 군주로 꼽히는 요堯 임금 시절에 초하루부터 보름까지는 하루에 한 잎씩 생겨나다가 열엿새부터 그믐까지는 하루에 한 잎씩 도로 떨어지기를 매달 반복하는 '명협蓂莢'이라는 풀이 유독 궁궐 계단에서만 자랐다고 하여 '요 임금의 상서祥瑞'로 불렸다. 요순시대처럼 태평성대를 누리고픈 마음에 후대의 임금들이 너나 할 것 없이 명협이 자라나기를 희망하며 그 모양을 궁궐 안에 새겼고 그 영향을 받은 조선 시대에도 궁궐 계단에는 서초를 장식하게 되었다.

물론 상상의 식물인 명협을 본 사람은 없었기에 실제로는 덩굴풀로 불리는 권초문을 새겼다(◐ 당나라 때 유행했다 해서 당초문으로도 불린다). 궁궐별로 서초의 문양은 닮은 듯 달라서 제각각이지만 태평성대를 희망하며 복되고 길한 일이 일어나기를 바라는 마음만큼은 일치했으리라 본다.

상서로운 동물인 용이나 봉황이 장식된 답도를 중심으로 서수가 조각된 소맷돌, 그리고 계단 칸 칸마다 빠짐없이 장식하고 있는 상서로운 풀까지, 어떤 이유로든 법전에 오른다는 것은 결코 예사로운 일이 아니었음을 궁궐 계단을 오를 때마다 떠올려 볼 필요가 있겠다.

06 액운을 물리치다, 드므

드므

　이렇듯 궁궐의 법전은 월대의 계단부터가 상서로운 것들로 장식되다시피 조성되어 있다. 그런데 월대 위에도 예사롭지 않은 것이 있다. 보통은 법전의 월대 위에만 설치되지만 창덕궁의 선정전이나 창경궁의 통명전처럼 편전이나 중궁전의 월대 위에 설치되는 경우도 있는데, 주요 전각이 있는 월대의 좌우 양쪽 끝으로 하나씩 설치된 크고 우묵한 솥 모양의 거대한 기물이 그것이다.

두 개가 한 쌍으로 이루어져 있으며 월대가 1단이면 양쪽 끝으로 하나씩 두 개가 있고, 월대가 2단이면 층마다 양쪽 끝으로 하나씩 총 네 개가 설치되어 있다. 모두 똑같아 보여도 실제는 다른 것이다. 상단에 있는 두 개는 '드므'라 하고 하단에 있는 두 개는 '부간주'라 칭하는데, 월대가 1단인 경우에는 드므만 두 개 설치하는 것이 일반적이다(특이하게도 창덕궁 대조전은 월대가 1단인데 드므와 부간주가 2개씩 4개나 설치되어 있다). 경운궁에서 언급했던 정(또는 향로)하고는 생김새부터 확연히 다른 데다가 그 위치도 향로(또는 정)는 법전 앞에 고정돼 있지만 드므나 부간주는 월대의 양쪽 끝 또는 계단의 가장자리에 있어 용도 또한 다른 것임을 나타내고 있다.

그중 드므를 먼저 살펴보겠다.

자료에 따라 '두무'나 '드무'로도 불리는 드므의 어원으로는 물을 많이 담아 두고 쓰는 큰 가마나 독을 의미하는 '두멍'을 함경도식 방언으로는 '두무'라고 한다는 것과, 제주 지방에서는 한라산을 '두무산頭無山'이라고도 불렀는데 '뚜껑 없는 가마솥을 일컬어 두무라고 부르기 때문이다'라는 것이 있다. 남쪽 지방이든 북쪽 지방이든 모두 거대한 가마솥 형태를 지칭한다는 점에서 그 유래를 짐작해 볼 수 있을 듯하다. 크기도 큰 데다가 청동으로 만들어져서 그 위압감이 만만치 않다. 손잡이가 사방으로 네 개나 되는 것으로 보아 한 번 이동하려면 적어도 장정 네 명이 달라붙어야 했을 터, 낑낑대며 월대 위로 올리는 모습은 상상만 해도 그 힘겨움이 느껴질 정도다.

드므의 보관 상태는 안에 물을 담아 놓았거나 유리판으로 뚜껑을 만들어 막아 놓기도 해서 용도에 대한 궁금증이 드는데, 알고 보면 '방화'를 상징하는 기물이다.

궁궐 안의 전각들은 대부분 나무로 만들어졌기 때문에 일단 한 번 불이 나면 기단 부분을 제외하고는 몽땅 타버리고 심지어 벽마저도 부서지고 무너져 내리는 까닭에 화재와 관련해서는 대단히 취약하다. 이를 대비하고자 찾아낸 방법이 청동으로 만든 용기에 물을 담아 놓는 것인데, 제아무리 용기가 크다 해도 가정에서 사용하는 솥에 비할 때나 커 보일 뿐이지 궁궐 전각에 불이 나면 이 정도 크기의 드므 서너 개로는 어림도 없어 보인다.

하지만 여기에 '상징적'인 의미가 있으니 화마가 맹렬한 기세로 궁궐 안으로 진입해 오다가 불길에도 끄떡없는 거대한 물체를 발견하고는 "감히 내 앞을 막아서는 놈이 있다니, 넌 누구냐?" 하며 호기심에 드므 안을 들여다보는 순간, 물에 비친 자신의 모습이 너무나도 포악스러워 깜짝 놀라 도망치게 될 것이라는 다소 순진한 희망 사항 혹은 간절한 염원을 표현한 도구인 것이다.

소박한 우리 궁궐과 달리 중국의 자금성에는 '길하고 상서로운 항아리'라는 의미의 '길상항'이라는 청동 항아리가 무려 300개가 넘게 있다고 하는데, 혹시 방화의 '상징'이 아니라 실제 방화의 '도구'로 사용하려던 것은 아닐지 궁금하다.

궁궐 안의 주요 전각 상단 월대에 드므가 있다면 하단 월대에는 또

다른 청동 기물이 있는데, 이것은 '부간주'라고 부른다.

얼핏 보면 재질도 같고 네 개의 손잡이가 달린 모양새도 비슷하고 해서 드므와 같은 것이 아닐까 생각할 수 있다. 자세히 살펴보면 드므는 입구 언저리가 없고, 부간주는 입구 언저리가 안쪽으로 모여진 형태로 되어 있는 것이 특징이다. 옆에서 봤을 때 윗부분이 벌어져 열린 상태인 것이 드므, 윗부분이 모여 있어 닫힌 상태인 것이 부간주가 되겠다(◐ 드므와 부간주를 모두 드므라고 소개하는 자료가 대부분인데, 모양도 용도도 분명히 다른 것이므로 되도록 따로따로 구별해 줄 필요가 있다).

부간주

비슷하게 생긴 두 청동 기물이지만 용도 차이가 있는 것이 부간주는 드므와 다르게 화마를 막기 위한 것이라기보다는 궐 안의 액운을 막아주는 상징적인 의미로 놓아둔 것이다. 물론 화마를 막는 것 역시 액운을 막는 셈이니 아주 전혀 완전히 다른 것이라고는 할 수 없겠다.

동짓날에는 부간주에 팥죽을 끓여 먹었다는 주장도 있다. 만일 사실이라면 그 위치가 애매하다. 신성한 법전이 있는 월대 위에서 불을 피운다는 것부터가 맞지 않고, 게다가 법전과 같은 주요 전각에 이렇듯 가까운 위치에서 일부러 불을 피운다는 것은 제아무리 바로 위의 월대에 화마를 막는 드므가 있다 해도 그야말로 위험천만한 행위로밖에 볼 수 없기 때문이다. 하단 월대에서는 '방화放火'하고, 상단 월대에서는 '방화防火'한다? 그것도 다른 곳도 아닌 궁궐에서? 그나마도 겨우 팥죽을 먹기 위해서? 글쎄, 의문이다.

물론 그 당시에는 실제로 월대 위에서 반드시 불을 피워야 하는 사정이 있었을 수도 있지만 쉽게 이해하기 힘든 상황이다. 불을 피우기 위한 장작이라든가, 불 피운 다음의 뒤처리라든가 등을 생각해 보면 굳이 법전의 월대에서 이런 난장판을 만들 일이 있을지 여전한 의문이 되겠다(◐ 법전에서 향을 피우는 것 가지고도 정이냐, 향로냐를 놓고 말이 많았는데, 아예 불을 피운다는 것이 허용될지 의문은 계속된다).

만약 정말 불을 피웠다면 월대 위가 아닌 아래쪽의 땅바닥이 아닐까 싶은데, 마침 《동궐도》를 보면 창덕궁 대조전의 월대 아래쪽과 집상전의 월대 옆쪽 땅바닥에 부간주처럼 보이는 기물이 두 개씩 그려진 것으로 보아 어쩌면 부간주는 애당초 월대 위가 아닌 월대 아래에 있던 것은 아닐까 추정해본다(◐ 그렇다면 모든 것이 딱 들어맞는다!).

07 / 서열을 정리하다, 조정

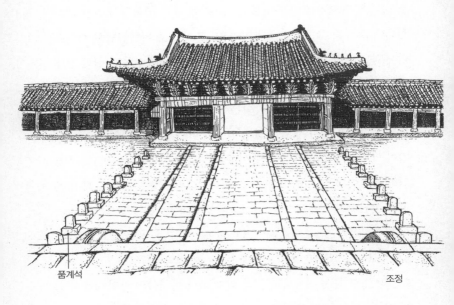

품계석   조정

  법전에 올라 월대 위의 이런저런 장식물까지 두루 살펴봤다면 이제
다음 장소로 갈 차례인데, 잠시 법전을 등지고 돌아서서 법전 아래를
내려다보도록 한다. 혹시라도 더 갈 곳이 없어서 계속 법전에서 뜸 들
이고 있는 것이 아닌가 하고 생각하는 사람이 있을 것 같다. 아쉽게도,
혹은 다행스럽게도 절반만 맞은 것이다.
  법전을 살펴볼 때면 임금의 공간인 법전 내부를 관람하는 것에 치중했는데, 지금껏 '임금이 있는 곳'을 충분히 봤다면 이제 '임금이 보는 곳'에도 관심을 둘 차례가 아닐까 싶다. 그림은 숭정전에서 바라본 숭정문의 모습으로, 법전의 정문에서 법전까지의 저 넓은 앞마당이 바로 '조정朝廷'이다.

사극에서 임금이 나라의 정사를 신하들과 의논하거나 각종 의식을 거행하는 곳을 일컫는 조정은 원래 '법전의 앞마당'을 뜻하는 말이다(◐ 신하들이 "조정에 나간다"라고 하는 것은 "궁궐 법전 앞마당에서 열리는 조회에 참석하다"는 의미이다).

조정 중앙에는 숭정문에서부터 숭정전 앞 계단까지 세 줄로 나란히 깔아놓은 돌길이 있다. 임금이 다니는 한가운데의 '어도'를 중심으로, 좌측은 문관이 다니는 길이고, 우측은 무관이 다니는 길이다. 여기서 좌측이라 함은 동쪽을 의미하는 것으로, 옛 자료에서 궁궐과 관련해서 방향을 나타내는 말은 모두 '법전에 있는 임금의 위치'를 중심으로 정해진다. 그리고 임금의 위치는 '군주남면君主南面'이라 하여 '항상 북쪽을 등지고 남쪽을 바라보는 자리'가 된다(◐ 경복궁의 경우와 같이 궁궐의 정문과 금천교, 그리고 법전의 정문은 물론 편전의 정문까지도 모두 남쪽을 향해 일직 선상에 세워지는 것이 유교 경전의 궁궐 예법 중 군주남면에서 나온 것이다).

가령 입궐하는 문관에게 "어도의 좌측 길로 통행하라"고 하면 어도를 중심으로 왼쪽, 그러니까 서쪽 길로 통행하라는 것 같지만 법전에 앉아 남쪽을 바라보고 있는 임금을 중심으로 좌측이 되므로 입궐하는 입장에서는 어도의 우측이 되는 동쪽 길로 통행해야 한다. 그리고 이것은 퇴궐할 때도 마찬가지가 되므로 한마디로 문관은 입궐할 때나 퇴궐할 때나 '임금의 위치를 기준'으로 좌측 길, 즉 동쪽 길로만 통행해야 한다는 것이다. 같은 이유로 무관은 서쪽 길로만 통행해야 한다(◐ 그렇다면, 법전이 동쪽을 향하고 있는 창경궁의 경우에 문관은 어디로 통행해야 하나? 이 경우에는 임금이 동쪽을 바라보고 있으니 그 좌측인 북쪽 길로만 통행해야 한다).

이는 풍수지리에서 흔히 말하는 '좌청룡, 우백호'를 표시할 때 청룡은 좌측을 상징하지만 서쪽이 아닌 동쪽에 배치되고, 백호는 우측을 상징하지만 동쪽이 아닌 서쪽에 배치되는 것과 같은 이치가 되겠다. 그리고 이때는 가운데에 있는 '주산主山'이 중심이 되는 것이다.

법전 앞마당의 좌우 양쪽으로 길게 늘어세운 푯돌은 문무백관들이 자신의 품계(◐ 여러 벼슬자리에 대하여 매기던 등급으로, 제일 높은 정일품에서 제일 낮은 종구품까지 18단계로 나뉘어 있다)에 따라 설 수 있게 자리를 지정해서 나열해 놓은 '품계석品階石'이다. 이것 역시 좌측에는 문관이 정렬하고 우측에는 무관이 정렬하는데, 조회 때 문관은 동쪽에, 무관은 서쪽에 정렬한다는 것에서 각각 동반과 서반, 그리고 문반과 무반이라는 말이 나왔고 양쪽을 합친 말이 바로 '양반兩班'이 되겠다.

아마 조정에 세워진 품계석의 개수를 세어 본 사람도 있을 텐데, '정일품에서 종구품까지 18단계'라고 했음에도 품계석의 숫자가 좌우로 각각 12개씩 밖에 안 되는 것은 1품에서 3품까지를 '정正'과 '종從'으로 구분해서 각각 2개씩 모두 6개를 세우고, 4품에서 9품까지는 정과 종의 구분 없이 1개씩 모두 6개를 세웠기 때문이다.

품계석은 조선이 건국하고도 무려 400여 년가량 지난 정조 집권 시기에 창덕궁 인정전 앞에 처음 세워졌다. 조회 때마다 같은 당파에 소속된 무리끼리 여기저기에 삼삼오오 모여서 웅성거리며 어수선했던 것을 바로잡을 겸, 군신 간의 위계질서도 엄중히 세울 겸 시행한 것이다. 만약 사극을 다룬 영화나 드라마에서 정조 이전 시대의 조정에 품계석이 나오걸랑 고증도 제대로 안 거친 연출자의 볼기를 사정없이 내려쳐도 할 말이 없을 것으로 보인다.

품계석과 관련해 다음과 같은 기록이 있다.

> 인정전 뜰에 품계석을 세웠다.
> 조하때의 반차가 매양 문란해졌으므로 품계에 따라 돌을 세워 반열의 줄을 정하도록 명한 것이다.
>
> 『정조실록 4권, 정조 1년(1777년) 9월 6일』

그리고 임금이 다니는 어도에 대해서 잘못된 표현이라는 주장이 있다. 우리나라에서는 사람이나 차량 등이 통행하는 길은 '○○도道'가 아닌 '○○로路' 혹은 '○○가街'를 사용하고, '태권도跆拳道'나 '다도茶道'와 같이 특정한 기술이나 방식 등을 행하는 과정 또는 '경기도京畿道'나 '강원도江原道' 같은 행정 구역상의 구분에 따른 지역 표시만 '도道'를 사용하는데, 실제로 걸어 다니는 길을 '도'로 표현하는 것은 일본식이니 우리는 일본식 표현인 '어도御道' 대신에 우리식 표현인 '어로御路'를 사용해야 한다는 것이다. 어도가 아닌 어로라고 하니 왠지 물고기 통로

같아서 어색한데, 국립국어원의 표준국어대사전에서 검색되는 공식 표기에 의하면, '어도'가 고깃길, 또는 물고기가 하류에서 상류로 올라갈 수 있도록 만든 구조물 등을 의미하는 '魚道'로 등재되어 있고, '어로'는 임금이 거둥하는 길이라 하여 '거둥길'로 등재되어 있다.

이와 관련해 실록에는 다음과 같은 기록들이 있다.

> 임금이 태상왕의 피병소에 나아가 문안하고 돌아오는데
> 호위사 제원 세 사람이 어도御道를 범하고 지나갔기 때문에,
> 임금이 흥부 등의 고찰하지 못한 죄를 책한 것이었다.
>
> 『태종실록 15권, 태종 8년(1408년) 3월 26일』

> 궐내에서 투혜를 착용하고 비나 눈이 내리면 우산을 들리고
> 심지어는 어로御路로 다니니, 윗사람을 공경하는 뜻이 아주 없다.
>
> 『예종실록 7권, 예종 1년(1469년) 8월 14일』

위와 같이 어도와 어로가 모두 사용되었는데, 태종실록에 일제의 간섭이 영향을 줄 수는 없었겠지만 혹시 모르니 전문기관의 확실한 검토 및 검증이 필요할 듯도 싶다.

08 편전을 활용하다, 자정전

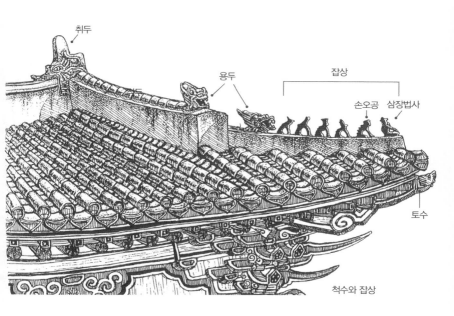

척수와 잡상

숭정전 앞의 각종 조각품과 기물은 물론 품계석까지 두루 살펴봤
다. 이젠 더 살펴볼 것도 없고 하니 이제 그만 법전에서 내려와 다음
차례인 편전을 살펴보러 가도록 한다. 법전에서 너무 뜸을 들이는 바
람에 '경희궁은 죽은 궁이라더니 법전만 있고 편전은 없는 것이 아닐
까?' 하고 걱정했다면 기우가 되겠다. 경희궁에는 당연히 법전이 있
고, 경희궁에는 당연히 법전이 있고 편전도 있고, 경희궁에는 당연히

법전이 있고 편전도 있고 그리고 아무튼 경희궁에는 당연히 법전이 있고 편전도 있다.

숭정전 뒤편으로 돌아가면 느닷없이 가파른 경사의 계단이 나타나고 그 위에 문이 하나 있는데, 이것이 자정문이다. 즉 경희궁의 편전인 '자정전資政殿'의 정문이다.

자정문 계단이 워낙 높은 까닭에 자정문 앞에 서면 바로 앞에 있는 숭정전 지붕의 처마가 손에 닿을 듯 가깝게 느껴질 정도인데, 잡상을 비롯한 지붕 위의 다양한 궁궐 장식물을 가장 가까이에서 볼 수 있는 장소이기도 하다. 가까이에서 보는 김에 자세히 살펴보도록 한다. 본문의 그림은 자정문에서 바라본 숭정전 뒤편 지붕 위의 잡상들의 모습이다. 궁궐마다 조금씩 차이가 있는데 일단 숭정전 지붕 장식물의 구성을 살펴보자면, 왼쪽 위부터 취두, 용두 2개, 잡상 6개, 그리고 토수가 되겠다.

우선, '취두鷲頭'는 지붕 최상단에 길게 늘어져 있는 용마루의 양쪽 끝머리에 있는 장식 기와로, 취두라는 명칭은 '(독)수리 머리'를 뜻하지만 그보다는 용과 더 흡사한 모양새인데 어쩌면 봉황을 상징하는 것인지도 모르겠다.

'용두龍頭'는 용마루에서 추녀까지 길게 걸쳐진 첫 번째 마루(내림마루)와 두 번째 마루(추녀마루)에 있는 장식 기와로, 이름 그대로 용 머리 모양이다(취두와 용두를 통틀어 '척수'라 부른다).

'잡상雜像'은 서유기에 나오는 인물, 요괴, 토신 등을 형상화해서 조각한 것이다. 맨 앞(그림에서는 우측 끝)부터 대당사부(삼장법사 현장), 손행자(손오공), 저팔계, 사화상(사오정), 그리고 마화상, 삼살보살, 이구룡, 천산갑, 이귀박, 나토두 등이 배치되어 있는데, 첫 번째 대당사부에서 네번째 사화상까지는 어디서나 순서가 일정하지만 다섯 번째인 마화상부터 나토두까지의 나머지는 전각에 따라 순서가 제각각으로 뒤죽박죽이고 심지어 같은 것이 두 개인 경우도 있어 정확한 명칭은 알기 힘들다(◐ 숭정전 지붕의 잡상 6개 중 앞의 네 개는 분명히 삼장법사, 손오공, 저팔계, 사오정이지만 뒤의 두 개는 정확히 알기 힘들다는 것이다). 잡상의 개수는 최소 4개부터 최대 11까지이며, 경복궁의 경회루가 11개로 궁궐 지붕의 잡상 중에서는 가장 많다.

끝으로, '토수吐首'는 추녀마루의 끝부분에 끼워 넣는 용머리나 귀신 머리 모양의 장식 기와가 되겠다.

자정문 앞 계단에도 소맷돌과 함께 답도가 있는데, 가마를 타고 답도 위를 오르기에는 경사가 심한 탓에 가마를 메는 사람들이나 가마를 타는 사람이나 서로가 불안한 마음에 왠지 꺼려했을 듯싶어 임금이라 할지라도 계단을 걸어 다녔을 것 같다. 이를 통해 답도가 그저 장식용으로만 사용되는 경우도 있었을 것으로 짐작된다. 자정문을 들어서면 바로 앞의 단층 월대 위에 정면 3칸, 측면 3칸으로 된 단출한 구조의 건물이 보이는데, 이것이 '자정전'이다.

자정전

　자정전은 경희궁의 편전으로 알려져 있다. 숙종이 승하한 뒤에는 빈전으로 사용됐다는 기록이 있고, 태조의 영정을 모신 진전으로 활용됐는가 하면, 1836년에 종묘를 증축할 때는 법전에 있던 선왕들의 신위를 자정전에 보관하고 공사를 했다는 기록도 있는 것으로 보아 편전의 기능을 온전히 해내지는 못했을 것으로 보인다.

　창덕궁의 경우에도 초기에는 선정전이 편전이었으나 빈전의 용도로 오랜 시간 사용되면서 희정당이 그 역할을 대신한 것처럼, 경희궁의 경우에도 어쩌면 보조 편전이었다가 일제강점기 때 광운사에 매각되어 옮겨진 후 영영 사라져버린 '흥정당'이 오히려 편전의 기능에는 더 충실하지 않았을까 싶다. 어쨌든 자정전이 경희궁의 제 1편전이었음에는 틀림없다.

자정전 역시 일제에 의해 용도가 많이 변경되었으니, 1915년 4월부터 1925년 3월까지 일본 경성중학교 부설 임시소학교 교원양성소 부속 단급 소학교 교실로 사용되다가 흥정당과 함께 광운사에 팔려나간 뒤로는 법당으로 사용되었다. 법전인 숭정전은 지금도 동국대학교의 법당으로 사용되고 있는데 편전인 자정전까지 법당으로 사용되었다는 것으로 보아 궁궐의 외전은 사찰에서 인기가 남달랐던 것으로 보인다.

　자정전은 광운사에 매각된 이후로는 소재가 묘연해졌고 결국 숭정전의 경우처럼 건물 전체를 새로 복원할 수밖에 없었다.

09 천기를 누설하다, 서암

서암

편전인 자정전을 살펴봤다면 다음은 그동안의 관례(?)에 따라 침전을 살펴볼 차례이다. 경희궁의 침전은 자정전에서 '가까운 곳에 있지 않은' 까닭에 일단 근처에 있는 전각을 먼저 보는 것이 좋겠다.

그런데 해당 전각을 보러 가는 길목에서 '반드시 봐야 할 것'이 하나 있어 잠시 들르도록 한다. 어찌 보면 별 것 아닐 수 있으나 이것을 보지 않으면 경희궁을 제대로 봤다고 할 수 없는 관계로 잠시 시간을 내서 살펴보도록 한다.

자정전 좌측으로 늘어서 있는 행각의 끝부분에 건물 뒤로 돌아가는 길목이 나온다. 길목을 지나면 그 위편으로 야트막한 언덕이 있고 그 끝부분에 거대한 바위가 하나 있다. 바위 밑으로는 샘물도 흐르는데, 바위 위쪽에서 물이 떨어지는 것이 아니라 아래에서 솟아오른 물이 언덕에 얕게 팬 물길을 따라 자정전 뒤편으로 흘러내리는 소위 암천으로, 이것이 바로 '서암瑞巖'이다.

서암은 광해군 집권 초기에 퍼졌던 속칭 '왕기설王氣說 (집터에서 왕이 난다는 설)'의 근원지로, 원래는 선조의 다섯째 아들인 '정원군'의 새문동 집이 있던 곳이다(◐ 참고로 광해군은 선조의 둘째 아들이고 정원군은 광해군의 이복동생이다).

이 집터에는 속칭 '왕암王巖'이라 불리는 거대한 바위가 있었다. 술사 김일룡이 새문동에 왕기가 서려 있다는 주장을 퍼뜨렸고 이미 풍수지리설에 따라 인경궁과 자수궁을 건립하고 있던 광해군은 왕기설도 누를 겸 평소 마뜩잖게 여기던 정원군도 내칠 겸 정원군의 셋째 아들 능창군을 역모사건에 연루된 것으로 몰아 귀양 보냄으로써 결국 자결하게 했다. 그 뒤 정원군 일가를 아예 쫓아내고 집터를 몰수해서 그 자리에 경희궁을 지은 것이다.

그런데 놀라운 것은 경희궁이 완공된 해에 인조반정으로 광해군을 몰아낸 능양군은 다름 아닌 정원군의 장남으로, 반정 이후 등극해서 인조가 되었으니 결과적으로는 미신처럼 속설로 떠돌던 왕기설이 제대로 맞아떨어진 셈이 된 것이다.

풍수지리설에 유난히 민감했을 뿐 아니라, '복동'이라는 박수무당을 궁궐 안으로 들여 거처를 마련해줄 정도로 미신에 빠져있던 광해군이 만약 왕기설 따위를 신경 쓰지 않았다면, 그래서 정원군의 집터를 빼앗지 않았다면, 아울러 능창군을 죽게 만들지 않았다면, 이 일련의 과정에서 동생을 잃은 능양군이 복수를 위해 반정에 참여하지 않았을 수도 있었을 터, 광해군의 운명이 바뀌었을 지도 모를 뿐더러 어쩌면 조선은 인조가 아닌 새로운 임금을 맞이했을지도 모른다. 그럴 경우 병자호란이니, 삼전도 굴욕이니 하는 치욕의 역사는 전혀 다른 방향으로 흘렀을지도 모르는 것이다.

이렇듯 서암은 웬만한 산기슭에서라면 그다지 어렵지 않게 찾아볼 수도 있는 암천 정도로 치부될 수도 있었으나 왕기설에 휘말려 경희궁 건립의 당위성을 제공했을 뿐 아니라 결국엔 새로운 임금의 탄생을 예견하게 된 존재이기도 했으니 필경 예사롭지 않은 바위임은 틀림없어 보인다.

이런 이유로 "서암을 보면 경희궁을 다 본 것이나 마찬가지다."라고까지는 할 수 없어도 "서암을 보지 않으면 경희궁을 다 본 것이 아니다."라고는 말할 수 있겠다.

본문의 그림은 '서암'의 사방석四方石 (네모난 돌)으로, '왕암'이라 불리던 바위를 숙종이 1708년(숙종 34년)에 '서암'이라 명명한 뒤에 어필로 '瑞', '巖' 두 글자와 더불어 "속칭이 왕암인데, 바로 상서로운 징조를

불러온다."라는 의미의 '속칭왕암정징휴상俗稱王嚴正徵休祥'이라고 새
기면서 비로소 '서암'이라 불리게 되었다.

'사방석'과 관련해서는 다음과 같은 기록이 있다.

사방석

서암은 덕유당 서북에 있었는데 이 궁궐은 바로 장릉의 구저였다.

광해가 '왕암'이라는 말을 듣고 여기에 궁궐을 세웠는데 인조대왕이 반정하였
고, 계사년 이후로는 이 궁에 임어하였다.

숙종 무자년에 이르러 이름을 '서암'으로 고치고 어필로 '서암' 두 글자를 크게
써서 사방석에 새기고, 오른쪽 곁에는 새기기를, '속칭이 왕암인데, 바로 상서로
운 징조를 경험한다.'라고 하였는데, 역시 어필이었다.

『영조실록 121권, 영조 49년(1773년) 11월 12일』

그런데 사방석과 관련해 다소 의아한 것이 있으니, 경희궁 내의 서암을 설명하는 안내문에는 "1708년(숙종 34년)에 이름을 서암으로 고치고 숙종이 직접 '瑞巖' 두 글자를 크게 써서 새겨 두게 하였다. 그러나 현재 서암을 새겨 두었던 사방석은 전해지지 않는다."라고 적혀 있다. 예전에는 사방석이 존재했었으나 그 후 분실 또는 파손 등의 이유로 지금은 존재하지 않는다는 얘기이다(◐ 그렇다면 본문의 그림은 무엇을 보고 그렸을지 내가 다 궁금한 상황이 되겠다).

　하지만 조선 왕실 전문 박물관인 '국립고궁박물관' 홈페이지에서는 사방석을 '숙종 대왕 어필 서암'으로 소개하며 '사진'과 더불어 유물번호(창덕 6705)와 재질(석회질 대리암), 그리고 크기(세로 64.0. 가로 44.5. 두께 18.5)까지 소개하며 상세하게 설명하고 있다(◐ 혹시 모를 궁금증을 풀어주자면, 본문의 그림도 해당 사진을 참조하여 그린 것이다).

　국립고궁박물관의 수장고에 보관된 유물이 약 45,000점이라고 하는데, 이 정도면 검색해서 찾아보지 않는 이상 박물관 소속 학예사라 해도 소장품을 다 알 수는 없는 노릇이다. 하지만 궁궐과 관련된 중요한 유물의 소재 여부를 소개하면서 기본적인 확인 절차도 없이 안내문을 제작한 것은 궁궐에 대한 예의가 아닐 것이다(◐ 실제로 이 때문인지는 모르겠으나 시중에 출간된 많은 책이 "서암을 새겼던 사방석은 지금 남아있지 않다."라는 식으로 단정하는 바람에 혹시 사방석의 모양이 궁금했을지도 모르는 사람들 입장에서는 사진으로나마 확인할 기회까지 박탈당한 것은 아닐까 싶은 마음에 아쉬운 일이 아닐 수 없다).

　어쩌면 임금의 어필이 새겨진 물건의 경우는 분실 및 파손을 막고

자 모조품을 여럿 만들어 놓기도 했다는 점을 고려해 볼 때, 국립고궁박물관에서 보관하고 있는 사방석이 '원본'이라는 확실한 증거자료가 없어서 "서암을 새겨 두었던 사방석은 전해지지 않는다."라는 안내문을 제작했을 가능성도 있지만(● 사실, 그럴 가능성은 희박하다) 만일 국립고궁박물관의 사방석이 원본이라면 경희궁을 관리하는 기관에서는 하루빨리 관련 안내문을 수정 및 교체해야 할 것이다(● 현재 경희궁은 문화재청이 아닌 '서울역사박물관'에서 관리하고 있다).

10 / 영조를 모셔두다, 태령전

태령전

    서암도 보고, 샘물이 흘러내린 물길도 주욱 살펴봤다면 서암 밑에 고여 있는 물도 한 모금 마셔본 뒤에 원래 가려던 다음 장소로 가도록 한다(⊙ 설마하니 정말로 마시는 사람은 없기를 바란다). 서암을 정면으로 놓고 좌측으로 뒷모습이 보이는 건물이 해당 전각이 되겠는데 서두에서 얘기했던 복원된 경희궁의 몇 개 안 되는 전각들을 기억하고 있다면 숭정전, 자정전에 이어 태령전이 있었음을 떠올릴 터, 이 건물이 바로 그 '태령전泰寧殿'이다.

　법전인 숭정전에 이어 편전인 자정전을 살펴봤으니 다음 차례는 침전일 것으로 생각할 수 있으나 태령전은 침전이 아니다. 정면 5칸, 측면 2칸이 되는 적당한 규모의 건물로 지어진 태령전은 아직 그 정확한 용도가 알려지지 않은 전각이다. 빈전으로 사용되었다는 주장도 있으나 정작 빈전으로 사용된 기록이 있는 전각은 경희궁의 편전인 자정전인데 반해 태령전에는 영조의 어진을 보관해 왔고 한때는 고종의 어진을 보관하기도 했다는 점에서 진전 용도로 사용되었을 가능성이 더 높게 나타난다. 그 외에는 1836년에 이루어진 종묘 증축 당시에 영녕전에 있던 신위를 태령전 등에 나누어 봉안하고 공사를 시작했다는 기록도 있다. 궁궐에 있는 대부분의 전각은 평소에는 저마다의 용도가 있었을지 몰라도 '그때그때의 상황에 따라' 상여가 나갈 때까지 임금의 관을 모시는 '빈전'이 되거나 국장 뒤 3년 동안 임금의 신위를 모시는 '혼전'이 되거나 아니면 임금의 초상화를 모시는 '진전'의 역할을 돌아가며 맡았기에 법전이나 침전처럼 확실한 용도가 정해지지 않은 이상 정확한 '정체'를 알 수 없는 경우가 많다. 심지어 편전조차 다른 용도로 쓰인 경우가 있으니 이에 대해서는 더 말할 것이 없을 듯하다.

　태령전은 영조와 남다른 관련이 있는데, 처음에는 '태령당'의 지위였으나 1745년(영조 21년)에 어용 2폭을 봉안한 후에 태령전으로 승격하였다. 영조 20년인 재임 당시부터 이미 자신의 초상화를 태령전에 보관했는데 선왕이 아닌 현왕의 어진을 모신 전각으로는 태령전이 처음인 동시에 그 후로도 유일하다(◐ 다소 무엄한 얘기겠으나 이 정도 '자기애'라면 속칭 왕자병을 능가하는 임금병이라 해야 할지도 모르겠다).

지금도 태령전에 가면 복제품이긴 하지만 영조 어진을 볼 수 있는데, 고종의 초상화를 그렸던 채용신과 조석진이 1900년에 제작한 영조 어진의 복제품이며 진본은 보물 제932호로 지정되어 '국립고궁박물관'에서 소장하고 있다. 어진 때문은 아니겠지만 2단의 낮은 월대와 일체의 장식 없는 계단 등의 꾸밈없고 수수한 풍경은 엄숙하고 차분한 느낌을 준다.

태령전 앞마당의 정면에 있는 솟을삼문은 태령전의 정문인 태령문이다. 이곳을 통해 태령전으로 들어오려면 숭정문을 다시 나와 좌측의 오르막길을 한참 올라가야 하는 데다가 기껏 도착해 봐야 문이 잠겨 있는 까닭에 앞서 얘기한 대로 숭정전 뒤편에 있는 자정전의 좌측 행랑을 따라가는 것이 더 빠르고 수월하게 가는 방법이다(◐ 숭정전 좌측으로도 태령문과 연결된 협문이 있으나 이것 역시 잠겨 있기에 사용할 수는 없다).

그리고 태령전의 특이한 점은 현판 글씨로, 태령전 뿐 아니라 태령문의 현판 글씨까지 모두 한석봉의 글씨체를 집자(문헌에서 필요한 글자를 찾아 모은 것)한 것인데 선조 때 조선을 벗어나 명나라까지 글솜씨를 알렸던 한석봉의 명성이 100여 년이 지나서도 여전했음을 확인할 수 있다(◐ 지금도 그 명성은 변함없는데, 가령 천자문 교본의 경우에 '한석봉 천자문이 언제나 진리'라는 평이다).

임금의 초상화를 모시는 곳을 '진전' 또는 '선원전'이라 하여 별 구분 없이 사용하는 곳이 많은데, 임금의 어진을 모신 곳은 진전 혹은 선원전이 맞으나 선원전은 역대 임금들뿐 아니라 왕후의 영정도 모신 곳이기에 좀 더 명확히 구분해서 사용해야 할 것이다.

11 / 온천을 발굴하다, 영렬천

영렬천

태령전까지 살펴봤다면 이제 그만 경희궁을 나오도록 한다.

정확히 말하자면 숭정문을 나오는 것일 뿐 경희궁의 정문인 홍화문 밖으로 나온다는 얘기는 아니지만 왠지 경희궁은 숭정문을 나오는 순간 이미 궁궐의 영역을 벗어나는 '느낌'이다. 하긴 숭정문 밖으로 경희궁과 상관없는 건물들이 여기저기 있으니 어쩌면 느낌정도가 아니라 '확신'이리라. 게다가 숭정문은 담장이 있지만 홍화문은 담장이 없기 때문에 이런 느낌이 드는 것은 어쩔 수 없는 일이다.

숭정문을 정면으로 놓고 좌측으로 80미터가량 가면 오르막길이 있는데, 길 따라 한참 올라가다 보면 저만치 우측으로 솟을삼문이 보인다. 조금 전에 안쪽 모습으로 봤던 태령전의 정문인 태령문의 바깥 모습이 되겠다.

그리고 이 태령문까지 가기 전에 오르막길의 좌측으로 안내판이 보일 텐데 바로 옆의 비탈길을 따라가면 그 길의 끝에서 또다시 바위가 기다리고 있을 것이다. 경희궁을 수차례 방문했지만 이 길에서 사람을 만난 적은 단 한 번도 없는데, 경희궁 바로 옆의 둘레길이면서도 경희궁과는 동떨어진듯 한적한 길이기에 바위조차도 반가운 마음으로 맞아줄 듯싶다. 그 바위틈 아래로 작은 샘이 있는데 이것이 '영렬천靈洌泉'이다.

샘 위의 바위에 새겨진 '영렬천'이라는 글자는 선조의 글씨를 집자해서 새긴 것이다. '집자'했다는 것으로 보아 선조가 생전에 직접 글자를 쓴 것은 아닐 테고 경희궁이 창건(1617년 건립. 1623년 완공)된 것 역시 선조 사후(1608년)라는 점을 생각해 보면 선조와 경희궁, 또는 영렬천의 연결고리가 무엇인지 알 수 없기에 다소 의아한 구석이 되겠다.

'영묘하고 맑은 샘'이라는 의미의 영렬천은 1996년의 경희궁 터 발굴조사 당시에 옛 서울고 건물의 콘크리트 옹벽에 묻혀 있다가 발굴됐다. 이를 근거로 태령전의 위치를 결정할 수 있었다고 하니 영렬천을 찾지 못했다면 태령전도 아직까지 복원하지 못했을 가능성이 큰 셈이다.

영렬천은 용비천과 서암에 이어 경희궁에서 만나는 세 번째 '샘'이다. 『궁궐지』에 의하면 태령전 서쪽의 위선당 근처에 온천이 세 개 있었다는 기록으로 보아 영렬천은 온천이었을 가능성도 있다(◐ 나머지 두 군데. 혹은 세 군데의 온천은 아직 발견되지 않았다).

바위틈에서 나오는 물은 언제나 마르지 않고 무척 차가워서 '초정'이라고도 불렸다. 충북 청주의 초정약수처럼 물맛이 후추와 같이 톡 쏘는 맛을 냈는지는 물론 알 길이 없다.

12 공습을 대비하다, 방공호

방공호

영렬천을 보기 위해 경희궁을, 아니 숭정문을 나왔는데 이미 태령전까지 살펴본 상태에서 앞으로 경희궁에서 볼 수 있는 전각은...

없다. 흥화문을 통과한 뒤 숭정문과 숭정전, 자정문과 자정전, 그리고 태령전까지 총 여섯 개가 오늘날 경희궁에 남아있는 전각 전부이다. 더 이상 경희궁 안에 남아있는 전각은 없다. 그나마 문을 제외하면 숭정전, 자정전, 태령전, 이렇게 겨우, 기껏, 딸랑 세 개밖에 안 된다.

사실관계를 정확히 하자면, '남은 것'은 여섯 개가 아니라 흥화문 하나밖에 없다. 나머지는 모두 복원한 것이기 때문에 남은 것이 아니라 '새로 만든 것'이 적합한 표현이다(◑ 이 때문에라도 동국대에 있는 정각원을 이전하는 것에 대해 보다 세밀하게 검토해야 한다).

조선의 5대 궁궐에 속하는 경희궁이건만 사택을 확장해서 증축한 경운궁보다도 허접하고 초라한 몰골이 오늘날의 현실이다. 이 때문인지 대부분의 궁궐 관련 도서들도 경희궁의 비중을 축소하여 소개하거나 아예 누락시키기도 하며, 심지어 경희궁은 궁궐에서 배제하면서 흥선대원군이 국정을 주무르며 머물렀던 운현궁은 마치 궁궐이라도 되는 것처럼 '조선의 궁궐'과 나란히 소개하는 책자도 있으니 경희궁은 그저 남몰래 울고 있을 뿐이다.

더 이상 경희궁에 남아있는 전각이 없다는 이야기에 실망하다가도 '혹시나 경운궁의 경우처럼 궁궐 밖에라도 뭔가 있지 않을까?' 하는 기대를 하는 사람이 있다면, '뭔가 있다'라는 한 마디로 일단 안심을 시켜주고 싶다. 그리고 '뭔가'가 무엇인지를 확인하기 전에 잠시 '산책'을 하도록 한다.

"산책이라니? 궁궐에 남아있는 전각이 여섯 개밖에 없는 이 옹색한 상황이 뭐가 여유롭다고 한가하게 산책이나 하자는 말이 나온단 말인가?" 싶겠지만 궁궐이라고 찾아왔는데 이토록이나 볼거리가 없다는 충격적인 사실을 온전히 받아들이려면 산책이라도 하면서 마음을 다잡는 방법밖에 없기 때문이다.

아직 영렬천 근처에 있을텐데 바로 내려오면 안 된다. 경희궁은 영렬천이 있는 오르막길의 우측에 있는 궁궐 담장이 태령전과 자정전, 그리고 숭정전까지를 모두 에워싸고 있기 때문에 오르막길을 계속 따라가면 경희궁의 전각 영역을 크게 한 바퀴 도는 셈이 된다. 그리고 궁궐 내부를 외부에서 슬쩍슬쩍 관람할 수 있는 유일한 경로이기도 하니 둘레길 걷는 셈 치고 쉬엄쉬엄 걷도록 한다. 장담하는데, 오래 걸리지도 않는다. 오르막길에서는 태령전 일대를 넘겨보다가 오르막길 끝에서 우측 길로 돌면서 자정전과 숭정전 일대를 넘겨보다 보면 어느새 우측으로 내리막길이 나오고 계단 아래까지 내려와 한 번 더 우측으로 돌면 다시 숭정문을 만나게 된다. 전체 거리라고 해봐야 500미터가 채 안 되니 오르막길이 있다 해도 그다지 힘든 경로는 아닐 것이다. 한 바퀴 돌아봤다면 드디어 다음 장소로 갈 차례다. 숭정문 우측에 있는 '서울역사박물관' 주차장과 방금 내려온 계단 사이의 길목 아래로 또 다른 내리막 계단이 있고, 계단을 따라 내려가 보면 참으로 궁궐에 어울리지 않는 구조물이 땅속에 처박혀 있는데, 이것이 경희궁의 '방공호'다.

조선 시대 궁궐에 방공호가 있다니 도대체 이 무슨 해괴한 일인가 싶을 텐데, 알고 보면 이 역시도 일제가 저지른 만행이다(⊙ 이 정도면 만행蠻行이 아니라 만행萬行에 가깝다). 침략 전쟁에 한창이던 일제가 1944년에 연합군의 비행기 공습에 대비해서 만들어 놓았다가 패망하면서 방치된 채로 남아있는 것이다. 2017년 가을경에 한시적으로 시민에 무료 개방하면서 내부를 공개했었고 그 뒤로는 다시 폐쇄한 상태이다. 2017년 10월부터 11월까지 매주 주말마다 하루에 4회씩 20명을 대상으로 해설사의 안내에 따라 30여 분간 관람할 수 있었는데, 서울 역사박물관 홈페이지의 '경희궁' 관련 페이지에서 VR(가상현실) 파노라마로 만든 '방공호 가상전시'는 지금도 동영상으로 시청할 수 있다(⊙ 부록 참고문헌의 경희궁 사이트 참고).

폐쇄된 방공호에 대해서는 경희궁을 관리하는 서울역사박물관이 시 예산을 들여 '문화재 창고'로 개축할 예정이라고 한다. 그러잖아도 전각이 얼마 없어 황량하고 쓸쓸해 보이기까지 한 경희궁 터에 을씨년스러움과 음산함만을 더해주는 폐 건물 따위를 이대로 놓아두는 것은 경희궁한테 크나큰 폐弊가 되는바 속히 철거해야 할 것이다(⊙ 방공호조차 '문화재'인만큼 보존해야 한다는 주장이 있다).

다만, 이곳 역시 어디까지나 '경희궁 터'라는 점을 생각해 보면 '복원' 대신 문화재 창고를 만드는 것이 과연 적절한 방법인가는 좀 더 생각해 봐야 할 것이다.

13 침전을 상상하다, 융복전

융복전(상상도)

경희궁에 있는 전각과 그 흔적을 샅샅이 보고도 모자라서 산책도
하고 쓸데없는 방공호까지 봤음에도 뭔가 허전한 구석이 남아 있다.
그동안 관람했던 궁궐들을 경복궁부터 시작해서 창덕궁, 창경궁, 그
리고 경운궁 순서로 잠시 떠올려 본다. 그리고 경희궁에서 관람한 전
각들을 떠올려보면, 숭정전과 자정전은 각각 경희궁의 법전과 편전
이고, 태령전은 정확한 용도가 불분명한 상태이다. 그런데 자고로 궁

궐이라면 외전으로 법전과 편전이 있고, 내전으로 침전인 대전과 중궁전이 있어야 하기에 문득 경희궁의 침전은 어디에 있을지가 궁금해질 수밖에 없다.

서암 관련 글에서 "경희궁의 침전은 자정전에서 '가까운 곳에 있지 않은' 까닭에 일단 근처에 있는 전각을 먼저 보는 것이 좋겠다."라며 경희궁의 침전 얘기가 잠깐 나오다가 말았다. 가까운 곳에 있지 않다니 도대체 얼마나 멀기에 숭정전 주변만 겉돌고 있는 걸까 싶을텐데 안타깝지만 지금의 경희궁에는 침전이 없다. 가까운 곳에 있지 않을 뿐 아니라 아주 먼 곳에도 없다.

물론 창건 당시에는 있었으나 일제강점기 때 사라진 뒤로 아직 복원되지 않은 것이다. 서울역사박물관 주차장 부근이 경희궁의 침전이 있던 자리라는 것이 《서궐도안》에 의해 밝혀진 상태인데, 반가운 사실은 〈경희궁지 복원과 시민사적공원 조성계획〉에 따르면 지금의 서울역사박물관 주차장을 이전하고 그 자리에 융복전과 회상전, 그리고 흥정당까지 복원할 예정이라는 것이다. 여기서 '융복전'이 바로 임금의 침전이자 대전으로, 정침 역할을 한 곳이다.

1829년에 회상전에 화재가 발생했을 때 함께 불에 탄 융복전을 이듬해에 중건에 착수해서 복구했지만, 1910년에 일제가 융복전과 더불어 일대에 있던 흥정당, 집경당 등을 훼철하면서 사라졌고, 그 후 그 자리에 다른 건물을 짓는 바람에 지금은 그 흔적조차 찾을 수 없게 되었다(◐ 이 자리에 지어진 건물이 하필이면 '서울역사박물관'인데, 역사와 관련된 자료를 수집, 보존, 전시하는 것이 목적인 박물관이 오히려 역사의 흔적을 지워버리고 말았다는 '역사의 아이러니'가 된 셈이다. 경희궁의 완전한 복원과 관련해서 이 사실은 두고두고 논란이 될 수도 있다). 그나마 다행인 것은 1831년부터 1832년까지의 경희궁 중건 공사과정을 기록한 보고서 격인 『서궐영건도감의궤』는 온전히 남아있어서(◎ 서울대학교 규장각에 3부, 한국학중앙연구원 장서각에 1부, 파리국립도서관에 1부가 보관 중이다) 창건 당시 경희궁에 세워졌던 전각들의 위치와 모습을 도형으로나마 살펴볼 수 있다.

본문의 그림은 명색이 궁궐 전각들을 소개하면서 침전의 모습이 한 점도 없는 것이 아쉬운 마음에 『서궐영건도감의궤』에 실린 융복전의 정면도형을 바탕으로 나름 상상력을 발휘해 그린 일종의 상상화이다. 실제 건물과 얼마나 흡사한지는 알 수 없으나 경희궁 복원계획에 따르면 2022년까지 융복전이 복원될 예정이라니 부디 차질없이 실행되기를 희망해 본다(◎ 대전 아래쪽에 있었다는 임금의 연못 벽파담까지 복원되기를 기대하는 것은 무리일까).

임금의 침전이 있으면 왕비의 침전도 있어야 할 터, 경희궁에 있던 왕비의 침전이자 중궁전이 바로 융복전과 함께 복원 예정인 '회상전'이 되겠다.

일반적인 궁궐 배치에 따르면 중궁전의 위치는 대전의 뒤쪽에 있다. 그런데 회상전은 대전인 융복전의 좌측에 나란히 있는 것이 특이하다. 관련 자료가 없는 상황에서 주요 전각 두 채가 나란히 있는 바람에 어느 쪽이 대전이고 어느 쪽이 중궁전일지가 궁금하다. 경복궁 관련 글에서 '음양설'에 따라 임금은 주로 동쪽 방을 사용하고 왕비는 서쪽 방을 사용한다고 얘기했듯이 동쪽 건물인 융복전이 임금의 침전인 대전이고, 서쪽 건물인 회상전이 왕비의 침전인 중궁전일 것으로 추정한다.

회상전(상상도)

좀 더 명확한 근거를 들어보자면, 왕자가 태어나는 곳은 아무래도 임금의 침전보다는 왕비의 침전일 가능성이 높다는 점에서 숙종이 탄생한 장소인 회상전이 왕비의 침전일 가능성이 있다. 이와는 다른 듯 비슷한 이유로 임금이 승하하는 장소가 왕비의 침전보다는 임금의 침전일 가능성이 높다는 것을 생각해 보더라도 역시 숙종이 승하한 장소인 융복전은 임금의 침전일 가능성이 크다. 게다가 효종비 인선왕후가 회상전에서 승하했다는 기록도 있으니 이 정도면 회상전이 왕비의 침전으로 거의 확실해 보인다.

하지만 세상일에 예외 없는 법칙이란 없기에, 순조가 승하한 장소는 융복전이 아닌 회상전이라는 기록도 있고 보면 어느 쪽이 대전이고 어느 쪽이 중궁전인지의 판단 여부는 전문가들의 세밀한 조사와 연구에 의해서나 밝혀질 것으로 보인다.

회상전은 조선통감부시절인 1911년부터 일본 경성중학교 부설 임시소학교 교원양성소의 교실 및 기숙사로 사용하다가 1920년대부터 완전해체 과정에 들어갔다. 그리고 1928년에 일본 조계사에 매각되어 주지 집무실로 사용되다가 1936년 1월경에 발생한 화재로 소각되고 말았다.

회상전도 앞서 얘기한 융복전의 경우와 마찬가지로 순조 29년에 발생한 화재 이후 중건 과정의 복원 기록이 『서궐영건도감의궤』에 남아 있고, 본문의 그림 역시 도감의궤에 실린 회상전의 정면도형을 바탕으로 그린 상상화가 되겠다. 남아있는 자료가 전혀 없는 융복전과 달리 회상전의 경우는 2017년 초에 국립민속박물관에서 발간한 '프리실라 웰본 에비 여사'의 기증 자료집에 유일한 사진이 실리기도 했는데, 민망하게도 본문의 그림과는 제법 많이 다르다.

침전 얘기를 하는 김에 한 가지 덧붙일 것이 있다.

바로 '용마루'에 대한 것인데 궁궐의 건물을 유심히 보면 용마루가 없는 지붕을 간혹 발견할 수 있다. 용마루는 지붕 한가운데에 있는 가장 높은 수평마루를 일컬으며 용마루가 없는 전각을 '무량각無樑閣'이라고 하는데, 여기서 '량樑'은 대들보를 일컫는다(● 무량각은 지붕 상단에서 추녀까지 이어지는 내림마루와 추녀마루는 온전히 있으면서 유독 용마루만 없는 건물로, 무량각을 보면서 '왜 지붕을 만들다 말았을까?' 하는 마음에 궁금했던 기억이 있다). 무량각은 대전과 중궁전에서 '주로' 발견되는데, 대전과 중궁전이 임금이 잠을 자는 침전이다 보니 이를 두고 임금은 용을 상징하는 존재인데 한 건물에 두 마리의 용이 있을 수 없다는 이유로 침전에는 용마루를 얹지 않은 것이라는 근거 없는 주장이 의외로 꽤 많이 퍼져있다. 궁궐 관련 도서를 살펴봐도 '임금의 침전에는 용마루가 없다' 또는 '용마루가 없는 곳은 임금의 침전이다'라는 내용을 당연한 사실처럼 얘기하는가 하면, 궁궐 해설사 중에는 침전 관련 해설을 하면서 '이곳은 임금이 잠을 자는 침전이기 때문에 용마루가 없다'는 식으로 자신 있게 설명하는 경우도 있을 정도이다.

물론 침전 중에 용마루가 없는 것도 있다. 경복궁의 대전인 강녕전이나 중궁전인 교태전은 모두 임금의 침전으로 용마루가 없고, 창경궁의 중궁전인 통명전에도 용마루가 없다(● 창덕궁의 침전인 대조전은 경복궁의 것을 그대로 재현했으니 예외로 한다).

하지만 임금의 침전인데 용마루가 있는 건물이 있고, 임금의 침전이 아닌데 용마루가 없는 건물도 있기 때문에 침전에는 용마루가 없다고 단정 짓기에는 이르다. 가령, 경운궁의 대전인 함녕전은 임금이 잠을 자는 침전이지만 용마루가 번듯하니 자리 잡고 있다.

그리고 《동궐도》를 보면 창덕궁에 있는 '집상전'은 용마루가 없는 건물인데 임금의 침전이 아니라 대비, 즉 임금의 어머니(또는, 선왕의 비)

가 머무는 대비전이다. 아기도 아니고 그렇다고 해서 막장 패륜아도 아닌 임금이 대비전에서 잠을 잘 일이 없으니 집상전에 용마루가 없다는 사실 하나만으로도 '임금의 침전에는 용마루가 없다'라는 사실은 사실이 아닌 것이 되는 셈이다(❍ 집상전은 현종 때 대왕대비인 '인선왕후'를 모시던 곳이다).

다만, 그러함에도『서궐영건도감의궤』에 의하면 경희궁의 대전인 융복전과 중궁전인 회상전에도 용마루가 없는 데다가, 아울러 창덕궁의 집상전에 머물던 사람이 궁궐 최고 어른인 '대비'라는 점을 생각해 보면 용마루가 없는 건물이 비록 임금의 침전은 아닐지라도 궁궐에서 가장 중요한 사람이 머물던 곳이었을 가능성은 상당히 높다. 그리고 용마루가 없는 건물의 지붕 끝부분에는 가운데 부분이 굽어있는 곡와(또는 궁와)라고 일컫는 기와가 사용되었는데, 곡와의 특수한 형태로 인해 제작 비용이 많이 들었다는 점을 보아도 무량각이 귀한 인물을 위한 건물이었음을 짐작해 볼 수 있다(❍ 용마루는 한밤중의 달빛에 반사돼 멀리서도 눈에 잘 띄는데, 무량각은 쉽게 눈에 띄지 않는다는 점에서 '보호'의 대상이 머무는 건물이었을 가능성도 생각해 볼 수 있을 듯하다).

14 유물을 찾아내다, 반월석조

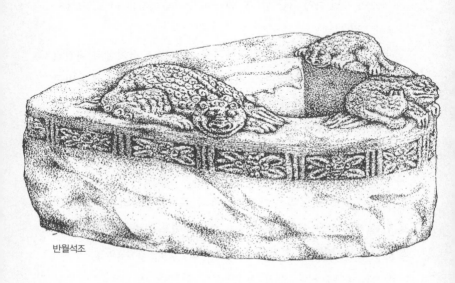

반월석조

　지금은 존재하지도 않는 침전까지도 부족한 상상력을 발휘해서 그리고 나니 더 이상 경희궁과 관련해 살펴볼 것이 있을까 싶다. 그런데 다소 엉뚱한 곳에서 경희궁의 흔적을 하나 찾아낸 것이 있어서 알아보도록 하겠다.

　경희궁은 훼철되면서 철거된 것 외에 여기저기로 팔려나간 전각도 많은데, 대표적인 것으로는 동국대학교에서 교내 시설인 정각원으로 사용되는 '숭정전'과 사직공원 쪽으로 옮겨진 '황학정'이 있고 그 외에도 전각은 아니지만 경희궁 내에 있다가 외부로 유출된 유물들이 더러 있다.

그런가 하면, 1980년대까지 경희궁 터에 자리를 잡은 서울고등학교의 정문을 지키고 있던 '돌거북'이라든가, 주택가의 한쪽 구석을 장식하고 있다가 경희궁 궁역을 조사하는 과정에서 우연히 발굴, 아니 발견된 후 서울역사박물관으로 기증된 '괴석'처럼 원래는 경희궁의 한구석에서 각각 제 몫을 하고 있다가 언제부터인가 경희궁 내에서 잊혀진 유물들이 있다. 그리고 그중에는 사직동의 '성곡미술관'에서 발견된 경희궁의 유물이 있는데, '반월석조半月石槽'가 그것이다.

지난 1995년에 개관한 성곡미술관은 경희궁의 춘화정과 영취정이 있던 자리에 설립되었는데 그동안 미술관의 연못에 설치되어 있던 반월형의 조각물이 원래 경희궁의 것이었음이 근래에 밝혀진 것이다.

《서궐도안》에도 해당 연못의 위치가 표시되어 있으며 '춘화정에서 반달연못을 바라보며'라는 숙종의 시에도 등장하는 반월석조는 통돌의 안과 밖을 반월형으로 가공하여 깎아내고 상단 부분에는 제각각 다른 방향을 바라보고 있는 서수 세 마리를 조각했으며 아래에는 구름 형태의 모란문을, 그 안쪽에는 잉어 두 마리가 여의주를 바라보고 있는 모습을 조각한 것으로, 전체적인 조각 기법을 통해 춘화정이 건축된 1704년경의 작품으로 추정하고 있다(ⓞ 그나저나 숙종은 정말 '즐길 줄 아는' 임금이었다!).

반월석조가 경희궁에 있던 것임이 밝혀졌으니 마땅히 되찾아야 하건만 문제는, 성곡미술관이 미국계 투자기관에 매각되면서 반월석조의 소유권까지 넘어간 상태라는 것이다.

해당 투자기관은 2021년까지 성곡미술관 자리에 10층 이상의 고급 아파트를 재건축할 계획이며, 지하1층과 지상1층을 미술관으로 사용하려는 것까지 계획이 잡혀 있다고 하는데 미술관에 있던 각종 미술품과 유물의 정확한 활용 여부는 알려지지 않았기에 반월석조의 향방도 어찌 될지 예측이 어려운 상태이다.

서울시 측에서 성곡미술관을 매입해서 경희궁의 옛 모습을 복원해도 모자란 판에 오히려 외국기관으로 소유권이 넘어가 버렸으니 반월석조가 제자리를 유지하기는커녕 자칫 훼손되거나 엉뚱한 곳으로 이전될 가능성이 커졌다. 이쯤 해서 서울시나 관계 기관에서는 이것을 어떻게 풀어나갈지 관심이 커질 수밖에 없다.

본문의 그림은 반월석조의 '복제품'을 직접 보고 그린 것이다. '환구단'과 마찬가지로 서울역사박물관 3층의 상설전시관에서 복제품으로나마 반월석조를 만나 볼 수 있다.

15 / 활터를 재건하다, 황학정

황학정

　방공호 관련 글에서 "더 이상 경희궁에 남아있는 전각은 없지만, 그래도 '뭔가' 있다."고 한 것에 대해 계속 기대하고 있을지 모르겠다. 드디어 '그것'을 살펴볼 차례다. 분명 경희궁에 있었으되 지금은 경희궁 영역을 떠나간 전각으로, 태령전 이후로는 경희궁 안에서 더 이상 살펴볼 전각이 없기에 비장의 무기로 사용하려고 아껴두고 꼭꼭 숨겨둔 것이다. 어느덧 경희궁 관람의 마지막 순서가 됐으니만큼 떨리는 마음으로 조심스럽게 마지막 카드를 꺼내 든다. 경희궁의 마지막 카드는 바로!

어쩌면 반월석조 관련 글에서 갑자기 툭 튀어나온 "사직공원 쪽으로 옮겨진 황학정이 있고"라는 부분에서 눈치챘을지도 모르겠다. 바로 그 황학정이 경희궁에서 살펴볼 마지막 장소가 되겠다.

'황학정黃鶴亭'은 1898년에 건립된 활터이다. 경희궁 북쪽 후원 지역이라는 것 외에 정확한 위치는 알려지지 않고 단지 융복전과 회상전 뒤편 정도로만 알려져 있을 뿐이다. 그런데 경희궁 내의 활터와 관련해서,『궁궐지』에 의하면 회상전 동쪽에 있는 융무당의 남쪽에 '관사대'라는 활터가 있었다는 기록이 있는 것으로 보아, 다소 차이가 있겠으나 관사대 자리에 황학정을 새로 세운 것으로 추정한다. 갑오개혁 이후에 군인들이 활을 소지할 수 없게 되면서 많은 활터가 사라진 데다가 국궁이 한낱 기생들의 놀잇거리 정도로 전락해가는 것을 안타까워하던 고종이 국민들의 심신단련과 국운중흥을 위해 활쏘기를 장려하는 칙령을 내리고 경희궁 내에 활터를 건립해서 일반 국민들한테 개방한 것이 그 시작이다. 그러다가 1922년에 일제가 조선총독부 전매국 관사를 황학정 자리에 짓는 바람에 예로부터 궁술 연습장으로 유명했던 서촌오사정 가운데 하나인 등과정이 있던 인왕산 기슭, 지금의 사직동으로 옮겨진 것이다.

말 나온 김에 황학정을 찾아가도록 한다. 사직동에 있는 사직단까지 가야 하는데 지하철 3호선 경복궁역에서 버스로 한 정거장 거리에 있다. 근처에 종로도서관도 있고, 매동초등학교와 배화여중·고, 배화대학교 등이 있어 찾기는 힘들지 않다. 경희궁에서도 먼 거리는 아닌데 차편이 애매한 관계로, 여유 시간이 있고 걷기를 좋아한다면 경희궁에서 출발해도 좋다. 그렇지 않다면 따로 날을 잡아서 찾아가는 방법을 권하겠다. 만약 걸어서 가보겠다면, 경희궁에서 서울역사박물관 앞의 금천교까지 다시 나온 뒤에 구세군회관 옆 골목길로 700미터가량 직진하듯 계속 올라가면 된다. 골목 끝에 사직로가 나오는데, 큰길 나오기 전 바로 좌측으로 '한국갤럽조사연구소'가 보이면 제대로 온 것이다. 사직단에 도착해서 사직공원 교차로 앞의 대문 담장따라 좌측으로 조금 가면 오르막길이 나온다. 300미터가량을 계속 가다 보면 양 갈래 길이 나오고, 우측으로 조금 내려가면 '황학정'이라 쓰인 비석과 함께 황학정 국궁전시관이 나올 것이다.

사직동으로 옮겨진 이후, 1928년에 조선궁술연구회(대한궁도협회 전신)를 조직해서 '전조선 궁술대회'를 개최한 이래 1929년에는 국궁의 바이블로 불리는 『조선의 궁술』을 발간했다. 1963년에는 국제양궁연맹에 가입하는 등 근대 국궁의 종가로서 갑오개혁 이후 끊어진 국궁의 맥을 부활, 유지해 왔으며 1974년에는 서울특별시 유형문화재 제25호로 지정되기도 했다(◉ 황학정 홈페이지에는 1972년으로 표기되어 있으나 문화재청 국가문화유산 포털에서는 1974년으로 표기하고 있다). 그 후 상당 기간 활동이 뜸하다가 2011년부터 '종로 전국 활쏘기대회'를 주최하는 등 나름대로 궁술을 알리기 위해 노력하는 것으로 보인다.

황학정이 만들어진 것이 이미 대한제국이 선포된 이후이니 '조선의 궁궐'로서는 경희궁과의 연관성이 없다고도 할 수 있을 텐데, 어쩌면 옛 정조 시대에 존재했던 관사대의 후손일 가능성이 큰 만큼 이 역시도 언젠가는 경희궁 내로 돌아와서 우리 전통무예의 정신을 계승해 나가는 국궁의 중심지로 거듭나기를 기원해 본다.

경희궁 관람을 끝으로 조선의 5대 궁궐 관람을 모두 마치도록 한다.

마침내 다섯 곳의 궁궐 관람을 끝내고 무사히 퇴궐했다.

경복궁에서 시작해 창덕궁, 창경궁, 경운궁, 그리고 경희궁에 이르는 조선의 5대 궁궐 관람을 가까스로 끝내기는 했는데 돌이켜 보면 자괴심반 자부심반의 심정이다.

조선의 궁궐을 돌아다니며 수많은 전각을 비교분석한 끝에 '재미(혹은, 의미)있겠다'고 판단한 대상을 선정하여 있는 솜씨 없는 솜씨 발휘해가며 그림 그리고, 관련 자료를 찾아 참고하며 되는 말 안 되는 말 구분 없이 글로 쓰다 보니 예상보다 분량도 늘고 시간도 오래 걸렸다. 그렇게 오랜 작업을 끝마치고 난 후의 소감은 여전히 부족하다는 생각에 아쉬움이 크다. 작업은 마쳤으되 애초에 의도했던 대로 작업이 됐는지도 스스로가 의문인데다가 나름대로는 최대한의 노력을 기울였다 하나 아무래도 '비전공자'의 한계는 어찌 할 수가 없기에 그림의 완성도나 글의 수준에 대해선 부끄러울 따름이다. 아무쪼록 궁궐에 대한 애정이 넘치는 개성 담긴 그림과 글 정도로 봐 주었으면 하는 마음이다.

한편으로는 정통으로 그림을 배운 것도 아니고 그렇다고 해서 역사를 전공한 것도 아닌 일반인이 그림과 역사를 접목한 책을 '감히' 만들었다는 것이 스스로도 믿기지 않는 구석이 있기에 그만큼 소소한 자부심이 느껴진다. 억지로라도 자부심을 느끼고 싶은 것은 남모를 우여곡절이 많았던 지난 1년여의 과정이 너무 힘들었기 때문이다. 여러 가지 사정상 '한가하게' 그림이나 그리고 있을 형편이 아니었음에도 그림을 그리고 글을 쓰며 출간을 기다리는 동안의 기다림은 내일을 장담할 수 없는 불안함과 압박으로 다가 왔다. 그러한 상황은 희미하게나마 살아내려 했던 '뭔가 해보자'는 의지를 야금야금 갉아먹고 있었던 터라 이내 중도에 포기하지 않고 견뎌내며 결국 끝낸 나를 다독이며 위로해주고 싶었다.

한 사람의 3년 여 세월, 또는 평생이 압축된 이 한 권의 책이 누군가에게라도 작은 도움과 유용한 정보, 변화의 계기가 될 수만 있다면, 그 이상 보람 있는 일은 없겠다. 책을 통해 그림이나 사진을 보는 것과 현장을 직접 찾아보는 것은 참치캔과 참치회 이상의 차이가 있다고 생각하기에 오늘 글과 그림을 통해 궁궐을 읽고 봤다면, 내일은 직접 궁궐을 찾아 겉모습에 드러난 아름다움도 느끼고 속 모습에 숨겨진 이야기에도 관심 갖기를 바라는 마음이다. 보다 많은 사람의 관심에서 발생하는 궁금증과 호기심은 조선의 궁궐을, 나아가 우리민족의 역사를 바로잡는 데에도 분명 일조할 것이라 믿어 의심치 않는다.

본문에 언급하지 않은 전각도 제법 있다. 경복궁을 비롯한 조선의 5대 궁궐 복원이 완공된 뒤 수정 보완한 개정판이 나올 수 있기를 미리 기대해 본다.

끝으로, 출간과 관련해 감사의 말씀을 전할 분들이 있다.

거리에서 그림을 그리고 있을 때 지나가다 슬쩍슬쩍 보고는 칭찬의 한마디씩을 아낌없이 해주던 이름 모를 분들에게 감사의 말씀을 드린다. 그분들이 없었으면 이 일은 시작도 할 수 없었을 것이다.

그리고 비전공자의 출간 제안을 많은 출판사들이 무모함으로 여기고 외면하는 가운데, 훗날을 기약하자는 응원과 격려를 아끼지 않았던 출판사분들께 감사드리며, 미흡한 제안을 기꺼이 받아들여 주머니 속 그림들을 누구나 볼 수 있게 끄집어 내준 이비락출판사 관계자분에게도 감사의 말씀을 드린다.

아울러 작업과 관련해 참고했던 수많은 도서 대출을 비롯해 여러모로 도움을 받을 수 있었던 '성북문화재단' 소속 도서관들에도 깊은 감사의 말씀을 드린다(책을 준비하며 보낸 기간은 지역 도서관의 유용성을 넘어서는 필요성을 새삼 경험할 수 있었던 소중한 시간이기도 했다). 도서관이 없었다면 이 일은 진행될 수 없었을 것이다.

오랜 기간 믿고 지켜보며 여러 가지 사정을 봐준 건물주에게도 감사의 말씀을 드리지 않을 수 없다.

마지막으로, 누구의 인생인들 한두 번의 굴곡 없이 순탄하기만 했을까싶다. 하지만 수차례 인생의 위기를 맞이할 때마다 변함없는 지지와 아낌없는 지원으로 부모님 못지않은 뒷바라지를 해준 매형과 누나에게 이 세상의 말과 글로는 도저히 표현할 수 없는 고마움을 느끼고 있음을 이 책의 그림을 통해 전하는 것으로 감사의 마음을 표한다. 매형과 누나가 없었으면 이 책은 결코 끝낼 수 없었다.

이 책에 관심을 가져주신 여러분께 다시 한 번 감사의 말씀을 전하는 것으로 글을 맺는다.

2019년 3월 21일 달빛마루도서관에서

부록

궁궐 연표 : 1392~

연도	임금	경복궁	창덕궁	창경궁	
1392	태조 1년				
1394	태조 3년				
1395	태조 4년	**경복궁 창건!**			
1398	태조 7년	영추문, 궁장 완공			
1398	**정종 즉위년**	근정전			
1399	정종 1년				
1400	정종 2년				
1400	**태종 즉위년**				
1405	태종 5년		**창덕궁 창건!**		
1406	태종 6년		후원 조성		
1408	태종 8년		광연루 별전		
1411	태종 11년		금천교 건립		
1412	태종 12년	경회루 중건	돈화문 건립		
1418	**세종 즉위년**	근정전			
1419	세종 1년				
1422	세종 4년				
1427	세종 9년	동궁(자선당) 건립			
1438	세종 20년	흠경각, 선원전 건립			
1441	세종 23년	자선당			
1443	세종 25년	교태전 건립			
1450	세종 32년				
1450	**문종 즉위년**				
1452	문종 3년	강녕전			
1452	**단종 즉위년**	근정문			
1455	단종 3년	경회루			
1455	**세조 1년**	근정전			
1462	세조 8년		후원 확장		
1468	세조 14년				
1468	**예종 즉위년**				

경운궁	경희궁	사건 및 내용
		태조 이성계 조선 건국 (개성 수창궁)
		한양 천도, 궁궐, 종묘 조성
		9월 완공, 12월 입어(入御). 종묘 완공
		제1차 왕자의 난
		정종 즉위
		개성(=개경, 송도, 송악) 환도
		제2차 왕자의 난
		태종 즉위(개성 수창궁)
		한양 재천도, 창덕궁 창건
		태조 승하
		세종 즉위, 수강궁 창건(창경궁 터)
		정종 승하
		태종 승하
		단종 탄생, 현덕황후(단종 母) 승하
		훈민정음 창제
		세종 승하(영응대군 동별궁)
		문종 즉위(영응대군 사저)
		문종 승하
		단종 즉위
		단종 옥새 이전
		세조 즉위
		세조 승하(수강궁 정침)
		예종 즉위(수강궁 중문)

393

궁궐 연표 : 1469~

연도	임금	경복궁	창덕궁	창경궁	
1469	예종 1년	자미당			
1469	성종 즉위년	근정문			
1483	성종 14년			창경궁 창건!	
1494	성종 25년		대조전		
1494	연산군 즉위년		인정문		
1506	중종 즉위년	근정전			
1515	중종 9년	자선당			
1544	중종 38년			환경전 소침	
1544	인종 즉위년			명정문	
1545	인종 1년	청연루 소침			
1545	명종 즉위년	근정전			
1553	명정 8년	화재			
1554	명종 9년	강녕전 등 전각 복구			
1567	명종 22년	양심당			
1567	선조 즉위년	근정문			
1592	선조25년	임란중 소실	임란 중 소실	임란 중 소실	
1593	선조 26년				
1608	선조 41년				
1608	광해군 즉위년				
1609	광해군 1년		1차 중건		
1610	광해군 2년		2차 중건		
1611	광해군 3년			중건	
1616	광해군 8년			중건	
1617	광해군 9년				
1618	광해군 10년				
1623	광해군 15년		반정으로 소실	반정으로 소실	
1623	인조 1년				
1624	인조 2년			통명전, 양화당 소실	
1633	인조 11년			통명전, 양화당 중건	

경운궁	경희궁	사건 및 내용
		예종 승하
		성종 즉위
		창경궁 창건
		성종 승하
		연산군 즉위
		중종 즉위(반정), 연산군 사망(강화도 교동 별궁)
		인조 탄생
		중종 승하
		인종 즉위
		인종 승하
		명종 즉위
		경복궁 대화재로 제 전각 소실
		강녕전, 사정전, 흠경각 복구
		명종 승하
		선조 즉위
		임진왜란
정릉동 행궁		선조 환도(정릉동 월산대군 저택)
정릉동 행궁		선조 승하(정릉동 행궁 침전)
정릉동 행궁		광해군 즉위(정릉동 행궁 서청)
		1차 중건
		2차 중건
경운궁 명명		정릉동 행궁을 경운궁으로 명명, 창경궁 중건
	경희궁 창건!	경덕궁 창건(현 경희궁)
석어당		석어당(인목대비 유폐)
즉조당		인조 즉위(반정)
		내전 소실(이괄의 난)
		내전 중건

395

궁궐 연표 : 1636~

연도	임금	경복궁	창덕궁	창경궁	
1636	인조 14년		옥류천에 정자 건립		
1637	인조 15년			양화당	
1645	인조 23년			환경전	
1647	인조 25년		전각 일부 중건		
1649	인조 27년		대조전 동침		
1649	효종 즉위년		인정문		
1659	효종 10년		대조전		
1659	현종 즉위년		인정문		
1674	현종 15년		양심각		
1674	숙종 즉위년		인정문		
1688	숙종 14년			취선당	
1694	숙종 20년		보경당		
1704	숙종 30년		후원에 대보단 조성		
1720	숙종 46년				
1720	경종 즉위년				
1724	경종 4년			환취정	
1724	영조 즉위년		인정문		
1735	영조 11년			집복헌	
1752	영조 28년			경춘전	
1760	영조 36년				
1762	영조 38년			문정전	
1776	영조 52년				
1776	정조 즉위년		규장각		
1777	정조 1년			자경전 건립	
1790	정조 14년			통명전 소실, 집복헌	
1800	정조 24년			영춘헌	
1800	순조 즉위년		인정문		
1803	순조3년		인정문 소실		
1804	순조 4년		인정전 중건		

경운궁	경희궁	사건 및 내용
		소요정, 청의정, 태극정 건립, 병자호란
		삼전도 굴욕 이후 인조 환궁
		소현세자 승하
		선정전, 대조전, 희정당 중건
		인조 승하
		효종 즉위
		효종 승하
		현종 즉위
		현종 승하(창덕궁 재려)
		숙종 즉위
		경종 탄생
		영조 탄생
	융복전	숙종 승하
	숭정문	경종 즉위
		경종 승하
		영조 즉위
		사도세자 탄생
		정조 탄생
	경희궁 명명!	경덕궁을 경희궁으로 개명
		사도세자 사망(선인문)
	집경당	영조 승하
	숭정문	후원에 규장각 설치, 정조 즉위
		순조 탄생
		정조 승하
		순조 즉위

궁궐 연표 : 1809~

연도	임금	경복궁	창덕궁	창경궁	
1809	순조 9년		대조전		
1815	순조 15년			경춘전	
1827	순조 27년			경춘전	
1829	순조 29년				
1830	순조 30년		희정당	환경전 화재(내전 소실)	
1831	순조 31년				
1833	순조 33년		화재로 내전 소실		
1834	순조 34년		대조전, 희정당 재건	통명전, 환경전 재건	
1834	헌종 즉위년				
1849	헌종 15년		중희당		
1849	철종 즉위년		인정문		
1857	철종 8년			화재	
1863	철종 14년				
1863	고종 즉위년				
1865	고종 2년	중건 시작			
1867	고종 4년	중건 완공			
1873	고종 10년	건청궁 창건			
1874	고종 11년		관물헌		
1876	고종 13년	회재로 소실			
1877	고종 14년		수리		
1882	고종 19년		군중 침입(임오군란)		
1884	고종 21년		관물헌		
1887	고종 24년	향원정, 건청궁			
1888	고종 25년	자경전 중건			
1894	고종 31년				
1895	고종 32년	건청궁 침입			
1896	고종 33년				
1897	고종 34년				
1902	고종 광무 6년				

경운궁	경희궁	사건 및 내용
		효명세자 탄생
		혜경궁 홍씨 승하
		헌종 탄생
	화재	
		효명세자 승하
	중건	
		대조전, 희정당 소실
	회상전 (순조 승하)	
	숭정문	헌종 즉위
		헌종 승하
		철종 즉위
		선인문, 위장소, 주자소 등 소실
		철종 승하
		고종 즉위
		순종 탄생
		교태전, 자경전 등 내전 830여 칸 소실
		고종 이어, 갑신정변
		최초의 점등 점화식 장치
		일본군 경복궁 점령
		명성황후 살해(을미사변)
		아관파천
환구단(대한제국 선포)		황제 즉위, 광무 1년
확장		경운궁 확장 준공식

궁궐 연표 : 1904~

연도	임금	경복궁	창덕궁	창경궁	
1904	고종 광무 8년				
1905	고종 광무 9년				
1906	고종 광무 10년			.	
1907	**순종 융희 1년**				
1909	순종 융희 3년			동,식물원 조성	
1910	순종 융희 4년		흥복헌		
1911				창경원으로 격하	
1915		조선물산공진회 개최			
1917			대화재		
1919					
1920		강녕전, 교태전 훼철	희정당, 대조전 중건		
1926		조선총독부 청사 완공	대조전(순종 승하)		
1927		광화문 이전			
1938					
1945					
1946					
1948					
1950					
1951		광화문 소실			
1953					
1966			낙선재		
1968		광화문 복원			
1983				창경궁!	
1987					
1989			낙선재		
1990			인정전 행각 수리		
1991					
1995		내전 복원			

경운궁	경희궁	사건 및 내용
대화재		중화전, 석어당, 즉조당, 함녕전 등 전각 소실
중명전(수옥헌)		을사늑약 체결
대안문 수리		대한문 개칭
돈덕전		**황제 양위식(경운궁을 덕수궁으로 명명?)**
석조전 완공		**한일강제병합 체결**
		석어당에서 순헌귀비(영친왕 생모) 승하
		경복궁 내 전각 다수 철거
		대조전 소실
함녕전		고종 승하, **3.1 독립운동**
		임시정부 수립, 대한민국 국호 제정
		경복궁 건물로 창덕궁 중건
석조전 서관 완공		이왕가미술관 개관
		독립!
석조전		미소공동위원회 개최
		이승만 정권 수립
		한국전쟁 반발
		한국전쟁 중 폭격
		한국전쟁 휴전
		순정효황후 승하(석복헌)
		철근 콘크리트로 복원
		창경궁 명칭 환원, 복원 공사
	흥화문 복원	
		이방자 여사 별세, 덕혜옹주 별세(수강재)
		내행각 외행각 정비 및 복원 시작
	숭정전 복원	
		강녕전,, 교태전, 흠경각, 함원전 복원

궁궐 연표 : 1997~

연도	임금	경복궁	창덕궁	창경궁	
1997		조선총독부청사 철거	유네스코 세계유산		
1998					
1999		자선당, 비현각 복원	인정전 행각 완공		
2000					
2001		흥례문, 영제교 복원			
2002					
2005		태원전 복원			
2006		건청궁 복원			
2009					
2010		광화문 (재)복원			
2017			명정전		
2018		영추문 개통			
2019		흥복전, 향원정			
2020					
2021					
2022					
2023					

○ 궁궐 연표 보는 법

좌측의 해당 연도에 발생한 주요 '사건 및 내용'을 맨 우측에 표기하였다. 연도와 함께 각 궁궐의 아래에 표기한 '전각 이름'은 맨 우측에 적어놓은 '사건 및 내용'이 발생한 장소를 의미한다.

예1) 1418 세종즉위년 근정전 : 세종의 즉위가 1418년에 경복궁 근정전에서 이루어졌다.
예2) 1455 단종 3년 경회루 : 1455년에 경복궁 경회루에서 단종이 옥새를 이전했다.

경운궁	경희궁	사건 및 내용
	자정전 복원	
		종묘 제례, 제례악, 유네스코 무형유산 선정
	태령전 복원	
	알반에 공개!	
중명전 복원		
		원형 복원
		월대 증축 보수공사
		고종의 길 개통, 경운궁 둘레길 개방
광명문 이전		복원 예정

참고 문헌

도서

『궁궐, 그날의 역사』 황인희. 기파랑. 2014.

『궁궐, 유교 건축』 이상해. 솔출판사. 2004.

『궁궐의 눈물, 백년의 침묵』 우동선/박성진/안창모/박희용/조재모/김윤정/송석기/강상훈. 효형출판. 2009.

『궁궐의 우리 나무』 박상진. 눌와. 2010 (개정판).

『궁궐, 조선을 말하다』 조재모. 아트북스. 2012.

『궁궐의 현판과 주련 1~3』 이광효 외. 수류산방. 2007.

『궁궐 장식』 허균. 돌베개. 2011.

『서울의 고궁산책』 허균. 새벽숲. 2010.

『서울의 궁궐건축』 김동현. 시공사. 2002.

『쑹내관의 재미있는 궁궐기행 1~2』 송용진. 지식프레임. 2009,2010.

『新 궁궐기행』 이덕수. 대원사. 2004.

『알기 쉬운 한국건축 용어사전』 김왕직. 동녘. 2007.

『왕의 얼굴; 한.중.일 군주 초상화를 말하다』 조선미. 사회평론. 2012.

『우리궁궐 산책(= 마음으로 읽는 궁궐이야기』 윤돌. 이비락. 2008.

『우리 궁궐을 아는 사전』 김동욱/이경미. 돌베개. 2015.

『우리 궁궐의 비밀』 혜문. 작은숲. 2014.

『우리궁궐 이야기』 홍순민. 청년사. 1999.

『조선시대 궁궐운영 연구』 장영기. 역사문화. 2014.

『조선의 궁궐과 종묘』 문화재청. 눌와. 2010.

『조선의 집, 동궐에 들다』 한영우. 효형출판. 2006.

『조선의 참 궁궐, 창덕궁』 최종덕. 눌와. 2006.

『즉위식, 국왕의 탄생』 김지영,김문식,박례경,송지원,심승구,이은주. 돌베개. 2013.

『창덕궁 깊이 읽기』 김동욱/박정혜/류흥준/황정연/박상진/최종희/김영운/권선정/양정석/박수희/서영희. 글항아리. 2012.

『천년 궁궐을 짓는다』 신응수. 김영사. 2008.

『한양, 경성, 그리고 서울』 문동석. 상상박물관. 2013.

『한권으로 읽는 조선왕실계보』 박영규. 웅진지식하우스. 2008.

『현장학습 1번지 – 국립고궁박물관』 최동군. 담디. 2016.

『홍순민의 한양읽기; 궁궐 上~下』 홍순민. 눌와. 2017.(= 우리 궁궐 이야기 개정증보판)

인터넷

문화재청 국가문화유산포털 http://www.heritage.go.kr

경복궁 http://www.royalpalace.go.kr

창덕궁 http://www.cdg.go.kr

창경궁 http://cgg.cha.go.kr

경운궁 http://www.deoksugung.go.kr

경희궁 http://www.museum.seoul.kr/www/intro/annexIntro/annex_20/annex_20_01.jsp

종묘 http://jm.cha.go.kr

조선왕조실록 http://sillok.history.go.kr

국립국어원 표준국어대사전 https://stdict.korean.go.kr

그 외 참고 도판

《동궐도東闕圖》

《서궐도안西闕圖案》

《북궐도형北闕圖形》

《수선전도首善全圖》

찾아보기

ㄱ

ㅊ

도서출판 이비컴의 실용서 브랜드 **이비락**은 더불어 사는 삶에 긍정의 변화를
줄 유익한 책을 만들기 위해 최선을 다합니다.

원고 및 기획안 문의 : bookbee@naver.com